中國學術思想 研究輯刊

三十編

林慶彰 主編

第 1 冊

《三十編》總目

編輯部編

《詩經》敘事與一代王朝的焦慮
——小、大《雅》讀注（上）

白鳳鳴 著

花木蘭文化事業有限公司

國家圖書館出版品預行編目資料

《詩經》敘事與一代王朝的焦慮——小、大《雅》讀注（上）／
白鳳鳴 著 — 初版 — 新北市：花木蘭文化事業有限公司，
2019〔民 108〕
序 8+ 目 4+244 面；19×26 公分
（中國學術思想研究輯刊 三十編；第 1 冊）
ISBN 978-986-485-856-9（精裝）
1. 詩經　2. 注釋
030.8　　　　　　　　　　　　　　108011707

ISBN-978-986-485-856-9

中國學術思想研究輯刊
三十編　第 一 冊　　　　　　ISBN：978-986-485-856-9

《詩經》敘事與一代王朝的焦慮
——小、大《雅》讀注（上）

作　　者　白鳳鳴
主　　編　林慶彰
總 編 輯　杜潔祥
副總編輯　楊嘉樂
編　　輯　許郁翎、王筑、張雅淋　美術編輯　陳逸婷
出　　版　花木蘭文化事業有限公司
發 行 人　高小娟
聯絡地址　235 新北市中和區中安街七二號十三樓
　　　　　電話：02-2923-1455／傳眞：02-2923-1452
網　　址　http://www.huamulan.tw 信箱 hml 810518@gmail.com
印　　刷　普羅文化出版廣告事業
封面設計　劉開工作室
初　　版　2019 年 9 月
全書字數　549506 字
定　　價　三十編 18 冊（精裝）新台幣 39,000 元　　版權所有 · 請勿翻印

《三十編》總目

編輯部 編

《中國學術思想研究輯刊》三十編 書目

《中國學術思想研究輯刊》三十編
各書作者簡介·提要·目次

第一、二、三冊 《詩經》敘事與一代王朝的焦慮
——小、大《雅》讀注

作者簡介

白鳳鳴，1961 年生，高級經濟師。著有《荒原獨語》、《先民生存的艱難與悲喜——〈國風〉讀注》，經濟文論若干。

提　要

儒家力挺由帝王而治民的專制政治，其思想生發源當自中國有同期文字記載的第二個王朝——周王朝，準確地說應該是西周王朝。自秦漢專制主義始，兩千多年來官方主流意識始終不失西周政治文化的斑駁底色。

那曾是一個十分強勢而腐朽的王朝，一個擁占「溥天之下」的龐大的既得利益集團。卻是自政權伊始便困難重重，危機四伏，二百七十六年的歷史始終被各種各樣的問題所困擾著。來自朝廷的「大抵聖賢發憤之所爲作也」的某種被稱爲「詩」的語言，曲折而多向度地表現了他們的極度焦慮與不安。如果說《尚書》重在革命和革命之理由，那麼《詩經》反映的則是革命成功、「天下」歸屬「皇王」後的「王政」；「膺受天命」、「受天有大命」的他們，在中後期於「其命維新」之政權越來越惶惶然。

而在「詩史」的意義上，「詩」中所言又多數沒有在金文、甚至《周書》中得到證實——使得儒家的解讀頗費周折並極盡話語之能事。原來欺世不唯孔儒，盜名實自周人！

　　本書帶你穿過《詩經》之小、大《雅》，走進中國文化形成之最典型時期——西周，看兩千七百年前令人驚歎無比的周人之心機，看一代王朝緣起與寂滅之情狀；看儒家之言說和專制與極權政治的前世今生……

目　次

第四冊　耦合圖式理論與《詩經》解碼研究

作者簡介

　　车秀文，男，文學博士，現任教於東北師範大學文學院古代漢語教研室，兼任漢語普通話國家級測試員和輔導教師，專業主攻方向爲漢語符號學，獨創「耦合圖式理論」，用以從多個維度來解碼人類有史以來的各種文獻文本，從而爲哲學的語言學轉向以來的符號學建構提供了重要的理論補充。曾赴日

本留學，做過援藏教師，還曾被單位派往西班牙任國際漢語教師三年，因此擁有兼顧東西方融合的文化視野，並堅持理論聯繫實際的原則，努力將耦合圖式理論應用到具體的文本解碼實踐中去。

提　要

　　哲學的本體論是提供邏輯預設的，為所有藝術文本的闡釋提供編解碼機制。我們從哲學的語言學轉向之後所形成的「語言是存在之家」這個哲學本體論入手，本著維度還原的原則，建構起一個維度豐盈的耦合圖式，以應對軸心時代以前的擁有「複數之志」的詩歌文本的解碼需要。

　　本書內容總體上分成如下五個章節：

　　第一章系統闡釋耦合圖式理論的建構過程，包括語言符號的耦合圖式特性、作為「複數之文」的詩歌文本中所蘊含的多維耦合的詩性智慧、耦合圖式理論的價值和意義。

　　第二章是應用耦合圖式理論來分析《詩經》文本在物實碼位上被場、境、模三個時空相態和物靈原型激活所形成的耦合意向性。著重闡釋了巫術感應與形態共振之間的關係，以及各種物實維極上的耦合意向性所形成的審美體驗的生理與心理依據。

　　第三章是應用耦合圖式理論來分析《詩經》文本在象表碼位上分別被三個時空相態和象靈原型激活所形成的耦合意向性。著重從表象、喻象、擬象、興象四個角度，重新闡釋「立象以盡意」的內在激活和賦值機制，並對某些具體篇章形成全新的闡釋。

　　第四章是應用耦合圖式理論來分析《詩經》文本的徵信碼位上分別被三個時空相態和信靈原型激活所形成的耦合意向性。著重從文學的「白日夢」意義上去搜尋各種「夢境」的徵兆以及相關的推理機制，具體論證了作為原型的「皇家之律」，並從正夢、類夢、反夢三個角度，對詩歌文本進行「釋夢」性耦合解碼。

　　第五章是應用耦合圖式理論來分析《詩經》文本的繹理碼位上分別被三個時空相態和理靈原型激活所形成的耦合意向性。分別從場耦激活的越閾表達、境耦激活的諧音相關、模耦激活的神話蘊含三個方面對一些具體篇章進行耦合解碼，最後著重從神論——讖語這個原型的角度闡述從《詩經》文本中所發現的中國文化傳統特色和朝代更迭的歷史週期律問題。

目 次

第五冊　徐復觀《周禮》學研究

作者簡介

　　郭成東，香港中文大學中國語言及文學系、香港新亞研究所碩士班畢業，現於香港神託會培基書院任職中國語文科教師，兼任聯課活動主任。學術興趣在周禮、經學、先秦諸子等方面，學士論文為〈《周禮》杜子春注研究〉，在碩士班研讀期間獲得夢周文教基金會獎學金殊榮。

提　要

　　《周禮》，前稱《周官》，為《十三經》之一。《周禮》的成書時代一直為學者關注的問題。近代新儒家代表人物徐復觀先生晚年撰作《周官成立之時代及其思想性格》一書，旨在找出《周禮》的成書時代及中心思想。徐氏從《周禮》各種制度的內容作分析，與其他文獻內容作比較，並按古代思想發展的線索作驗證，認為《周禮》為王莽草創，而成於劉歆。在研究過程中，徐氏點出《周禮》一書的經學問題，如《周禮》非古文經、《周禮》為古文經始於許慎說、鄭玄注《周禮》的訓詁用詞等，皆具有學術價值。

　　本文以探討徐氏《周官成立之時代及其思想性格》為中心，以文本細讀、比較同期學者的研究等方法，考察徐氏的說法是否恰當，並論及其研究的價值與影響。第一章先概述徐氏的生平及學術成就；第二章論及徐氏研究《周禮》的緣起，並追溯徐氏《周禮》學的源起及衍生的流派。第三章分析徐氏《周禮》學；第四章指出徐氏《周禮》學的研究特色；第五章比較徐氏與當代學者的《周禮》研究；第六章總結徐氏《周禮》研究的貢獻和不足。筆者認為徐氏的說法值得商榷，但其以思想發展考察成書時代的方法和文中提及的經學問題，則具有學術價值，並影響往後的《周禮》研究，值得受到重視。

目　次

第六冊　教化即爲政：《論語》「子奚不爲政」章發微

作者簡介

鄭濟洲，男，中共福建省委黨校黨的建設教研部講師，中山大學哲學系博士，英國牛津大學訪問學者，中華孔子學會儒商傳播委員會副秘書長。研究方向爲：哲學與政治文化，出版學術專著《以道導政：儒家制衡君權思想史概述》。

提　要

《論語》「子奚不爲政」章的正確斷句是——或謂孔子曰：「子奚不爲政？」子曰：「《書》云：『孝乎惟孝，友於兄弟。』施於有政，是亦爲政，奚其爲爲政？」此章對話的背景是魯哀公十一年之後，此時孔子周遊列國返魯，完全投身於教化實踐之中。「或人」「子奚不爲政」的提問是對早年積極入仕的孔子此時不從事政治的困惑。「或人」所理解的「爲政」，是傳統意義上的執政者的政治實踐，而孔子對「爲政」的闡釋是將其教化實踐定性爲一種政治實踐。在孔子看來，將孝悌教化給執政者，是他政治實踐的另一方式。

以「子奚不爲政」章爲依據，孔子「教化即爲政」思想的成立具有兩個條件。第一，從教化內容來看，孔子在「子奚不爲政」章中強調孝悌之教，孝悌是宗法制度的內核，也是執政者德性的根本。第二，從教化對象來看，孔子晚年既爲在位者之師，又爲取位者之師，他的教化主要是針對執政者的教化。受西周王官「師氏」和「保氏」的影響，孔子將自己的教化視作一種引導執政者的教化，他認爲儒師應當以自己掌握的「道統」引導政治。

君臣觀念一直是中國古代社會的核心倫理觀念之一。它在先秦時期經歷了一定的形成和發展過程。在商代以前，由於沒有形成君、臣的概念，社會上沒有出現君臣觀念。在商代的甲骨文中，君、臣二字已經出現，然而它們之間沒有形成上下級的關係，所以沒有出現君臣觀念。但是這個時期已經有了王道觀念和臣道觀念。到了周代，君臣觀念正式出現，孔子的君臣觀正是在這一時代背景中逐漸形成。孔子所追求的理想政治模式是「君臣共治」。然而在現實政治中，孔子的政治理想每每遭遇挫折。孔子周遊列國，尋找任賢之主而不得，甚至想接受公山弗擾和佛肸的召用，出仕爲官。在理想與現實的糾纏中，身處「無道」之邦的孔子最終選擇用教化的方式來引導執政者，試圖通過自己的努力重建現實政治的道德秩序。

孔子在「子奚不爲政」章中反覆強調，他的教化實踐是一種政治實踐，這體現了他退而不隱的入世思想，在這種現實選擇背後是他踐行的「君臣共治」的政治理想。孔子的「君臣共治」理想與儒家的「內聖外王」思想緊密相關。孔子並沒有因世道的衰敗而改變自己的政治理想，其「內聖外王」的志向始終構成他政治思想的主線和政治實踐的思路。正是因爲孔子在「立德」、「立功」、「立言」三個層面的努力，他在生前已然實現「不朽」，而在死後在漢代制度化儒家建構的進程中成爲了「素王」。

在孔子的政治世界中，主宰天下的不僅僅是王，亦有具備君子人格的士大夫，「君臣共治」是他理想的政治格局。孔子認爲，天下是天下人之天下，非君主一人之天下，而在「天下人」之中接受過教化的君子是最有資格與君主「共治」天下的。因此，孔子在「子奚不爲政」章中所強調的「施於有政」並不只是在位之君主，亦有在野之君子。在野之君子通過教化必將成爲從政者，與君主分享治權，共治天下。從政權的視域看，天下是君主的，從治權視域看，天下是君子的。孔子認爲，天下可以無君主，因爲政權只係君主，它具有脆弱性，其解體具有極大的可能性。但是，天下不能沒有君子，君子之眾遠超君主，正因爲君子的存在，使得政權能有源源不斷的「救命稻草」，也是治權得以穩定，反哺於政權的安定。因此，在孔子「天下」思想中，它的「主體」導向是「君子」。

孔子的教化內容以「仁學」爲核心。孔子的「仁學」兼具「立己」和「愛人」兩個面向，二者同等重要，相即不離。「仁學」具有兩個重要屬性，即「內發性」和「推擴性」，兩個屬性輔證了「仁學」是德與行的合一。通過「政、身衝突中的『顏回不仕』」所體現的明哲保身和「國、家衝突中的『帝舜竊父』」所體現的親親相隱，可以明確立己之學是孔子仁學的重要起點。君子理想是孔門的共有理想，君子的君子之道可以用「內聖外王」來涵括，孔子仁學的立人之學即表現在君子政治實踐的爲民情懷。

通過《論語》「子奚不爲政」章，我們可以重新認識以孔子爲代表的先秦儒家，《論語》「女爲君子儒」章可以與「子奚不爲政」章互相佐證。在「女爲君子儒」章中，「君子儒」的詞性搭配並非是「君子」活用做形容詞修飾「儒」，而是「君子」與「儒」間省略了「之」字。「君子儒」指以王官之學教化君子的「師儒」，「小人儒」指小民的「師儒」。孔子教誨子夏要成爲君子的老師，而不要成爲小民的老師。從學生來源看，孔子有教無類，其教育對象無「君

子」和「小民」之分；但是，從培養目標來看，拜師孔子的弟子，從入學伊始，皆是修德以取位的「君子」而非「小民」。孔子晚年專致教化，用「道統」引導「政統」，親身踐行著「君子儒」的角色。在孔子與孔門後學的努力下，先秦儒家的一大特點就是以「道統」引導「政統」，先秦儒家的教化事業並不游離於政治領域之外。

孔子「教化即爲政」的思想內含著「道統」與「政統」的衝突即是政治哲學所謂的哲學與政治的衝突。在思想史上，哲學家所追求的至善的理想國，與統治者操作的現實國家，構成了一對永恆的矛盾。在這一矛盾背後，是知識分子在學術與政治上所遭遇的困境。孔子之所以強調對執政者的德性教化，是因爲他知道只有教化執政者，才可能實現政治理想。爲了實現理想，孔子必須要教化執政者，同樣爲了理想，孔子又要面對現實政治的折磨。孔子不因「道統」與「政統」的衝突而放棄對執政者的教化，而是用篤定的意志來踐行著自己對政治的責任，這正體現出孔子教化哲學的可貴。

目　次

第七冊　雪廬老人《論語講要》研究

作者簡介

　　謝智光（1983～），臺中人。國立中正大學中文系學士，東海大學中文所碩士，國立中正大學中文所博士生。研究興趣爲論語學、佛教文學。碩士論文題目爲「雪廬老人《論語講要》研究」，討論影響近代臺灣佛教甚深的李炳南居士對經學的重視。另有〈忠言逆耳利於行——雪廬老人《逆耳言》研究〉一文，以文獻傳播的角度發掘雪廬老人在民國四〇年代於《菩提樹》雜誌撰寫社論之深意。長年接觸臺灣淨土宗道場：蓮因寺及臺中市佛教蓮社，延續碩士時關注的主題，對於經學與佛學的交涉、佛教生死學等議題期望能作更深廣的探討。

提　要

　　雪廬老人（1891～1986），即李炳南老居士，在臺灣佛教界以推動淨土法門聞名。其弘法事業除佛法之外，對於儒學亦盡力闡揚。本論文以老人講述、徐醒民先生筆記之《論語講要》爲研究中心，探討老人家對於《論語》一經的重視及其解經方法，並發掘《論語講要》的思想特色。

　　全文共分六章：一、「緒論」，說明本研究形成的背景；二、「雪廬老人及其著述」，從生平、志向、詩文、著述及學術五方面理解老人的思想特質；三、「論語講要成書過程」，考察論語講習班的形成背景及過程、乃至於成書當中的體例狀況；四、「論語講要解經方法」，從老人引述古注、到編製講義及科表，探索其講述意圖；五、「論語講要思想特色」，根據前章所得，探討其以《論語》〈述而篇〉「志於道」章爲中華文化總綱之思想特色；六、「結論」，總結本文研究成果與展望，從《講要》的內涵可以發掘老人對於傳承中華文化之用心。相關資料整理則入「附錄」。

目　次

第八冊　孔子心性概念分析

作者簡介

　　楊晨輝，1968 年生，台南市人。中國文化大學中國文學系學士，國立中正大學哲學系碩士，東海大學哲學系博士。碩士班跟從鄧育仁教授撰寫學位論文《隱喻之哲學內涵》，探討語言哲學中之隱喻理論。博士班追隨蔡仁厚先生撰寫學位論文《孔子心性概念分析》，研究孔子使用心性概念之實質意涵。學成後曾在多所大學通識教育中心兼任教職，現爲兼任助理教授；學術研究興趣領域主要爲儒家思想、語言哲學、美學。

提　要

　　這本博士論文研究主題是孔子使用心性概念之實質意涵；運用以語言文字探討爲基礎之概念分析，和以理論結構探討爲目標之邏輯分析，研究以《論語》相關章句爲核心之關鍵文本，參照比較傳統及當代經典論述，建立全新論述方案；目的在解決針對這項研究主題及關鍵文本所衍生的學術課題。

　　《論語》中之「心」字可見於五章，「性」字可見於二章，皆直接間接相關於孔子。對此章句進行概念分析，可使孔子「心」「性」概念內容獲得堅實的立論基礎。

　　朱熹足以代表傳統觀點，徐復觀、唐君毅、牟宗三、蔡仁厚四位先生皆爲當代大家。各家從不同思考路徑理解並詮釋孔子之「心」「性」，其論理中或多或少尚有可再議之處。針對於此，本文重建關鍵問題進行討論，並提出新的解決方案。

　　本文主張：孔子之「心」具有「認知力」、「記憶力」、「判斷評價力」、「意志力」、「欲求力」、「意向力」等功能作用；孔子之「性」乃是不學而能、不思而得，先天實踐德行之潛能。孔子之「心」「性」概念體系，其架構是以「心」「性」爲雙核心，再連接「天」、「命」、「道」、「天命」、「天道」、「學」、「習」和以「仁」爲首之眾多德行。

　　孔子之教即是立基於人人皆有之共同「心」「性」，強調一生不斷正確「學」「習」之重要，於生活中努力實踐以「仁」爲首之眾多德行，向上體證通達「天」、「命」、「道」、「天命」、「天道」；最終徹盡「性」中之德行潛能，進而臻至「從心所欲，不踰矩」之完美人格。

目 次

第九、十冊 《呂氏春秋》學術思想體系研究

作者簡介

俞林波，男，山東東明人，1982 年 2 月出生，博士，副教授，碩士研究生導師；研究方向爲先秦諸子、出土文獻和古典文學。現爲濟南大學文學院教學科研人員、濟南大學出土文獻與文學研究中心兼職研究員；先後在《東南大學學報》《中國典籍與文化》《文學遺產》《船山學刊》《寧夏大學學報》《福州大學學報》《中南民族大學學報》《南昌大學學報》《中國簡帛學刊》等刊物發表論文三十多篇，出版《元刊呂氏春秋校訂》《〈呂氏春秋〉學術思想體系研究》等學術專著多部，主持國家級、省部級課題多項。

提　要

《呂氏春秋》在吸收、改造、融合先秦諸子學術思想精華的基礎上進行創新最終形成了自己的學術思想體系。《呂氏春秋》的成書過程既然存在吸收、改造、融合、創新，就存在「源」與「流」、「舊」與「新」的問題。相對來說，先秦諸子的學術思想是「源」、是「舊」，《呂氏春秋》的學術思想是「流」、是「新」。「流」從「源」而來又不等同於「源」，從「源」到「流」是一個既繼承「舊」又增加「新」的過程。《呂氏春秋》繼承了哪些「舊」？創造了哪些「新」？「新」與「舊」有什麼不同？要探討這些問題，我們需要運用「探源尋流」並加以「比較」的方法。通過「探源尋流」並加以「比較」，我們理清《呂氏春秋》構建自己的學術思想體系所需要的「舊」與「新」，並探討這些「舊」與「新」怎樣構建了和構建了怎樣的學術思想體系？「探源尋流」並加以「比較」，是本書最重要的研究思路和方法。

《呂氏春秋》學術思想體系的構建是爲了探尋「治國之道」，《呂氏春秋》構建學術思想體系的過程就是構建治國理論體系的過程。簡單地說，「治國」無非就是人治理國家，其中涉及兩個關鍵的問題：一，什麼人來治國？說的是「治國主體」；二，「治國主體」怎樣來治國？說的是「治國方略」。「治國之道」即「治國主體」執行「治國方略」治理國家的理論。《呂氏春秋》構建的學術思想體系所探尋到的「治國之道」就是讓最優秀的「治國主體」執行最完善的「治國方略」來治理國家。

目　次

上　冊

第十一冊　儒道的辯證：以周濂溪〈太極圖〉及《太極圖說》爲中心

作者簡介

　　宋定莉，1963 年生，江西雩都人，東海大學中研所及哲研所博士，現任教於勤益科大及朝陽科大通識教育中心，著有《無爲與自然：老子與海德格美學思想的比較研究》與《巡禮台灣河川》等書。

提　要

　　易海遼闊，易道參究天人，更爲中國文化的母源。

　　本論乃從周濂溪思想的源頭《易傳》開始，旁及易經以及朱陸無極太極之爭議、清代漢宋之辯⋯⋯；研究的主要論域仍在周濂溪原始學術和生命意象，而後才從他的主要作品：太極圖及《太極圖說》還有非常非常少量的《通書》中，去挖掘儒道相關之議題；周濂溪是宋明理學的開創者，而宋代理學更是中國文化復興的一大契機，也是儒學繼先秦之後的第二度高峰，用周濂溪上承易傳的太極圖及圖說來開展並連繫儒道，絕對有其歷史的契機與時代的意義，周濂溪本人更兼具了儒釋道三教的風格，作爲儒道核心人物，就像魏晉的王弼、佛門的契嵩禪師和圭峰宗密一般，有其特殊的因緣，值得探討及深究。

　　論文的寫作基礎乃根據前人的研究成果,重新再做整理與疏解,也希冀透過此種整理及詮解,還原濂溪原始的學術風貌及生命意象,並對〈太極圖〉之源流,再作一次探討。

　　儒道對辯、相爭與擷抗是一個龐大的主題,從先秦、兩漢(揚雄)、魏晉(王弼)、隋唐(李翱)、宋元明、清……到現代,都有許多關涉儒道辯證的主題及思想家,但是本人無能做出處理,只能以濂溪一篇很短小有名的著作:《太極圖》及圖說相關的儒道詮釋辯證加以開展,也算是一個迷你型的「儒道詮釋辯證史」吧;系統的紊亂及綱目的混雜,是必須要請有心的專家學者再行釐清、整理,我這裡所處理的工作也就先到此為止,不足及錯誤矛盾之處,方祈就正於方家並期待更高明的來者。

目　次

第十二冊　宋代荀學研究

作者簡介

　　劉濤，1982 年 11 月生，安徽霍邱人，先後師從陸建華先生、黎紅雷先生

研習中國哲學，2007 年獲哲學碩士學位（安徽大學），2010 年獲哲學博士學位（中山大學）。現任廣州醫科大學馬克思主義學院副教授。在《現代哲學》、《社會科學戰線》等學術期刊發表論文 30 餘篇，主要研究中國哲學、生命倫理學。

提　要

就荀學的思想史進程而言，宋代之前，荀學與孟學雖時有升降，卻都在伯仲之間。然自宋代開始，孟子地位大增，荀子地位大降，這之間到底出現了怎樣的思想轉折，有待追尋。本書認為，宋儒對荀學的評價與解釋，主要通過道統論、人性論、外王論這三個向度展開。這三種解釋路徑之間相互重疊、互相交錯，反映出宋儒的思想旨趣及宋代荀學的新發展。

目　次

第十三冊　道德踐履與「性天通」——薛瑄哲學思想研究

作者簡介

　　高瓊，女，1979 年 11 月出生，遼寧錦州人，哲學博士，西安交通大學馬克思主義學院、仲英書院副教授，主要從事儒家哲學、優秀傳統文化與大學生思想政治教育研究。主持 2019 年教育部人文社會科學專任項目（高校思想政治工作）等項目 6 項，參與項目 8 項，在《西安交通大學學報（社會科學版）》、《思想政治工作研究》等發表優秀傳統文化、大學生思想政治教育等相關學術論文 20 篇，其中《五個維度解讀習近平傳統文化觀》、《核心價值觀與優秀傳統文化的深度契合》被中國社會科學網、人民網、光明網等全文轉載。

提　要

　　儒家傳統文化是中華優秀傳統文化的核心，明初薛瑄是宋明學術轉換時代承前啓後、不可或缺的代表人物，其道德主體性洞察彰顯出傳統文化深刻的主體向度和實踐邏輯，爲理解、詮釋和揭示優秀傳統文化的道德精髓提供了重要的思想範本和實踐進路。在明初程朱理學獨尊的背景下以及南北學風相激相蕩的格局中，薛瑄以承繼儒家道統爲己任，學宗南宋朱子，融合北宋周濂溪、二程、張橫渠之學，將《大學》、《中庸》的天命人性進路與《孟子》、

《易傳》的直承心性進路相融貫，繼承儒家一貫的人性關切與宋儒開拓的天人規模，構建「理」、「氣」、「性」、「心」相貫通的哲學體系，並依此構建「理氣無間」、「理一分殊」的天道宇宙論，以性（體）爲貫通天人的樞紐，主張通過主敬立誠、窮理格物、內向自得、切己反躬、內外交修的「復性」修養工夫，彰顯、挺立、擴充人的道德主體性，使主體從善惡雜陳的人性實然走向純然至善的應然，最終實現「性天通」亦即「天人合一」的理想境界。薛瑄傳承、修正和發展了朱子理學，吸收張載關學，凸顯躬行實踐之風，開創「河東學派」，開啓明代氣學，影響明代關學和心學，啓迪明清實學，與宋明理學諸家思想存在著內在聯繫，成爲宋明理學發展過程中的承前啓後的重要一環。薛瑄哲學思想展現出儒家優秀傳統文化「天人合一」的理想境界、性體至善的人性架構、篤實踐履的修養工夫和立誠、持敬、存心、體善等價值追求，對於當下中國培育社會主義核心價值觀、挺立民族文化自信、提升公民道德修養水平等具有積極的時代價值，能夠爲優秀傳統文化在新時代的「創造性轉化」和「創新性發展」提供理論參考和實踐借鑒。

目　次

第十四冊　浙中王門親傳孫應奎良知學研究

作者簡介

　　鄧凱，博士，寧波財經學院陽明文化研究所長，中國傳統文化教研室主任，寧波市王陽明研究促進會理事，方太大學特邀文化講師。1986 年生於湖南東安，本、碩、博先後畢業於武漢大學國學班、華中師範大學，主要研究方向為中國古典文獻學、陽明學、文字學等，目前有省部、市廳課題 5 項，發表核心期刊論文多篇，包括：《王陽明古文獻學思想發微》、《孫應奎與陽明學傳播》等。專著《王陽明年譜校注》，合編《寧波王門集》，參與點校古籍多部。

提　要

　　本書在完成點校文集《燕詒錄》（近十萬字）的基礎上，多方搜集相關材料，研究王陽明的餘姚親傳弟子孫應奎（號蒙泉）的生平事蹟及其良知學思想，特別是他獨具特色的「良知幾學」理論，是對陽明學的大力推進。本書內容主要包括七章，另有緒言、附錄（《蒙泉先生年譜》、《輯佚文獻》）。首先，論述孫應奎乃王陽明令名不彰弟子中的一個典型代表，其良知學思想具有重要學術研究價值；其次，以「良知學」為中心，介紹孫應奎的家學師傳、對良知學的發展、在陽明後學中的學術定位；再次，從經典詮釋的角度考察孫應奎的良知學思想脈路，從社會實踐的角度看他的身心修養與治國理政，另外還從與人交遊及詩文創作這兩大方面細緻梳理其良知學思想的形成、傳播過程。本書主要特點有兩大方面：一是深入發掘孫應奎這樣一位不應被忽略的重要的陽明親傳弟子，全面搜集、整理與之相關的各種文獻記載，編定年譜、輯錄佚文，考辨其人其事，擴展了學術研究的領域；另一方面，首次對「良知幾學」思想進行系統論述，梳理從「心本體」、「良知本體」直到「真幾本體」的邏輯發展路徑，並且以他為中心，與王龍溪、歐陽德、聶雙江、陳明水等陽明後學重要人物進行比較，推進了陽明學理論形態研究。

目　次

第十五冊　王船山「陰陽理論」研究

作者簡介

陳祺助，1961 年出生於台灣彰化縣。1983 年畢業於國立台灣師範大學國文系，1986 年畢業於高雄師範學院國文研究所。曾任台中縣立霧峰國中教師兼導師（1983 年）、私立台南女子專科學校專任講師（1988 年），1989 年進入私立正修工專即現在的正修科技大學服務，目前是該校通識教育中心專任教授。專長爲儒家哲學之研究，主要研究領域爲王船山哲學，其次爲宋明理學，亦兼及先秦儒學之研究。著有《胡五峰之心性論研究》（花木蘭出版社，2009年）、《文返樸而厚質——王船山「道德的形上學」系統之建構（上）（下）》（元華文創公司，2018 年）。所著論文刊登於國內知名的學術期刊者，已達 30 篇之多。相關的研究，曾多次獲得科技部（前國科會）專題研究計畫補助。

提　要

本書研究王船山的「陰陽」理論，內容也包含其論「乾坤」之說，主旨在於探討船山「陰陽」觀念之天道論的涵義，並以此爲基礎討論船山天道論與其《易》學理論之關聯。

本書分成三大部分。第一部分是分析「陰陽」觀念的天道論涵義，包含四章。第一章論「陰陽與太極的關係」，第二章論「陰陽與道體的關係」，第三章論「陰陽觀念的本體論意義」，第四章論「陰陽觀念的宇宙論意義」。

第二部分的主題爲「乾坤並建論」，包含三章。第五章論「乾坤並建」理論的基本內容及其天道論涵義，第六章乃「乾坤並建」學說探源，第七章是「乾坤並建」理論的客觀根據之論證。

第三部分「陰陽象數論」，包含四章。第八章論「《周易》卦理與天道原理如何一致」的問題，第九章論「陰陽、象數與《易》卦」的關係，第十章

論「陰陽、象數與世界」的關係，第十一章論「《周易》占《易》之理與天道原理如何一致」的問題。

全書的總結論則從「陰陽」觀念的用法論船山哲學方法的理論涵義，並綜論船山「陰陽理論」的天道論特色。

目　次

第十六、十七冊　清中葉揚州學派之學術方法論──以汪中、淩廷堪、焦循、阮元爲考察對象

作者簡介

陳治維，對於古典中國有著濃厚的興味，特別聚焦在明清兩代。自認爲

與一般信奉儒學的研究者，尤其是崇敬理學或心學的那一掛不同，側重於闡發儒學義理的現實層面。

平日的休閒上，閱讀算是其一，對於西哲、科普的閱讀量並不亞於中哲。順帶一提，在此基礎上得出：東西方知識份子的思維方法差異頗鉅。另一部分則熱愛運動：溯溪、攀岩、登山、潛水和健身樣樣愛。

總括言之，期望自己朝向允文允武的境地。目前爲兼任助理教授。

提　要

本書以清乾嘉至道光前期的揚州學派儒者——汪中、凌廷堪、焦循與阮元爲研究對象。內容上主彰顯清代儒學與宋明理學的異質性，雖然理學在清代仍爲官學，但學術的成就上卻不足以爲代表，反倒是戴震與揚州儒者們的義理論述，才堪稱是清代儒學的中堅。

清代儒學的特色，其一是以「實事求是」此一嚴謹的態度對經學範疇進行較爲周全的考證，較爲特別的是，還涉及到往昔諸儒們向來陌生的數學、天文等領域。

又，在人性論上，揚州儒者則是以自然人性與現實爲出發點，除肯定人性之中本具有「情」和「欲」外，焦循更提出人禽之別在於「智」性，而非「德」性，與現代社會普遍的思想一致。

第三，因關注現實，是以重視「禮」爲核心的相關制度，從揚州儒者的論述中可知其有趨向現代的社會意識與群體觀念，而不似理學較著墨於個人涵養。以上之概述，可視爲揚州學派在學術上的「前現代」特色。

本書繼而分析揚州儒者的思維方法，主要延伸自上述所探討的環節。首先，從具現實性的思維下，建構出迥異於理學的正統儒學。另，探討因以「氣」爲本體義的思想，進而展現重智的思維。又，當時歐洲較先進的天文數學知識東傳之後，包含揚州儒者在內知識階層，形成「西學中源」觀，咸以爲中國儒學乃掌握最根本的價值義。此一觀念之形成，則與「氣化」的連續性思維有密切關係。

目　次

上　冊

自　序

第十八冊　釋德清莊學思想體系重構

作者簡介

　　沈明謙，台灣彰化人，國立臺灣師範大學國文研究所博士。著有〈《楚辭補注・離騷》對屈原形象的理解──論洪興祖對屈原形象的詮釋取向〉、〈荀子禮學建構──以「正名」為核心〉、〈釋德清《老子道德經解》與《莊子內

篇註》互文詮釋方法析論〉、〈為何而注：釋德清注莊子動機、目的與試圖回應的時代課題〉等單篇論文。

提　要

本論文試圖以釋德清的莊學思想為主要研究對象，從中構築莊學研究或莊學史書寫的方法學意識。現有相關莊學經典詮釋研究或莊學史書寫，普遍存在方法學缺乏或援借外國理論（如詮釋學）的現象，但作為現代化的學術研究，方法學乃不可或缺的基礎；然而中文系對此卻沒有足夠的訓練，因而在論文寫作時，僅能採用如文獻對比法、義理對比法這類基本研究方法。本論文試圖以顏崑陽先生的「完境理論」為方法學的理論基礎，在操作方面則採用三序脈絡化方法，希冀能為莊學研究或莊學史書寫構築一可被利用的方法學，並藉此刺激後起的論文寫作者針對自身的研究議題，創構具理論基礎和操作方法之方法學。

除此之外，本論文還意圖重新反省封閉文本研究存在的問題，開啟不同的釋德清莊學研究視角。釋德清莊學研究存在一個普遍現象，即研究者多採用封閉文本的研究方式，也就是以文本所透露的訊息來解讀文本本身，構成詮釋循環，例如觸及釋德清為何要注解《莊子》時，就以《觀老莊影響論》的文獻來回答。這樣的研究方式是長期以來的基本模式，好處是忠於文本，壞處是將文本與其產生的歷史存在和社會文化斷開，造成失根的狀況，則詮釋效力端看研究者是否能給予合理的解釋，卻缺乏一客觀有效之印證。本論文認為必須考量釋德清的三重存在，透過脈絡化的方法，使釋德清之文本與思想具備歷史語境，由此豐富釋德清論述的意義，並賦予客觀有效的歷史判準，進而有助於精確詮釋釋德清的意旨。

最終，本論文希望回歸到研究文本與研究對象的歷史性，也才能更精確建立中國經典詮釋知識的規律。畢竟每個詮釋者都是站在自身的時代，與當時的思想家和透過閱讀前行詮釋者的作品，不斷反思與提出問題，嘗試對文本提出一套具備體系的觀點和詮釋核心思想，並將自身的理解滲透到其間。而身為研究者的我們，若能深入研究對象與研究文本的歷史性，就能更深切理解他們為何發言、為何撰述，進而省察到自我的歷史性，理解自身研究的原因動機與目的動機，深化並拓展自我觀看理解世界的視域。

目　次

《詩經》敘事與一代王朝的焦慮
——小、大《雅》讀注(上)

白鳳鳴　著

作者簡介

白鳳鳴，1961 年生，高級經濟師。著有《荒原獨語》、《先民生存的艱難與悲喜——〈國風〉讀注》，經濟文論若干。

提　要

　　儒家力挺由帝王而治民的專制政治，其思想生發源當自中國有同期文字記載的第二個王朝——周王朝，準確地說應該是西周王朝。自秦漢專制主義始，兩千多年來官方主流意識始終不失西周政治文化的斑駁底色。

　　那曾是一個十分強勢而腐朽的王朝，一個擁占「溥天之下」的龐大的既得利益集團。卻是自政權伊始便困難重重，危機四伏，二百七十六年的歷史始終被各種各樣的問題所困擾著。來自朝廷的「大抵聖賢發憤之所爲作也」的某種被稱爲「詩」的語言，曲折而多向度地表現了他們的極度焦慮與不安。如果說《尚書》重在革命和革命之理由，那麼《詩經》反映的則是革命成功、「天下」歸屬「皇王」後的「王政」；「膺受天命」、「受天有大命」的他們，在中後期於「其命維新」之政權越來越惶惶然。

　　而在「詩史」的意義上，「詩」中所言又多數沒有在金文、甚至《周書》中得到證實——使得儒家的解讀頗費周折並極盡話語之能事。原來欺世不唯孔儒，盜名實自周人！

　　本書帶你穿過《詩經》之小、大《雅》，走進中國文化形成之最典型時期——西周，看兩千七百年前令人驚歎無比的周人之心機，看一代王朝緣起與寂滅之情狀；看儒家之言說和專制與極權政治的前世今生……

序

臧　振

　　爲研究《詩經》的專著作序，尤其是爲白鳳鳴的《〈詩經〉敘事與一代王朝的焦慮——小、大〈雅〉讀注》作序，我要鼓多大勇氣才敢答應，你們想像不到！

　　六年前，2011 年 12 月，白鳳鳴的《先民生存的艱難與悲喜——〈國風〉讀注》由中國社會科學出版社出版了。這是一本學術水平很高的專著，同時又是普及《詩經》，雅俗共賞、令人陶醉的好書。他剛拿到兩冊樣書就給我送來一冊，由此可見鳳鳴是把我當作《詩經》專家了！

　　近四十年前，我是鳳鳴高中時候的老師。三十年後，《國風讀注》擺在我眼前，令我驚歎的同時又令我慚愧！

　　請允許我先講講我跟《詩經》打交道的歷史。

　　在我三四歲剛能記事的時候，那是上世紀四十年代，記得我哥哥被母親督促著與表哥們一道背詩，「關關雎鳩在河之洲，窈窕淑女君子好逑……」。因爲新式學堂每天的「功課」不少，哥哥不大願意背古詩，頗煩惱。到了我讀小學，解放了，不用背詩了，我很慶幸。

　　四川，「天府之國」，竹叢、稻田、清溪、茅舍，民殷國富。祖祖輩輩最基本的願望，是子孫繁衍、寧靜安詳。體現在爲後代取名字的「字輩」上，母親他們劉家就是「仁德傳家久，詩書繼世長」。外公在「德」字輩，母親和舅舅們是「傳」字輩，表哥表姐們就都在「家」字上。「仁者愛人」，「德」是指尊重別人；「仁德」是兩千年來以定居農業經濟爲基礎的中國社會政治的最高理念。「詩書」特指儒家經典《詩經》和《尚書》，這是維繫兩千多年中華傳統文化的精神支柱。

　　五十年代我念小學和初中，接觸的全是新教材，還要參加趕麻雀、煉鋼鐵等等政治運動，初中班主任又忽然被打成「右派」，那時我們懂得了一條：在政治上要「紅」，就是要響應號召，積極參與運動。到了高中，遭遇三年「大饑荒」，沒有運動了，成天想的就是吃；我得了浮腫病，課餘就讀醫書，《黃帝內經》、《醫宗金鑑》等，算是我開始接受的古文獻薰陶。高考前才知道嗅覺不靈不能報考醫科各專業，臨時改報理工科，名落孫山後決定改學文科，翻出中學歷史課本死記硬背，又找來《古文觀止》和《唐詩三百首》補補課，第二年居然考入北大歷史系！入學不久發現自己實屬差生，老師鼓勵說來得及，我下決心好好讀書，不料又遇到了轟轟烈烈的政治運動——「四清」、「文革」，沒有讀什麼書。1968 年底算是「畢業」了，我們這批既無資產又無知識的「資產階級知識分子」還要接受遙遙無期的「工農兵再教育」。到 1970 年春夏之交，總算正式分配了工作。我感覺自己像一片樹葉，隨風飄到了陝北窮鄉僻壤的深山溝裏。

　　說這些事情的意思是，由於無休止的「政治運動」，在我所屬的這一代身上，傳統文化基本上斷裂了！「仁」、「德」被「階級鬥爭學說」和「無產階級專政」代替，《詩》、《書》裏面講些什麼？不清楚！

　　拿著堂堂北京大學歷史系的畢業證，我生怕別人拿古文和歷史問題來問我，就老老實實躲在山溝裏補讀了十年書。1980 年，我考上南京大學研究生，隨劉毓璜教授攻讀先秦思想史。

　　與我同時，考分能到西安或延安讀大學的山村窮小子白鳳鳴被別人擠兌到了陝西師範大學榆林專修科中文系。

　　一別三十年，只通過一次信。2010 年秋，我忽然見到一本散文集——《荒原獨語》（陝西人民出版社 1998 年出版），著者：白鳳鳴！

　　因為曾在山鄉生活十年，《荒原獨語》對我來說是「引人入勝」的；不少篇章令我感動，不少感悟令我佩服。其中有一篇題為《老師》，寫的竟然是我！我被人家記得，而且寫進了書裏，我的視線有些模糊了。

　　鳳鳴當過教師，隨後進入一家央企工作，不長時間就成為駕輕就熟的地區高管，自學考上高級經濟師。他從榆林被調到延安，從延安調到西安，應他的要求又從西安調到榆林。他本可以一張報、一杯茶悠閒度日，或者忙於跑關係、拼酒量再得提拔，掙更多的錢。可他無法忘記故鄉的春天、心中的河流、永遠的母親……他努力擺脫令人疲憊不堪的、無謂的應酬奔波；遙

望窗外——在遠山的那邊，黃土高原被千年洪水切割成無數溝壑，祖祖輩輩父母兄弟姐妹就在那裡辛勤勞作。芳草萋萋，垂柳依依，山羊綿羊，五穀雜糧，同他一起成長；還有後山上那棵孤獨的大樹，傲視著荒原，始終挺拔堅強。他安下心來，拿起了筆，攤開了紙，他說：

> 繆斯終究還是和我有了緣分，她教我一顆善良的心和一雙敏覺
> 的眼。這紛繁的世界和多味人生使我沉思、使我欣喜、使我痛苦、
> 使我歡笑和流淚……我想寫，想表達，想描述。想用我的筆在藍天
> 裏添一朵白雲，在荒地裏闢一條小路，在乾旱的山地上灑一陣細雨，
> 在沙漠裏繪一片新綠……。（《荒原獨語》84～85頁）

繆斯使他不再孤單。但他深知在自己這片並不肥沃的土地上耕耘是難以有讓人驚喜的豐收的。他，有從事「規模化大生產」的能力！

這個住在城裏的「鄉下人」，對於生活的熱愛是那麼深沉，對於人生的感悟是那麼透徹；十多年前出版散文集的時候他才三十多歲，我預感到他會有分量更重的成果問世。

果然，在讀到《荒原獨語》一年多之後，白鳳鳴把沉甸甸的《先民生存的艱難與悲喜——〈國風〉讀注》遞到我手裏。

繆斯女神引領著他走進了《詩經》——中國文化源頭上這座神聖的殿堂！

請允許我接著講我跟《詩經》打交道的歷史。

從陝北山溝出來，進入南京大學攻讀先秦思想史。兩年之後的 1982 年冬，碩士論文答辯，導師劉毓璜先生爲我請來南京師大 85 歲高齡的宿儒段熙仲先生和年屆古稀的徐復先生。答辯開始很順利，劉先生一度希望我的論文能評爲「優」。最後徐復先生問我：「你文中引用不少《詩經》中的句子，請問你用的是什麼人箋注的版本？」我據實答道：「資料室借書很麻煩，我用的是路邊地攤買的《白文十三經》。」徐先生問：「黃侃手批？」其實我當時根本不知黃侃何許人，也沒聽懂徐先生是在追問，就說：「厚厚的一本，沒有箋注，十三經，才六元錢。」徐先生忽然皺眉、撇嘴、搖頭，劉先生的表情也變得痛苦。其實這一刻，是我生命中的一個拐點，這是我好多年後才意識到的。（黃侃是章太炎的大弟子，著有《黃侃手批白文十三經》，徐復先生是黃侃得意門生，當時正在爲章太炎《訄書》作注。）

答辯結束，論文通過，評爲「良」。段熙仲先生語重心長地對我說：（原話記不準確，大意如下）

「文化革命」來了，我和你們劉先生私下議論過，我們過去用畢生精力繼承下來的東西，都成了「四舊」【筆者注：舊思想、舊文化、舊風俗、舊習慣，都在「橫掃」之列】，恐怕是該斷絕了，再不會有人讀了！可是現在，劉先生招收了研究生，方向是「先秦思想史」，我又看到了希望！諸子學術、儒家經典，是中華文化最輝煌的所在，是中華民族文明的根啊！今天參加你們的答辯，我高興啊！希望你們能夠把我們民族文化的精華繼承下來，留傳下去。

受到劉先生的嚴肅批評，加之快要離開南京，我帶著我的論文去看望我大學本科時的先秦史老師，江蘇省社科院的研究員王文清先生。王先生看完我的論文，坦率地說，這篇論文不是優或者良的問題，是不及格！我問爲什麼？他說他認爲學術水平的高低要看對於古文獻的研讀理解。你的論文隻字未涉及清代學者的成果，引用文獻止於通俗讀物，這不是研究歷史。

我說我的論文主題是討論所謂「奴隸制」時代爲什麼會有「重民思想」，我深入研讀的是恩格斯的《家庭、私有制和國家的起源》，亮點是發現蘇聯人對於恩格斯的歪曲甚至否定，所以還請來哲學系的胡福明先生擔任評委。

王先生告訴我：沒有讀懂《詩經》，不可能瞭解先秦社會；沒研究過《尙書》，不可能瞭解先秦政治。而《詩》、《書》作爲儒家經典，影響了兩千多年的幾乎所有的政治家、思想家、文學藝術家。所以，研究中國古代文化思想的學者，沒有研讀過《詩》、《書》就沒有發言權！

拿到南京大學碩士文憑來到陝西師大，我的感覺與十多年前拿著北大文憑來到陝北山溝那樣，戰戰兢兢如履薄冰，夙夜匪懈努力補課，目的是：不讓段老失望，要爲劉先生爭氣，想讓徐先生認可，也請王老師給我個及格。

十多年之後，在爲研究生開設《詩、書、易導讀》課的基礎上寫成《〈詩〉古訓在文化史研究中的價值》一文，稿投《孔子研究》雜誌，希望的是讓徐復先生看到。不久，小編來信，說要我交「版面費」若干。看來是水平不夠，但可以用錢來彌補。我認爲這是對我的侮辱，也使《孔子研究》的學術地位在我心中一落千丈！於是就將此文轉給一位朋友審讀，朋友認可，交由《貴州社會科學》1998 年第二期發表了，徐復先生多半是沒有看到的。

若干年後，很巧很偶然，發現我投到《孔子研究》的這篇手稿的原件以及《孔子研究》編輯部的審稿單在網上拍賣。（大約是編輯部處理垃圾，收廢品的有心人把有可能變錢的字紙挑出來賣。）「審稿單」初審評語：「此文有

新意，可用。對當前在『聯繫實際』幌子下的浮華學風有針砭意義，請辛、馬審定。」複審批示：「可作『爭鳴』用。」初審者周繼旨先生，曾與張豈之、李學勤等一同協助侯外廬先生編寫《中國思想通史》，後在南京大學哲學系任教。複審者王國軒先生，為中國人民大學《國際儒藏》總編纂，北京大學《儒藏》中心審定專家。看來我這篇文章是及格了的。

幾頁稿紙，書法也一般，竟然被人掏二百元錢買去！不久得知，買去的人是白鳳鳴！

白鳳鳴在研究《詩經》，關注著學術界的動向，讀到了我的文章，又購得我的手稿。所以，《國風讀注》剛拿到樣本就專程來到西安，送我一冊。

鳳鳴用「先民生存的艱難與悲喜」作為書名以概括《詩經》中《國風》的內容，其判斷精當確切，其眼光犀利而溫婉，這與他在《荒原獨語》中展示的情懷是相通的；可以說，沒有在陝北川谷原隰生息勞作的經歷是很難有這樣的認識的。

鳳鳴又以《周代思想的天空和大地高遠廣袤已然》一文作為《國風讀注》的《代序》，可見鳳鳴的視野遠不止於解讀一首首《詩》，他鳥瞰遼闊華夏，縱覽三千年歷史，感受到先民思想的憂傷迷離在生命哲學意義上與今人的迷惘一脈相承。鳳鳴不是專門研究文學，也不是專門研究歷史，他從十五《國風》中讀到的，是古今一體的生命的意義。我認為，這是前人沒有做到的，也應該是今人研讀《詩經》的最大價值所在！這是我這個歷史老師沒有想到的。

然而他沒有浮光掠影以今人的膚淺認識唐突古人。他尊重兩三千年來儒學經師對於《詩》的解說，也充分注意到清代和近代學者的研究。鳳鳴說他這本書「不是一本研究《詩經》的學術著作，只是一本讀《詩》箚記」，然而在我看來，他議論嚴謹，言必有據，沒有那種驚世駭俗的所謂「創新」；他不敢「譯」詩，不敢「強迫兩千多年前的古人說今語」，而是努力「回到古代的語言環境中感受古人的心理和想法，從而把握原詩的整體意蘊」。在我看來，這就是學術研究。而且，他潛心多年，不是為換取文憑，不指望評什麼職稱，更不申報什麼資金或獎項，在當今中國，這是極為罕見的學術研究！從這個角度看，《國風讀注》是直追清人風格的純學術著作。

鳳鳴斷然由俗務中超脫出來，完成了《國風讀注》。當此之時，靜坐在書桌前，繆斯的影子又閃現在眼前。下一步又在哪裏耕耘呢？他說自己「學力

不及深涉《雅》、《頌》」，我鼓勵他：你既然有解讀《風》詩 160 篇的基礎，又已經在城市生活二十多年，當了「幹部」又當了小小的「領導幹部」，登過「大雅之堂」，看過風雲變幻，瞭解官場生態和官員心態，我相信你有能力接著讀注《小雅》、《大雅》，駕馭小、大《雅》105 篇的精神。

五年之後的 2016 年 11 月，丙申立冬後十日，鳳鳴把剛殺青的打印稿《〈詩經〉敘事與一代王朝的焦慮──小、大〈雅〉讀注》交到我手裏。鳳鳴沒有開口，是我鼓足了勇氣，說願意為這本書寫一篇《序》。

幾年前，翻閱《〈國風〉讀注》時我就發現，鳳鳴對於《詩經》的精細研讀和準確解說，足可以給研究生當老師了。「弟子不必不如師」，在《詩經》研究上，鳳鳴很多方面已經遠遠超過了我。我為他的新書作序，很可能會郢書燕說、貽笑大方。我主動說要寫序，實際上是給自己出了一個大難題，甚至可能是一場挑戰。

現在這本書擺在了我面前，怎麼辦？當學生啊！慢慢閱讀領會吧。

在這部四十多萬字的著述前，鳳鳴寫有八萬多字的《緒言──從〈尚書〉到〈詩經〉》，目的是詳細介紹小、大《雅》所誕生的西周社會政治背景，為讀者領會他對於《雅》詩的解讀打下基礎。緒言從《尚書》開始，除了金文，幾乎所有涉及西周歷史的文獻典籍都在他的視野之內。開始我打算從頭到尾讀一遍，但是很快就發現，鳳鳴的思路完全與我不同！我對於整部《詩經》可以說都懷著景仰崇拜的心情，而他對於《詩》的背景──西周政治，幾乎全不認可；因此認為二《雅》「沉重而灰暗」，「折射出一代王朝的極度焦慮與不安」。這時我想以我對先秦思想史的研究以及在上世紀六十年代學到的「歷史主義」（把事件放到它所處的必要的歷史進程中去理解和評價）跟他爭辯。做這樣的批語佔用了我不少時間，後來發現這是無濟於事的。鳳鳴的目的是讓讀者以今人眼光從宏觀上把握小、大《雅》，這與他讀《國風》時所持「古今一體」的觀念是一致的。現在我既然是「當學生」，就不能居高臨下固執己見。記得段熙仲先生那段話嗎？最重要的是最後這句：「希望你們能夠把我們民族文化的精華繼承下來，留傳下去。」我認為在鳳鳴眼裏，《詩經》的精華在十五《國風》（記載著先民生存的艱難與悲喜）；而小、大《雅》，記載著西周這個「十分強勢而腐朽的王朝」專制政治的危機四伏、困難重重，似乎就是「糟粕」之所在，是今人無須繼承的。

我的歷史觀形成於二十世紀六七十年代，根源於十九世紀的「進化論」

學說；鳳鳴的眼光源於二十世紀的「社會人類學」或曰「文化人類學」，這種方法在上世紀八十年代薰陶了他那一代中國學者。他們從各種文化因素的結構模式探討政治制度的得失優劣，他們並不十分在意生產力發展水平和所謂「經濟基礎」的發展階段。

對誕生於西周宗族社會基地上的封建專制主義思想，鳳鳴追根溯源，進行全面批判。對於孔子的刪詩、正樂，鳳鳴說孔子「開文化施暴之先河」。對於儒家不遺餘力維護的「王權」、「王制」，以及由此而來的一個民族的心理結構、價值取向、認知習慣、行為邏輯，鳳鳴痛陳其敝：

由宗族宗法而有等級，由等級而有王權，由王權而有崇拜，由崇拜而有帝王專制，有了專制即沒有了律法和公理，「仁」、「德」拋到腦後，隨之而來的是無數姦佞、奴才、幫兇、爪牙、覬覦者、唯利是圖者、損人利己者……總是容易得逞，導致民不聊生天下大亂乃至農民大起義，幾十年又來一次，充斥在兩千多年的歷史上。王朝危機是永無終止的夢魘，帝王繼嗣是千古的憂愁和焦慮；袞袞諸公難以迴避的惶恐，讒佞小人不斷的禍國殃民，人性的醜惡面頑強地張揚，一切道德說教都變得蒼白虛偽，民眾一次次輪迴在水深火熱之中……這樣的政治模式，實在值不得恭維！

鳳鳴洋洋八萬字的議論令我震撼。開始我想當然地以為《小大雅讀注》是一本解讀史詩的文學著作，接著認為這是一冊介紹西周時代的史書，最後才發現，鳳鳴實際是希望從對舊世界的批判中發現新世界。《小大雅讀注》實際是一部情繫未來的社會學著述。

我跟大家一樣，是讀者。讓我們一道研讀鳳鳴對於小、大《雅》105篇的精彩解說。

《大雅・卷阿》：「鳳凰鳴矣，于彼高岡；梧桐生矣，于彼朝陽。」下一步，我們還等待著看到鳳鳴讀注《周頌》、《魯頌》、《商頌》40篇的新作。

是為序。

臧 振　丁酉小寒後三日
珠海香洲水灣頭

目

次

緒言——從《尚書》到《詩經》

一

　　先秦之成功革命，也大抵總有史官的功勞——史官尋找並提供了革命的理由和理論支持，這實在是中國古代政治之特別和政治家們的高明。西周王朝大概於此認識最深，所以之後太史僚和太史的地位便十分了得。王者世有史官，君舉必書，《漢書·藝文志》所謂「左史紀言，右史紀事，事爲《春秋》，言爲《尚書》」是也。

　　殷商是中國古代第一個有同期文字直接記載的王朝，周滅之，其遺民和舊臣大約總是不服的，周公就講：「無我怨！惟爾知，惟殷先人，有冊有典，殷革夏命。」（《周書·多士》）說殷的典冊裏就有商革夏命的記載，證之周革殷命是有其先例可援的。那殷商的史官「作冊」，也許就在無奈聽周公訓話的那一群人當中立著。以周公之說，殷商是有自己的「領導講話」之記錄的，《墨子·貴義》也說「昔者周公旦朝讀《書》百篇」。但今本《尚書》中，除梅賾（zé）所獻外，所謂「商書」僅《湯誓》、《盤庚》、《高宗肜（róng）日》、《西伯戡黎》、《微子》區區五篇。既設史官，又有典冊，那麼享國近六百年之久的殷商王朝，傳世金文和卜辭之外的其他記載，又到哪裏去了，「滅人之國，必先去其史」？

　　《尚書》作爲「上古的史書」，先秦和兩漢文獻引者不知其幾多！陳夢家《尚書通論·先秦引書篇》統計，僅《論語》、《孟子》、《左傳》、《國語》、《墨子》、《禮記》、《荀子》、《韓非子》、《呂氏春秋》九種，便引有一百六十八條，其不見於今文《尚書》者一百一十一條。但所引卻又多現難以甄鑒之亂象。

以《墨子》爲例，所論每每徵以「先王之書」，但其《七患》之「《夏書》曰」、「《殷書》曰」、「《周書》曰」云云，《尚賢中》所謂「求聖君哲人，以裨輔而身」的「距年之言」，《湯誓》文（「聿求元聖，與之戮力同心，以治天下」），《尚賢下》之《豎年》題、文，《尚同中》之《術令》題、文，《相年》題、文，《兼愛中》之文（『昔者武王將事泰山隧，《傳》曰：「泰山有道，曾孫周王有事，大事既獲，仁人尚作，以祇〔zhī〕商、夏、蠻夷醜貉。雖有周親，不若仁人。萬方有罪，維予一人。」』），《兼愛下》之《禹誓》題、文，《湯說》題、文，《天志中》之文（「明哲維天，臨君下土」），《明鬼下》之文（「嗚呼！古者有夏，方未有禍之時，百獸貞蟲，允及飛鳥，莫不比方……」），《禽艾》題、文，《非樂上》之《官刑》題、文，《黃徑》題、文，《武觀》題、文，《非命中》之文（「命者，暴王作之。且今天下之士君子，將欲辯是非利害之故……」），《三代》、《不（百）國》題、文，《執令》題、文，《非命下》之《總德》題、文，《去發》題、文，《公孟》之《子亦》題、文等，除個別詞句和大致文字在古文者《尚書》中出現外，不見於今文者，也不見所謂「逸書十六篇」和「書序百篇」之題。

《墨子》如此頻繁引《書》，可見其「第一次思想解放運動」中論戰之激烈。當時墨子的確可能看到了更多的「先王之書」，但也不排除他的作僞——這在所謂諸子百家「百花齊放」中見怪不怪，並不是什麼新鮮事。包括儒家在內，他們將已有文獻拿來爲自己的論說作支持，合適者直接嵌入，覺得不合適就增刪修改，或者乾脆編造。《尚書》之所謂「虞書」《堯典》、《舜典》、《皋陶（gāoyáo）謨》，「夏書」《禹貢》、《甘誓》等，皆爲儒家以其思想主張所需而爲——《甘誓》曾被認爲稍具情形，是自夏傳來成文於商而周代重新寫定的文字，但「恭行天之罰」造句竟與僞古文《泰誓下》「恭行天罰」同（儒家爲周人所代言）；墨子《明鬼下》引曰「禹誓」，「予非爾田野葆士之欲也（孫詒讓間詁「言不貪其土地人民」），予共行天之罰也……」是大禹的兒子夏啓的話嗎？

《堯典》「克明俊德，以親九族。九族既睦，平章百姓（僞孔傳：「百姓，百官。言化九族而平和章明」）。百姓昭明，協和萬邦」，本是周人由宗族統「百姓」，由「百姓」統萬邦的理想政權形態，卻硬是「稽古」於傳說中五帝之一的堯——主張統治、佔有和「主民」、「治民」（梁啓超《堯舜爲中國中央君權濫觴考》「堯舜之所以爲堯舜，其功德不在能開關民政，而在能確

立帝政也」）。而《甘誓》中的啓、「商書」《湯誓》中的湯則已是學會了「弗用命，戮於社，予則孥（nú 奴）戮女」、「爾不從誓言，予則孥戮汝，罔有攸赦」等帝王之語。誰給他的權利，憑什麼？

《左傳・僖公三十三年》「《康誥》曰『父不慈，子不祗，兄不友，弟不共，不相及也』」，即便被認爲是眞品的今文《尚書》，其《周書》中也並無其句。而《無逸》「徽柔懿恭，懷保小民，惠鮮鰥寡。自朝至於日中昃（zè），不遑暇食，用咸和萬民。文王不敢盤於遊田，以庶邦惟正之供」，在《楚語上》中卻被引爲：「《周書》曰：『文王至於日中昃，不皇暇食。惠於小民，唯政之恭。』」雖非完全無中生有，但也見得戰國和西漢人引論之隨意。（豈止是「引論」）

濫觴於此的這種行爲，使其後世論者更爲欣喜而樂此不疲。僞託之成篇巨作僞書不用說，〔註1〕無數的「孔子曰」、「子曰」和隨處可見的「聖人云」、「臣聞」、「昔人云」、「君子曰」等便足以說明。《墨子・兼愛下》「周《詩》曰『王道蕩蕩，不偏不黨。王道平平，不黨不偏。其直若矢，其易若底（dǐ 砥）。君子之所履，小人之所視』」，前四句略同見於今本《周書・洪範》，後四句稍異見於今本《詩經・小雅・大東》——大約覺得二者其意甚相連屬，便拿來放在一起稱爲「周《詩》」。而《所染》「《詩》曰『必擇所堪，必謹所堪』」，《尚賢中》「《周頌》道之曰『聖人之德，若天之高，若地之普。其有昭於天下也，若地之固，若山之承，不坼（chè）不崩。若日之光，若月之明，與天地同常』」，《非攻中》「《詩》曰『魚水不務，陸將何及乎』」，以及其後《荀子・正名》「詩曰『長夜漫兮，永思騫兮，大古之不慢兮，禮義之不愆兮，何恤人之言兮』」等等，今本《詩經》中均不見。……

二

秦滅六國，靠的是鐵血之道。周孝王當年封「馬大蕃息」之地的秦非子爲附庸時（《史記・秦本紀》），做夢也沒有想到六百多年後秦國的鐵蹄能踏平了「天下」。嬴政使「天下」各國「地方自治」和共同產生「聯合政府」的希望永遠破滅——帝國不立，廝殺不息（帝國後廝殺也未悉，而又征役暴虐肆行），雄才大略不僅體現權威與暴力意志，也更需要輿論一統的支持。

儒家之說也大約使嬴政心裏感覺很煩（《六國年表》「秦既得意，燒天下《詩》、《書》，諸侯史記尤甚，爲其有所刺譏也」），李斯想起商鞅教秦孝公

「燔《詩》、《書》而明法令」（《韓非子·和氏》）和秦昭襄王「儒無益於人之國」（《荀子·效儒》）的話，便湊上去說：「臣請史官非秦記皆燒之，非博士官所職，天下敢有藏《詩》、《書》、百家語者，悉詣守、尉雜燒之。有敢偶語《詩》、《書》者，棄市，以古非今者族，吏見知不舉者與同罪。令下三十日不燒，黥爲城旦（按：刑名，「晝日伺寇虜，夜暮築長城」，四年苦役）。」（《秦始皇本紀》）於是便焚書坑「文學方術士」（二者混雜一起是「文學」之悲哀），「諸有文學、《詩》、《書》、百家語者，蠲（juān）除去之」（《李斯列傳》）——那一幕也成了儒家記憶深處永遠的傷痛。昔有商鞅，時有韓非、李斯，儒家的文化專制主義在秦國碰了壁。揮之不去的關於「秦」之心理陰影，在中國歷史敍事中近乎固化。

　　《史記·儒林列傳》、《漢書·藝文志》、《論衡·正說》等對《尙書》之多舛命運均有記述。陳夢家考《尙書》漢世傳本有西漢今文「伏生本」，西漢古文「壁中本」、「孔氏本」、「獻王本」、「中祕（mì）本」，東漢古文「杜林本」、東晉古文「孔傳本」。七種之中，除秦博士伏生（伏勝）藏在牆壁中躲過秦難和楚漢戰亂（「項羽引兵西屠咸陽，殺秦降〔xiáng〕王子嬰，燒秦宮室，火三月不滅」）所得二十九篇「今文」外，其餘包括劉歆《移讓太常博士書》所言「逸書」十六篇等，究竟有無，是眞是假，終因沒有確證而難以肯定。而那藏在牆壁中蠹壞不輕的「二十九篇」，也是費了好大的勁才搶救整理出來的。儒家於自己思想主張的頑強堅守和捍衛，於《尙書》之死生滅復和薪火相傳的漫長過程中卻是可以見得一斑。

　　《漢書·儒林傳》紀西漢成帝時——墨子之後三百五十年左右，東萊張霸獻「百兩篇」者《尙書》。他將今文二十九篇析爲「數十」，「又採《左氏傳》、《書敍》爲作首尾，凡百二篇」——校讀之很快就發現是其僞造的，但廢黜之餘，那百篇中的所謂《書序》卻是從此流傳下來了；從今本《尙書》可見到的六十七條序文、八十一個篇目看，其「故事」於儒家政治主張下的「歷史」，特別是商周之「史」，不無裨益。（「百兩篇」自然不會忽略《史記》所敍篇名，但《殷本紀》「巫咸治王家有成，作《咸艾（yì）》，作《太戊》」之後者未現）

　　往後再行大約三百年，時世已是進入了東晉，司馬氏又想起了儒家，看看能不能以其思想影響和改善一下門閥世族把持下的政治局面。但經歷了西晉「永嘉之亂」，又是逃到了江南，文籍散佚，連刻在石碑和摩崖上的石經也

遭兵火相侵——無論「八王之亂」還是胡人入侵，他們才不管你什麼經史不經史的。那麼，又上哪裏去尋找更爲合適和賦有新義的「經典」呢？〔註2〕這時豫章內史梅賾走來了，特別的時候獻上了一部特別的書：新版的《尚書》。在這部《尚書》中，包括西漢今文二十八篇（《儒林列傳》和《藝文志》所言伏生所傳二十九篇，或曰史遷在武帝之世見民間所獻《泰誓》加之而言，或曰爲二十八篇加書序一篇而言，或曰爲二十八篇中《周書·顧命》又析成其與《康王之誥》兩篇而言，或曰「二十九篇」原本即包括《泰誓》，自唐宋歷明清及至近代，眾說紛紜，此不論），但被重新編輯成三十三篇，以「百篇」書序所及和「泰誓」爲篇名的「古文」二十五篇（《太甲》、《說〔yuè〕命》、《泰誓》皆上、中、下），數量正合西漢成帝時劉向《別錄》「古文尚書五十八篇」和東漢末鄭玄《古文尚書注》五十八篇之說。（參見《尚書序》、《堯典》孔穎達疏，孫星衍《岱南閣叢書》輯《古文尚書馬鄭注》）

與以往不同的是，這部《尚書》不但有經，而且還有四百年前的孔子第十一世孫孔安國作的傳文——《史記》、《漢書》等未紀孔安國曾經做過這些事，〔註3〕但在「罷黜百家，獨尊儒術」之下，漢儒之僞託行爲已世所共知。比起先秦諸子來，他們操弄起此道來卻是更有了能耐的，用心也很深。

三

索檢古文二十五篇，其間又出現了《墨子》、《孟子》、《荀子》、《國語》、《左傳》等先秦和西漢文獻所引者，有些字句在《論語》中已有出現：

《虞書·大禹謨》「地平天成，皋陶邁種德，德乃降，黎民懷之。帝念哉！念茲在茲，釋茲在茲，名言茲在茲，允出茲在茲，惟帝念功」，「成允成功」，「官占，惟先蔽志，昆命於元龜」，《僖公二十四年》、《莊公八年》、《襄公五年》、《襄公二十一年》、《襄公二十三年》、《哀公六年》、《哀公十八年》等見其字句，但皆稱其爲「夏書」；「眾非元后何戴？后非眾罔與守邦」，《周語上》引「罔」作「無」，仍稱之爲「夏書」。

《益稷》「敷納以言，明庶以功，車服以庸」，《僖公二十七年》引「庶」作「試」，稱「夏書」。

《夏書·五子之歌》「有窮后羿」，《襄公四年》言「《夏訓》有之曰『有窮后羿』」；「怨豈在明，不見是圖」，《成公十六年》有同句，《晉語九》有引；「惟彼陶唐，有此冀方。今失厥道，亂其紀綱，乃底（zhǐ）滅亡」，《哀公六

年》有「《夏書》曰『惟彼陶唐，帥彼天常。有此冀方，今失其行。亂其紀綱，乃滅而亡』」句。

《胤征》「聖有謨訓，明徵定促」，《襄公二十一年》引「訓」作「勳」；「遒人以木鐸徇於路，官師相規，工執藝事以諫」，《襄公十四年》引；「辰弗集於房，瞽奏鼓，嗇夫馳，庶人走」，《昭公十七年》引「弗」作「不」。

《商書・仲虺（huǐ）之誥》「夏王有罪，矯誣上天，以布命於下。帝用不臧，式商受命，用爽厥師」，《墨子・非命》上、中、下皆有「《仲虺之告》曰」稍不同字句；「祐賢輔德，顯忠遂良。兼弱攻昧，取亂侮亡。推亡固存，邦乃其昌」，《宣公十二年》「兼弱攻昧，武之善經也。……仲虺有言曰『取亂侮亡』，兼弱也」，《襄公十四年》「仲虺有言曰『亡者侮之，亂者取之。推亡固存，國之道也』」，《襄公三十年》「《仲虺之志》云『亂者取之，亡者侮之。推亡固存，國之利也』」；「能自得師者王，謂人莫已若者亡」，《荀子・堯問》楚莊王引「中蘬（仲虺）之言」有「諸侯自爲得師者王，得友者霸，得疑者存，自爲謀而莫已若者亡」句，而《呂氏春秋・驕恣》中的李悝又將楚莊王引仲虺的話說成了「諸侯之德，能自爲取師者王，能自取友者存，其所擇而莫如已者亡」。

《伊訓》「從諫弗咈（fú），先民時若。居上克明，爲下克忠」，《荀子・臣道》引「《書》曰『從命而不拂，微諫而不倦，爲上則明，爲下則遜』」，句意皆甚相近。

《太甲中》「欲敗度，縱敗禮」，《昭公十七年》引。

《伊訓》「聖謨洋洋，嘉言孔彰。惟上帝不常，作善降之百祥，作不善降之百殃」，《咸有一德》「嗚呼！天難諶，命靡常。常厥德，保其位。厥德匪常，九有以亡」，《墨子・非樂上》「《黃徑》乃言曰『嗚呼！舞佯佯，黃言孔章，上帝弗常，九有以亡。上帝不順，降之百�』」。

《周書・泰誓上》僞孔傳「大會以誓眾」，《墨子・尚同下》「先王之書《大誓》之言然曰」（墨子時「泰」顯然作「大」）；而其文「惟受罔有悛（quān）心，乃夷居弗事上帝神祇（qí），遺厥先宗廟弗祀。犧牲粢盛（zīchéng），既於凶盜。乃曰：『吾有民有命。』罔懲其侮」，《天志中》「《大誓》之道之曰」，《非命上》「於《太誓》曰」，《非命中》「先王之書《太誓》之言然曰」，均有意思大致而文字略不同者；「民之所欲，天必從之」，《周語中》、《鄭語》、《襄公三十一年》、《昭公元年》皆有同引。

《泰誓中》「謂已有天命，謂敬不足行，謂祭無益，謂暴無傷。厥監惟不遠，在彼夏王」，《泰誓下》「嗚呼！我西土君子，天有顯道，厥類惟彰」，「上帝弗順，祝降時喪」，「嗚呼！惟我文考，若日月之照臨，光於四方，顯於西土。惟我有周，誕受多方」，《非命下》「《太誓》之言也，於《去發》曰『惡（於）乎君子！天有顯德，其行甚章。為鑒不遠，在彼殷王。謂人有命，謂敬不可行，謂祭無益，謂暴無傷。上帝不常，九有以亡。上帝不順，祝降其喪。惟我有周，受之大帝（商）」，《兼愛中》「昔者文王之治西土，若日若月，乍光於四方，於西土」，《兼愛下》「《泰誓》曰『文王若日若月乍照，光於四方，於西土』」，義同而句似。

《泰誓中》「朕夢協朕卜，襲於休祥，戎商必克」，《周語下》有同引；「受有億兆夷人，離心離德。予有亂臣十人，同心同德」，《昭公二十四年》引「離心離德」作「亦有離德」，「予」作「余」；「雖有周親，不如仁人」「百姓有過，在予一人」，《論語‧堯曰》有同字之連句。

《武成》「大邦畏其力，小邦懷其德」，《襄公三十一年》引「邦」作「國」。

《旅獒》「人不易物，惟德其物」，《僖公五年》引作「民不易物，唯德緊（yī）物」。

《蔡仲之命》「皇天無親，惟德是輔」，《君陳》「惟孝，友于兄弟，克施有政」，《論語‧為政》中有「《書》云『孝乎惟孝，友于兄弟，施於有政』」句；「黍稷非馨，明德惟馨」，《僖公五年》引同。

至於《孟子》，《梁惠王下》引《仲虺之誥》、《太甲中》、《泰誓上》，《公孫丑上》引《太甲中》，《滕文公上》引《說命上》，《滕文公下》引《大禹謨》、《仲虺之誥》、《太甲中》、《泰誓中》、《武成》、《君牙》，《離婁上》引《太甲中》，《萬章上》引《大禹謨》、《伊訓》、《泰誓中》，《盡心下》引《仲虺之誥》、《武成》等，所引雖顯隨性而有字句差異，但其意無遠。

凡此，除西漢後期編定的《左傳》不能外，其他皆可說明古文二十五篇中有些內容至少在戰國時已經流傳。可以肯定地說，作偽者絕不自梅賾始，所獻也非一朝一夕而成。何況梅賾雖為內史，但實際上履行的卻是太守之理政職責。終日裏穿梭和應付於官場的他，縱使再憂天下事，再有欺世盜名之心，怕是也一時作不出來那隸古文二十五篇的。〔註4〕陳夢家考「東晉的孔安國可能是《古文尚書》作者」，但那之前和其後的兼兼君子袞袞政客，也又何曾見得其能抱真守誠？

　　而《莊子‧天道》「故《書》曰『有形有名』」，《盜跖》「故《書》曰『孰惡孰美，成者為首，不成者為尾』」，《韓非子‧外儲說左上》「《書》曰『紳之束之』」，「《書》曰『既雕既琢，還歸其樸』」，《周語中》「《書》有之曰『必有忍也，若能有濟也』」，「《書》曰『民可近也，而不可上也』」，《周語下》「《夏書》有之曰『關石、和鈞，王府則有』」，《文公十八年》「（周公）作《誓命》曰『毀則為賊，掩賊為藏。竊賄為盜，盜器為奸。主藏之名，賴奸之用，為大凶德，有常無赦。在《九刑》不忘』」，《襄公十一年》「《書》曰『居安思危』」，《襄公二十五年》「《書》曰『慎始而敬終，終不以困』」，《昭公六年》「《書》曰『聖作則』」，十四年「《夏書》曰『昏、墨、賊、殺。皋陶之刑也』」，《呂氏春秋‧孝行》「《商書》曰『刑三百，罪莫重於不孝』」，賈誼《新書‧君道》「《書》曰『大道亶亶（dǎn），其去身不遠，人皆有之，舜獨以之』」，《白虎通義‧號》「故《尚書》曰『不施予一人』」，《社稷》「《尚書》亡篇曰『太社唯松，東社唯柏，南社唯梓，西社唯栗，北社唯槐』」，所引又均不見於今本《尚書》。《史記》和《漢書》中也數有不見者。事情遠比想像的要複雜得多！一概以「佚篇」為言，是不負責任的簡單論斷。

四

　　在梅賾所獻者《尚書序》中，「孔安國」動情地說：所以「垂世立教」、「恢弘至道，示人主以軌範」的《尚書》，原本是有「典、謨、訓、誥、誓、命」之文一百篇的。秦滅典籍，天下之學士逃難流散，我的先人冒著危險把書籍藏在屋子裏的牆壁中。漢興而廣求天下博雅之儒，年逾九旬的伏生口授已經失去了的經書，但也只能記得二十多篇。到魯共王時，壞孔家舊宅以廣其居，於壁中得先人所藏虞、夏、商、周之書，比伏生所傳又多了二十五篇。我奉詔傳解，博考經籍，採摭群言，深思精研，以簡約之文申述和闡發其旨義，為其寫下了傳文，這於將來大概也總是有益的吧？

　　「至魯共王好治宮室，壞孔子舊宅，以廣其居，於壁中得先人所藏古文虞夏商周之書及《傳》、《論語》、《孝經》……」抬高孔子之身價，真是難為其一片苦心！《孝經》抄引孔子二百年後的《孟子》、《荀子》、《左傳》等內容，又如何曾藏於「孔宅」？但「孔安國」於不經意間也道出了八九不離十的真相：「先君孔子，生於周末，睹史籍之煩文，懼覽之者不一，遂乃定《禮》、《樂》，明舊章，刪《詩》為三百篇，約史記而修《春秋》，贊《易》道以黜

《八索》，述《職方》以除《九丘》。討論《墳》、《典》（按：《左傳·昭公十二年》故事「能道訓典」的左史倚相曾言及），斷自唐虞以下，訖於周。芟（shān）夷煩亂，剪截浮辭，舉其宏綱，撮其機要……」孔子以不合儒家之說的史籍爲「煩文」，刪「詩」三千爲「無邪」和可施於「禮義」的三百零五篇（《爲政》、《孔子世家》）——「三千」實際上也還只是一個情感和情緒意義上的泛指。公元前 11 世紀至公元前 6 世紀，五百餘年，一個「溥天之下」的民族，「言志」之「詩」豈止三千？（僅從已發現的青銅器、玉器和兩周金文數量、內容也令人於「詩」之數量浮想聯翩）

宗法社會在孔子之前就開始解析已無可逆轉，孔子也斷不會不知道不願再受中央王朝宰制之累的諸侯於「典文」之態度（「諸侯力政，不統於王，惡禮樂之害己，而皆滅去其典籍」），所以無論他怎樣地標榜自己「從周」，其「禮義」實際是之於正在形成的王權社會，爲王權說話，爲專制打底。「孔子生於其時，既不得位，無以行帝王勸懲黜陟（按：黜陟即官職之降黜升遷。陟音 zhì）之政。於是特舉其籍而討論之，去其重複，正其紛亂，而其善之不足以爲法，惡之不足以爲戒者，則亦刊（斫）而去之……」（朱熹《詩經傳序》）後世已無從知曉究竟還曾有過哪些「紛亂」，哪些不足以爲法和不足以爲戒的「善」「惡」者了。「既不得位」的孔子採取了令人震驚的極端措施，他「攻乎異端」（《爲政》）而以其一家之言爲「宏綱」、「機要」，據之以定規範，施教化——「至於爲《春秋》，筆則筆，削則削，子夏之徒不能贊一辭……」（《孔子世家》）

孔子開此文化施暴之先河，之後的中國無論何種政權產生，所謂「獨立之精神自由之思想」在官方主流意識形態之下，便成了士人學子們的一種奢望和極其稀缺之品格（實際上只是一種「心嚮往之」，因爲「學術自由和思想自由是民主的基礎」，而「民主」在王權專制和儒家語境下近乎「逆天」）。新文化運動時期的周作人在《論文章之意義暨其使命因及中國近時論文之失》中寫道：「孔子以儒教之宗，承帝王教法，割取而制定之，曰：『《詩》三百，一言以蔽之，思無邪。』夫邪正之謂，本亦何常？此所謂正，特准一人爲言，正屬王雄主之所喜，而下民之所呻楚者耳！儒者歷世經營，本無當於宗教，然後世強爲之詞，則字之帝王之教可已。觀其稱述周公，上承文、武，以至有堯，素王之號，所有由來。刪《詩》定禮，殀閼（按：遏禁。閼音 è）國民思想之春華，陰以爲帝王之右助。推其後禍，猶秦火也。夫孔子爲中國文章

之匠宗，而束縛人心，至於如此，則後之苓落又何待夫言說歟！」周作人還應該知道，即便是留下來的「《詩》三百」，也是「發乎情止乎禮」，《詩大序》「故變風發乎情，止乎禮義。發乎情，民之性也；止乎禮義，先王之澤也」——歷史眞夠悠久，「王」於「民」之思想和話語的禁錮，早在《詩經》時代就開始了。（儒家說《詩》以爲風詩除《二南》外，《邶風》至《豳風》者皆「變風」，小、大雅自《六月》、《民勞》之後者皆「變雅」。見鄭玄《詩譜序》、《詩譜》）

王充《論衡‧書解》「秦雖無道，不燔諸子，諸子尺書，文篇具在。可觀讀以正說，可採掇以示後人」，《文心雕龍‧諸子》「煙燎之毒，不及諸子」，趙岐《孟子章句‧題辭》並有秦不焚諸子之說，朱熹也說「如秦焚書，也只是教天下焚之，他朝廷依舊留得。如說『非秦記及博士所掌者，盡焚之』，則六經之類，他依舊留得，但天下人無有」（《朱子語類》卷一百三十八）。同樣是爲了統一思想而強化統治，和秦始皇焚書相比，秦不絕儒學而儒先絕他學。「孔安國」的先君孔子，這個「長九尺有六寸」的大漢於刀筆竹簡之浩繁卷軼的湮棄摧折和文章字句的勾滅中，同樣讓人聞得另一種濃濃的血腥。在《論語‧子罕》裏，他不無得意地說：「吾自衛反魯，然後樂正，《雅》《頌》各得其所。」好一個「樂正」，好一個「各得其所」！那是周敬王三十六年、魯哀公十一年，公元前 484 年陰霾的冬天。儒家應王權和專制政治所需摧毀了中國的思想市場，至漢時徹底打理乾淨。整個春秋戰國時期的「諸子百家」在劉歆《七略‧諸子略》中只現「九流」（那「出於稗官。街談巷語，道聽途說者之所造也」的「小說家」未被入「流」）。即便如傳《詩》者齊、魯、韓三家後來也離奇失蹤，只存任由儒家言說之《毛詩》……〔註5〕

五

然而確也又須知得周人的心智和勞苦之功。《尚書》中僅有的五篇所謂今文者《商書》，至少也是經過了周人之手加工的「傑作」。言其「至少」，是因爲加工之外，實在還有製造之嫌。且以其後三篇爲例：

《高宗肜日》，紀商王舉行宗廟之祭——或曰第二十二王武丁肜祭（肜日之正祭，相對於前夕「肜夕」之先祭和次日之再祭）先祖成湯，或曰第二十三王祖庚肜祭父親高宗武丁，一隻野雞飛來落在大鼎上發出叫聲，大臣祖己（祖庚之兄，武丁長子）先是喃喃自語「先世至道之王，正其政」，接著便正

色訓導商王說：天監下民，掌持其能否循理而行宜。壽有永否，非天夭之，而是有人自得其咎。民有不德和認識不到自己之罪行者，上天就要懲罰他。唉，王者敬其民，乃天令其繼嗣而行之。在這祭品豐盛的典祀中，知道這些才是最要緊的啊！

　　儘管有論者說商代會有這樣的文獻傳下來，但飛雉升鼎而鳴卻總給人以編撰之感。「天命玄鳥，降而生商」（《商頌・玄鳥》），殷商是以鳥為祖先圖騰而敬畏之的。煙霧繚繞、鐘鼓齊鳴的祭祀典禮中是否會有飛雉落在大鼎上且不論，祖己莫名一句「惟先格王，正厥事」，則明顯是假雉鳥之神威而言。接下來的說教，「祖己以為王有失德而致此祥，遂以道義訓王，勸王改修德政」（孔穎達疏），怎麼看又都像是為「商無道而天滅之」所做的鋪墊。如果說這種猜疑言之無徵的話，那麼篇中的「天」和「德」，在商代甲骨文中是只有「帝」而沒有作為至上之神的「天」字的；「德」字更沒有，是周人推反商王朝成功以後方才提出了「先王配天」之「德」〔註6〕（之後強調的是履周禮之「德」）。這些郭沫若《先秦天道觀之進展》、陳夢家《殷虛卜辭綜述》（第十七章）、劉起釪《〈商書・高宗肜日〉的寫成時期》等早已指出；篇中的「民」字，甲骨文中雖有少許但其義絕不等同。而《商書》不但後三篇如此，《湯誓》也有「夏德若茲」、「致天之罰」，《盤庚》有「恪謹天命」、「罔知天之斷命」、「乃命於天」，「德」、「民」則更俯拾皆是。「天監下民」、「非天夭民」、「民有不若德」、「王司敬民」等，又幾近《詩經》中《雅》詩的語言——《雅》詩多西周中後期作品，而武丁、祖庚便是距武王反叛伐「紂」（周人於商王侮辱性的蔑稱），時間也還至少有近一百五十年。

　　《西伯戡黎》，紀殷商之方國——周，在「西伯」姬昌的率領下打敗了黎國，祖己的後代祖伊慌恐地跑來對商王辛說：天子啊！上天就要終結我殷商之命了，問賢占卜，均無吉兆。非先王不相助，實大王淫蕩嬉戲，懶於國事而自絕。天將棄我，康食不再。大王不識天性，不守法度。如今臣民沒有不盼望王朝喪亡的，他們詛咒說：上天為什麼還不降威？能夠承天之命的君王怎麼還不到來呀！辛不以為然而自恃有命在天，祖伊反駁說：大王的罪行已一一參列於天，又如何能夠寄望於天？殷商就要滅亡了，都是大王所做所為的後果。殷商的臣民就要死在曾經的國土上了。

　　《微子》，紀辛的同母庶兄微子和父師、少師一次傷感的對話。微子說：父師、少師啊！殷商怕是不能再有天下了。先祖成湯建立功業，而今王卻沉

湎於酒色，敗亂其德；大臣小民草竊搶掠，奸宄（guǐ）作亂；卿士相互傚仿，不守法度；罪者不究，眾民各起一方而爲仇。殷商之淪喪，若涉大水而無津涯，實在是沒有辦法的事情了。殷商就要滅亡，終於走到今天的地步了。父師、少師啊！我是向外逃亡呢，還是避居荒野安於一偶呢？現在你們不指點，等到了亡國的那一天，我該怎麽辦呢？父師說：王子！天降大災欲棄殷邦，而君王卻耽酗於酒，興致不減，上天之威他一點也不畏懼，德高舊臣之誠勸他一句也不聽。如今小民敢攘竊祭神之犧牲，或匿藏或爲食之，皆不問罪。天視下殷，斁刑重賦，民不聊生，這都是君王造成的，苦難之眾民又該到哪裏去訴說呢？殷商之災難，我們只能面對和接受了。亡國不可以做他人之臣僕，勸王子還是趕快出逃吧。我從前就對箕子（按：辛之叔父）說過出逃的話，但他沒有聽，到現在殷商終於就要滅亡了。自己拿主意吧！想當初我們都曾有志於獻身先王開創之大業，如今卻只能這樣各自逃生了。

　　如此「左史紀言」之「商書」，是商人自己的眞實記錄呢，還是周人和周政權代言人的搖曳生姿之筆？因爲有儒家一直在旁邊觀量把守並時時悉心維護著，所以一層窗戶紙千百年來始終不曾捅破。王國維《〈高宗肜日〉說》（《觀堂集林》卷一）言「其納諫雖在祖庚之世，而其著竹帛必在武乙之後」，若以「《商書》之著竹帛，當在宋之初葉」論，則三篇之發生和寫定「出版」，中間時隔至少一百六、七十年。那改朝換代已是西周王朝重要封國的宋（宋並有質子在周，見徐中舒《西周牆盤銘文箋釋》），其史臣又能在多大程度上尊重前朝遙遠的史實呢？「史臣」不是宋國後世敘寫、整理《商頌》的詩人，他們不但是「體制內」的人，更屬於高層，自然要「政治上過得硬」。《西牆盤》中的「牆」是殷王室之後裔，作器歷敘西周前期文、武、成、康、昭、穆六王之史跡時，更多的是稱頌溢美之辭，而自敘其家世五代之事，則多所隱諱，他「心裏苦」！

　　三篇者，在西漢人僞筆之序語中（康有爲《新學僞經考‧書序辨僞》以爲「《書序》之爲〔劉〕歆僞」），第一篇說「祖己訓諸王」除《高宗肜日》外還有一篇《高宗之訓》，第二篇說其中的商王就是「受」（僞孔傳：「受，紂也，音相亂」），第三篇說「殷既錯天命」（傳：「錯，亂也」）──《高宗之訓》子虛烏有拼湊百篇之數罷了，說以「紂」爲王的殷商行將滅亡，也自是視內容而進行的編配之言。五篇中後兩篇同樣並有「天子」、「天」、「天性」、「我民」、「德」、「小民」等字詞頻現，更有「有命在天」，委實既不是商人

之思想，也不是商人之語言。連孔子也曾歎宋之「文獻」不足（《論語·八佾（yì）》），殷商之史事在周世遭遇存亡的眞實情形，便也可想而知。「歷史」的虛構與矯飾誇張以及眞相之隱沒掩藏（《微子》、《西伯戡黎》、《洪範》以及《論語·微子》「微子去之，箕子爲之奴，比干諫而死」等的組合演義，便是《宋微子世家》），事實上自周人建立政權的西周時代就開始了。

便是書寫本朝之《周書》，也往往見得周人筆下戲劇性情景。《金縢》，紀武王於克商後的第二年病重，天下未集，周公就設壇祭祀，向太王、王季和文王自請代武王死，祝禱的冊書被藏在了金縢之匱中。武王死，成王年幼，管叔等流言周公攝政將對成王不利云云。東征後周公作《鴟鴞（chīxiāo）》詩，成王看了也未置可否，只是未再責備而已。到了這一年的秋天，雷電大風，大樹被連根撥起，成熟的莊稼全都倒伏，驚恐的成王和大臣們忙啓金縢之書——明白了一切的成王就哭著說：「周公如此勤勞王室而不知，天動威而彰其德。我要親往迎接，禮亦宜之。」走出郊外，天雖然還下著細雨，但風向轉了，倒伏的莊稼又都重新站立起來了（《魯周公世家》襲）。

出征三年的周公是否在返回鎬京時遇到了來自王室內部的政治阻力且不作考論，但以此種方式「記史」，因爲眞實性的有限和近於零的情節可信度，其所謂教化，也就只能在人人心知肚明的故事中，你說給他聽，他說給你聽。

六

現在可以看看《周書》關於殷商末代王「紂」的言說：《泰誓上》「今商王受，弗敬上天，降災下民。沈湎冒色（傳：「沉湎嗜酒，冒亂女色。」孔穎達疏：「人被酒困，若沈於水，酒變其色，湎然齊同，故『沉湎』爲嗜酒之狀。『冒』訓貪也，亂女色，荒也」），敢行暴虐，罪人以族，官人以世，惟宮室、臺榭、陂（bēi）池、侈服，以殘害於爾萬姓。焚炙忠良，刳（kū）剔孕婦」，「惟受罔有悛心，乃夷居弗事上帝神祇，遺厥先宗廟弗祀。犧牲粢盛，既於凶盜。乃曰：『吾有民有命。』罔懲其侮」，「受有臣億萬，惟億萬心」，「商罪貫盈，天命誅之」；

《泰誓中》「今商王受，力行無度，播棄黎老，昵比罪人。淫酗肆虐，臣下化之，朋家作仇，脅權相滅。無辜籲天，穢德彰聞」，「惟受罪浮於桀。剝喪元良，賊虐諫輔。謂己有天命，謂敬不足行，謂祭無益，謂暴無傷」，「受有億兆夷人，離心離德」；

《泰誓下》「今商王受，狎侮五常，荒怠弗敬。自絕於天，結怨於民。斫朝涉之脛，剖賢人之心，作威殺戮，毒痡（pū）四海。崇信奸回，放黜師保，屏棄典刑，囚奴正士，郊社不修，宗廟不享」，「獨夫受，洪惟作威，乃汝世仇」；

《牧誓》「今商王受惟婦言是用，昏棄厥肆祀弗答，昏棄厥遺王父母弟不迪，乃惟四方之多罪逋（bū）逃，是崇是長，是信是使，是以爲大夫卿士。俾（bǐ）暴虐於百姓，以奸宄於商邑」；

《武成》「今商王受無道，暴殄天物，害虐丞民，爲天下逋逃主，萃淵藪（sǒu）」；

《酒誥》「在今後嗣王酣身，厥命罔顯於民，祗保越怨不易。誕惟厥縱淫泆於非彝，用燕喪威儀，民罔不盡（xì）傷心。惟荒腆於酒，不惟自息乃逸，厥心疾很，不克畏死。辜在商邑，越殷國滅無罹。弗惟德馨香，祀登聞於天，誕惟民怨。庶群自酒，腥聞在上，故天降喪於殷，罔愛於殷，惟逸。天非虐，惟民自速辜」；

《召誥》「天既遐終大邦殷之命，茲殷多先哲王在天，越厥後王後民，茲服厥命。厥終智藏瘝（guān）在。夫知保抱攜持厥婦子，以哀籲天，徂（cú）厥亡出執」；

《多士》「在今後嗣王，誕罔顯於天，矧（shěn）曰其有聽念於先王勤家？誕淫厥泆，罔顧於天顯民祗」；

《無逸》「殷王受之迷亂，酗於酒德」；

《多方》「非天庸釋有殷，乃惟爾辟，以爾多方，大淫圖天之命，屑有辭……乃惟爾商後王，逸厥逸，圖厥政，不蠲烝，天惟降時喪」。

……

「受」王罪行於各篇中不厭其煩之列，不過豆腐兩碗兩碗豆腐之重複，深文周納的同時也頗具村婦罵街之風。其中《牧誓》、《酒誥》、《召誥》、《多士》、《無逸》、《多方》等爲今文，《泰誓》、《武成》爲僞古文——文獻學之外意義上的今、古之區別在這裡已不重要，引人深思的是這樣的一種手法，一種心理和思維。（魯迅謂「造謠說謊誣陷中傷也都是中國的大宗國粹」）

我們無法確切知道殷商末代君王的實際情況，但至少在目前所能見到的金文和甲骨文中，鮮有能夠印證以上《周書》所言者。子貢當年就說過「紂之不善，不如是之甚也。是以君子惡居下流，天下之惡皆歸焉」的話（《論

語·子張》），《淮南子·繆稱訓》「三代之稱，千歲之積譽也；桀紂之謗，千古之積毀也」。反倒是甲骨文中所記載殷商大量的人牲和殘酷之人祭，一再強調「明德」、「敬德」和提出保民思想的周人，於《周書》中卻是隻字未提。本可以就帝辛十祀征夷方大做一番文章，但周人有意無意地迴避了，因爲文王、武王的「武功」也在那裏放著。而指責殷商託以天命和「官人以世」，又正是周人的做法——「雖有周親，不如仁人」自梅頤僞古文《泰誓》，不過後世儒家之空想和思考，周人自己是無法去踐行的。而所謂「明德」、「敬德」也是周人在奪取政權之後，於宗法政治和等級制度爲核心的「周禮」之維護，並努力圖謀其能夠「發展」。

朝代之更迭自有其多種因素和歷史選擇的必然性，通過對革命對象罪責的搜羅來創造其合法性依據和夯實其基礎的正當性，則是雄心勃勃的周人在足夠武力自信條件下的政治發明。本是政權伊始權宜之計，卻被黏附其身的「思想家」們俯身拾得，於是欣喜然做開了文章。不但之於周而言商，且之於商而論夏，五百年前的事情同樣講得繪聲繪色，正如之後孔子記得堯、舜和商湯的話一樣（《論語·堯曰》），周人甚至還能記得夏「桀」的言行和眾民「時日曷喪？予及汝皆亡」之詛咒，等等。（後世儒家又以其所需在不斷地修改和發展著自己的相關「記憶」）

夏「桀」無道而「乃命爾先祖成湯革夏」（《多士》），商「紂」暴虐而周人「誕膺天命」、「恭天成命」（《武成》）、「誕受厥命」（《康誥》）、「承帝事」（《多士》）），在此邏輯的推導過程中，《周書》在徹底否定殷帝辛的同時，又以話語英雄的方式定位並開始貶損女性，夏「桀」者「因甲（狎）於內亂，不克靈承於旅……」（《多方》），商「紂」者「惟婦言是用」（《牧誓》）、「作奇技淫巧以悅婦人」（《泰誓下》）——以此爲發端，其後以孔子「唯女子與小人爲難養也」（《論語·陽貨》）爲代表，便有紛紛響應附和並完善周人之說者：《殷本紀》關於妲己，《周本紀》關於褒姒，劉向《列女傳·孽嬖（bì）傳》於「末喜」、「妲己」、「褒姒」等一本正經的肆意杜撰，《晉語一》「昔夏桀伐有施，有施人以妹喜女焉，妹喜有寵，於是乎與伊尹比而亡夏。殷辛伐有蘇，有蘇氏以妲己女焉，妲己有寵，於是乎與膠鬲比而亡殷」，《古本竹書紀年》「末喜氏以與伊尹交，遂以間夏」，《帝王世紀》「妹喜好聞裂繒（zēng）之聲而笑，桀爲發繒裂之，以順適其意……」

商人動輒以占卜來定吉凶休咎（陳夢家《殷墟卜辭綜述》「〔甲骨上的刻

辭〕內容皆關乎占卜，而占卜所問的有各種事件，有些事件對於我們是很陌生的」），何況事關社稷天下，何來一朝之王唯「婦人」之言是聽呢？何況於商而言世有武丁妻婦好之盛譽，於周而言有「周室三母」之莊敬；殷之前女無稱姓者而周人稱之，以「大姜」、「大任」、「大姒」、「邑姜」尊崇看，周人於女性也並無刻意的鄙薄之心，《大雅·思齊》、《大明》中對大任、大姒更是歌贊有加；西周中期甚至有了紀念女祖「文母」之《敔簋》、《敔方鼎》（《殷周金文集成》04322、02824）等。史遷或未能識得其中的謀騙之局，或有意為之，總之是在《殷本紀》中仍然作了「（帝紂）好酒淫樂，嬖於婦人。愛妲己，妲己之言是從」和「以酒為池，縣（懸）肉為林，使男女倮（luǒ 裸）相逐其間，為長夜之飲」的演義──「淫樂」說與另一種版本的「九侯有好女，入之紂。九侯女無不憙（xǐ 喜）淫，紂怒，殺之」是矛盾的……史遷將所有《尚書》裏的故事和傳說通過「史記」再加工變成了歷史（《殷本紀》紂王「醢九侯」「脯鄂侯」「剖比干，觀其心」、箕子「詳狂為奴」等在「商書」「周書」中是沒有的，《莊子·人間世》也只言「紂殺王子比干」），政治取向不說，起碼有失學術之尊嚴，也降低了個人操守品格，而他卻又是漢儒繼董仲舒之後最具影響的旗手和領軍人物。

七

相對於商「紂」王之罪行，《周書》似乎對周人「恭承天命」而「革命」之資質沒有作過多的形象性描述。《今本竹書紀年》帝辛三十二年「有赤鳥集於周社」，《墨子·非攻下》「赤鳥銜珪，降周之岐社，曰：『天命周文王伐殷有國。』」；《逸周書·世俘解》「武王遂征四方，凡憝國九十有九國，馘（guó）歷億有十萬七千七百七十有九，俘人三億萬有二百三十，凡服國六百五十有二」，但《武成》紀武王東進時沿途的男男女女用竹筐盛著玄色和黃色的絲帛來求見，《泰誓》則言「惟我文考若日月之照臨，光於四方」──後世雖以「文學」稱之，但「若日月之照臨，光於四方」讀之還是讓人覺得不堪承受，一種「文化」意義上的難為情──武王不用說，文王姬昌就曾在商王那裡弄到「專征伐」之權，假「天命」以平「殷之叛國」之名義，伐滅密須、耆（黎）、邘（yú）、崇等國，所過之處，噍類無遺。除《大雅·皇矣》等外，儒家典籍中多「文治」而鮮見有具體描述文王之「武功」者（《禮記·祭法》「文王以文治，武王以武功，去民之災，此皆有功烈於民者也」），此處借《墨

子・非攻下》一段文字，還原一次其殺伐的情景吧：

「攻伐無罪之國，入其國家邊境，芟刈其禾稼，斬其樹木，墮（huī隳，毀）其城郭，以湮（yīn堙，堙，堵塞）其溝池，攘殺其牲牷（quán），燔燎（潰）其祖廟，勁殺其萬民，覆（滅）其老弱，遷其重器，卒進而極（亟）鬥，曰：『死命爲上，多殺次之，身傷者爲下。又況失列北橈（ráo撓）乎哉？罪死無赦！』以譂（dàn憚）其眾……」（孫詒讓《墨子閒詁》引王引之：「北謂奔北也，北之言背馳，撓之言曲行，謂逗撓。」逗撓，怯陣而避逃）

《左傳・昭公四年》「商紂爲黎之蒐，東夷叛之」，《昭公十一年》「紂克東夷，而隕其身」——北方強悍的亦農亦牧民族和東夷各部究竟在多大程度上牽扯和消耗了商王朝的精力元氣，以及周人聯合西北各方其武裝力量怎樣強勢崛起且不作論（一個決定性的前提是「文王」曾經是商王朝委任在西部統領各方諸侯的「西伯」。《周本紀》「（武王）乃遵文王，遂率戎車三百乘，虎賁三千人，甲士四萬五千人，以東伐紂」「諸侯兵會者車四千乘」。而地域性馬匹的繁殖發達也應該是一個不可忽視的因素），總之結果是周人勝利了，他們取得了反叛和推翻朝廷的徹底的勝利！

公元前十一世紀中葉一個初春的黎明，上弦月早已沒入了西方，「辰在斗柄，星在天黿（yuán）」（《周語下》），中原大地朦朧而清冷，一場血流漂杵的殘烈之戰後，歷史在一個叫「牧野」的地方拐了一個彎，商朝滅亡了。《利簋》、《周書・牧誓》、《竹書紀年》、《逸周書・克殷解》、《世俘解》、《荀子・儒效》、《尸子》、《淮南子・兵略訓》等皆紀之。關於《武成》中情景，孟子雖爲儒家之「亞聖」，卻是在《盡心下》中不無傷怨地很是調侃了一番：「盡信《書》，則不如無《書》。吾於《武成》，取二、三策而已矣。仁人無敵於天下，以至仁伐至不仁，而何其血之流杵也？」〔註7〕

八

那麼，天下一夜之間該是換了人間？然而一個影響中國後世歷史走向的舉足輕重的王朝，卻是真正地開始了。天下究竟如何治理，「天命」之說周人覺得不再適合於自己（「天命」曾是商亡和滅商無可辯駁的原因與最爲充足的理由），如《周書》一番圍繞「德」之言說後（周人之「德」強調的是之於「周禮」的自覺與綜合體現），儒家推出了「周公制禮作樂」說，「以禮爲國」（《論語・先進》）由是而發。

　　關於周公，《左傳·僖公二十六年》、《定公四年》說他「股肱周室，夾輔成王」，「相王室以尹天下」，《文公十八年》「先君周公制禮樂」。當《金縢》、《大誥》、《康誥》、《酒誥》、《梓材》、《召誥》、《洛誥》、《多士》、《無逸》、《君奭（shì）》、《蔡仲之命》、《多方》、《立政》等很好地完成了周公偉大形象的塑造之後，孔子便顯得對其十分崇敬（《論語·述而》、《泰伯》、《先進》、《微子》），孟子又不失時機地將周公與孔子相提並論起來（《萬章上》）。秦漢以降，儒家使周公身上光環層疊累加。史遷在《周本紀》、《魯周公世家》中對其至歌至贊。（但說著說著前後也有亂了套的時候：前者言成王「既絀殷命，襲淮夷，歸在豐，作《周官》。興正禮樂，度制於是改，而民和睦，頌聲興」，後者又說「成王在豐，天下已安，周之官政未次序，於是周公作《周官》，官別其宜」；《史記》中前後所言不一者不止於此，如關於商鞅之死，《秦本紀》「孝公卒，太子立，宗室多怨鞅，鞅亡，因以為反，而卒車裂以徇秦國」，《商君列傳》則是「秦發兵攻商君，殺之於鄭黽池。秦惠王車裂商君以徇」）及至近世王國維《殷周制度論》，依然對周公褒揚有加：「中國政治與文化之變革，莫劇於殷周之際……舊制度廢而新制度興，舊文化廢而新文化興……其制度文物與其立制之本意，乃出於萬世治安之大計，其心術與規摩，迥非後世帝王所能夢見也……」

　　周公的確可能勤勉精誠足智多謀誠非尋常者，但史遷對他言過其實了。早先的伏生《尚書大傳》（實為其門生者編）中說他「一年救亂，二年克殷，三年踐奄，四年建侯衛，五年營成周，六年制禮樂，七年致政成王」，《禮記·明堂位》「武王崩，成王幼弱，周公踐天子之位以治天下。六年朝諸侯於明堂，制禮作樂，頒度量，而天下大服……」他事且不作考，一年的時間，周公是斷然不可能制作出什麼「禮樂」來的。王國維在綜合並提升前人之說的意義上達到了一個學術上的新高度，但他尊崇儒學（雖青年時也曾受西學之光照），盛讚周人「立子立嫡」（父死子繼帝制之發端）之「制度」的同時，還是尊儒家政治主張而刻意放大了「周公」之形象。周人之「德」也並非後世廣義之「道德」（「道德」之認識是一個發展變化的過程，西漢董仲舒《春秋繁露·深察名號》「〔名號〕各有分」「事各順於名，名各順於天」「順而相受，謂之德道」，仍以上下貴賤等級言之），而是於周王朝政治秩序之「禮」的依循。至於《文公十八年》「先君周公制《周禮》曰：『則以觀德，德以處事，事以度功，功以食民。』作《誓命》曰……」也不過西漢儒生之附益而已。

九

正若孔子所言殷因於夏禮而周因於殷禮（《爲政》），分封絕不是至周人才有的發明。「彼封建者，更古聖王堯、舜、禹、湯、文、武而莫能去之」（柳宗元《封建論》）。以《殷本紀》所紀看，「帝乙長子曰微子啓，啓母賤，不得嗣。少子辛，辛母正后，辛爲嗣。帝乙崩，子辛立，是爲帝辛，天下謂之紂」，則嫡長子繼承制在商末已經確立，哪裏又是周公制禮的創新呢？胡適認爲，「從周初到春秋時代，都是殷文化與周文化對峙而沒有完全同化的時代。」（《說儒》）

周人克商而接手「天下」，封子弟的同時封功臣，也封所謂「先聖」之後。武王封商紂之子武庚治殷之餘民，封所謂神農之後於焦，黃帝之後於祝（《呂氏春秋‧慎大》「祝」作「鑄」），帝堯之後於薊（《慎大》「封帝堯之後於黎」；《禮記‧樂記》「封黃帝之後於薊，封帝堯之後於祝」），帝舜之後於陳，大禹之後於杞（《樂記》「封夏后氏之後於杞，投殷之後於宋」），尚父於營丘，周公於曲阜，召公於燕，叔鮮于管，叔度於蔡，餘各依次受封，這是史遷在《周本紀》中的說法。周公東征之後成王真正分封時，毫無例外重在於「舉親」。《荀子‧效儒》言周公「兼制天下，立七十一國，姬姓獨居五十三人，而天下不稱偏焉」（《左傳‧昭公二十八年》「昔武王克商，光有天下，其兄弟之國者十有五人，姬姓之國者四十人，皆舉親也」），「周之子孫，苟不狂惑者，莫不爲天下之顯諸侯」；《周語中》「昔摯、疇之國也由大任，杞、繒由大姒，齊、許、申、呂由大姜，陳由大姬，是皆能內利親親者也」；《僖公二十四年》「昔周公弔二叔之不咸，故封建親戚以藩屏周。管、蔡、郕（chéng）、霍、魯、衛、毛、聃（dān）、郜（gào）、雍、曹、滕、畢、原、酆（fēng）、郇（xún），文之昭也。邗、晉、應、韓，武之穆也。凡、蔣、邢、茅、胙（zuò）、祭（zhài），周公之胤也」──在《定公四年》祝佗之描述中，甚至可以看到「分田分地真忙」的立體而真切的分封場景來：分魯公以土田附庸和條氏、徐氏、蕭氏、索氏、長勺氏、尾勺氏等殷民六族，太祝、宗人、太卜、太史之執政官和百官人等，以及大路（車）、大旂、璜玉、良弓和服用器物、典章簡冊等；分康叔以武父以南到圃田北界之地和殷民七族陶氏、施氏、繁氏、錡氏、樊氏、饑氏、終葵氏，以及大路、少帛、綪茷（qiànfá）、旃旌（音 zhānjīng。杜預注：「少帛，雜帛也。綪茷，大赤，取染草名也。通帛爲旃，析羽爲旌」）、大呂（鍾名）；分唐（晉）叔以大路、密須之鼓、闕

鞏（甲名）、沽洗（鍾名），懷姓九宗，職官五正（注：「懷姓，唐之餘民。九宗，一姓爲九族。職官五正，五官之長」）……

至於姬姓之外的「功臣」，以《泰誓》和《牧誓》紀，武王在牧野之戰中集結率領的是由各路諸侯組成的聯軍，「嗟！我友邦冢君，御事司徒、司馬、司空，亞旅、師氏、千夫長、百夫長，及庸、蜀、羌、髳（máo）、微、盧、彭、濮人，稱爾戈，比爾干，立爾矛，予其誓」，戰爭勝利之後既然未能組成「聯合政府」，那麼跟隨武王的「牧誓八國」又如何安排？文獻未見有紀。

所以分封，通常的說法是，中央王朝於「天下」的掌控能力不足，鞭長莫及不得已而爲之──武王滅商至少早秦始皇統一六國八百年，以秦漢大一統下專制主義、中央集權思維和視角觀照周人，不符歷史，也不合邏輯。西周政權的獲得者們所能做到的是「天子作民父母以爲天下王」（《洪範》），從而「以厥庶民暨厥臣達大家，以厥臣達王惟君邦」（《梓材》。僞孔傳：「言當用其眾人之賢者與其小臣之良者，以通達卿大夫及都家之政於國。汝當信用其臣以通王教於民。言通民事於國，通王教於民，惟乃國君之道」），哪裏又能懂得集權的「皇帝」該怎麼做呢？作爲曾是殷商王朝屬國的「小邦周」（《大誥》），「恭行天罰」（《泰誓下》）而克「大邦殷」（《召誥》、《康王之誥》），「皇天既付中國民越厥疆土」（《梓材》。傳：「大天已付周家治中國民矣，能遠拓其界壤」），在東方淮夷和奄國等一再起兵爭奪的情況下，不封其子弟功臣和所謂「先聖之後」於四方遠近，曾是西陲之遠的周人──與之後的「東夷、南蠻、西戎、北狄」不承認自己是「異邦遠族」不同，周人曾認可殷商居中「華夏」的地位並最終革命「取而代之」，又奈偌大茫茫「九州」而何？（之後八百五十年左右，不知有周、無論湯武的劉邦在建立自己的帝國後同樣本能地大封子弟同姓王，景帝時同樣發生「七國之亂」──那吳王劉濞、楚王劉戊、趙王劉遂、濟南王劉闢光、淄川王劉賢、膠西王劉卬、膠東王劉雄渠「清君側」之反叛自然也不是向管、蔡、霍三叔學來的）

王國維《殷周制度論》言周公東征「克商踐奄，滅國五十。乃建康叔於衛，伯禽於魯，太公望於齊，召公之子於燕，其於蔡、郕、郜、雍、曹、滕、凡、蔣、邢、茅諸國，碁（qí 棋）置於殷之畿內及其侯甸」，以爲周人之制度「皆由尊尊、親親二義出。然尊尊、親親、賢賢，此三者治天下之通義也。周人以尊尊、親親二義，上治祖禰（nǐ），下治子孫，旁治昆弟；而以賢賢之義治官」──「親親」是西周最直接和眞實之政治，「尊尊」是周人有別於殷商之另一種意義上的「親親」，但「賢賢」則是後儒之於春秋戰國時期現象的

前移和附會，西周人心目中不存在賢與不賢。〔註8〕

　　周人以土地和人口作爲獎賞與酬勞的分封之舉，在剝奪與侵害「天下」之眾民與生俱來的權益的同時，也爲其王朝的最後覆滅伏下了重重的一筆。柳宗元《封建論》：「周有天下，裂土田而瓜分之，設五等，邦群后。布履星羅，四周於天下，輪運而輻集；合爲朝覲會同，離爲守臣扞（hàn）城。然而降於夷王，害禮傷尊，下堂而迎覲者。歷於宣王，挾中興復古之德，雄南征北伐之威，卒不能定魯侯之嗣。陵夷迄於幽、厲，王室東徙，而自列爲諸侯矣。厥後問鼎之輕重者有之，射王中肩者有之，伐凡伯、誅萇弘者有之，天下乖戾，無君君之心。余以爲周之喪久矣，徒建空名於公侯之上耳。得非諸侯之盛強，末大不掉之咎歟？遂判爲十二（按：魯、齊、晉、秦、楚、宋、衛、陳、蔡、曹、燕、鄭），合爲七國（按：齊、楚、燕、韓、趙、魏、秦），威分於陪臣之邦，國殄於後封之秦，則周之敗端，其在乎此矣。」〔註9〕

<h2 style="text-align:center">十</h2>

　　梁啓超《地理與文明之關係》引「英儒」洛克曰：地理與歷史之關係，一如肉體之於精神，有健全之肉體，然後活潑之精神生焉。有適宜之地理，然後文明之歷史出焉。在《中國地理大勢論》中又道：「中國者，天然大一統之國也。人種一統，言語一統，文學一統，教義一統，風俗一統，而其根原莫不由於地勢。中國所以遜於泰西者在此，中國所以優於泰西者亦在此。」與梁氏同時代的俄羅斯思想家別爾嘉耶夫在《俄羅斯的命運》中沉重地寫道：「遼闊的俄羅斯空間便是俄羅斯歷史的地理動因。但從更深刻的、內在的觀點來看，這些空間本身就是俄羅斯命運的內在的、精神的事實。」（汪劍釗譯）潘光旦在《環境、民族與制度》中以爲其三者「是一個不可分的三角關係的三邊」（潘氏並且最早翻譯介紹了伊斯沃思·亨廷頓《自然淘汰與中華民族性》）。地理之於歷史的作用和影響似乎適合地球上的多數民族，但二者之間關係糾葛的複雜性，又使得很難得出某種相對普遍的規律和普適性的結論來。

　　以黃河中下游中原地區爲中心的「中國」（西周早期《何尊》「唯武王既克大邑商，則廷告於天，曰：余其宅茲中國，自茲乂〔yi〕民」），北部、西部是巨大而廣袤的蒙古高原和世界上最高的青藏高原，南部是瘴癘彌漫的熱帶叢林和崇山峻嶺，而東部則是眞正的汪洋大海（臧振《地理環境是中國封建

社會長期延續的決定因素》）。四周的屏障阻絕，使以黃河流域爲搖籃成長起來的民族產生了「天下」的概念。「天下」之大，如何共生，又成了困擾「天下」人的最大問題。大陸板塊的整體性使其「華夏」及周邊沒有產生文化意義上相對獨立的部落和酋邦，而所謂「亞細亞生產方式」的單一農業經濟形態，又並不需要多方協作和交換從而共同分享資源與所得；無論部落酋邦還是進入國家階段之後，區域和邦國之間只有利害關係而不存在合作關係——戰爭中動輒結盟也只是一種臨時性的政治行爲而非「聯合執政」之文明，勝者通吃似乎成了「天下」人的唯一選擇。〔註10〕

　　無從知曉「天下」是否也曾有過「公民集體」的政治與經濟共同體歷史，這個學術之問題排除不了政治的滲透與干預。儒家「作言造語」的史觀是：「天下」在進入國家階段後即以「王」的名義體現，禹傳位於子啓 —→ 啓傳位於子太康 —→ 太康傳位於弟中康 —→ 中康傳位於子相 —→ 相傳位於子少康 —→ 少康傳位於子予 —→ 予傳位於子槐 —→ 槐傳位於子芒 —→芒傳位於子泄 —→ 泄傳位於子不降 —→ 不降傳位於弟扃（jiōng）—→ 扃傳位於子廑（jǐn）—→ 廑傳位於不降之子孔甲 —→ 孔甲傳位於子皋 —→ 皋傳位於子發 —→ 發傳位於子履癸（桀）。「帝桀之時，自孔甲以來而諸侯多畔（叛）夏，桀不務德而武傷百姓，百姓弗堪。乃召湯而囚之夏臺，已而釋之。湯修德，諸侯皆歸湯，湯遂率兵以伐夏桀。桀走鳴條，遂放而死。桀謂人曰：『吾悔不遂殺湯於夏臺，使至此。』湯乃踐天子位，代夏朝天下。」

　　夏無文字，便無文獻，史遷在《夏本紀》中的這種「史記」依據是什麼呢？僅靠「文化遺存」是不能說明問題的。「天下」之人曾以血緣關係爲紐帶形成多個聚合勢力是不爭的事實，但史遷如此有名有姓編撰「夏」之世系，且「諸侯」「百姓」——人知道，他其實是要爲（世襲）帝制和王權專制政治開始吹風了。後來的人們也就跟著把「夏」稱之爲「王朝」，據當代「某某工程」說是四百七十年。甲骨文等相關文獻推算和碳十四測年到了個位數，眞是不可思議的「精確」！

　　儒家其實是意識到了其中的相關問題的，所以在製造「上古的史書」《尚書》時，於戰國後期（秦人者執筆？）又處心積慮艱難推出了《夏書・禹貢》——禹披九山，通九澤，決九河，定九州，治水土，劃區域，量賦貢，「平治水土，定千八百國」（《淮南子・脩務訓》），「天下」由禹而得，那麼「天子」又捨禹而其誰呢？何況《益稷》中的禹也是一再向舜帝直接表了功勞的。

（所以《論語·憲問》中孔子說「禹稷躬稼而有天下」）史遷《夏本紀》襲《禹貢》，又言禹的父親是鯀（gǔn），鯀的父親是顓頊（zhuānxū），顓頊的父親是昌意，昌意的父親是黃帝——自然，黃帝的來歷是在《五帝本紀》中早已做好了安排的。《五帝本紀》之前又有所謂《虞書》、《夏書》、《世本》、《大戴禮記·五帝德》、《帝系》之類，所以「天下」為「天子」所有便天經地義，「作民父母以為天下王」、「君天下」也就順理成章。〔註11〕無論如何荒誕與乖謬，勞苦的儒家至此便也終於可以有些輕鬆起來了，「層累地造成的中國古史」畢竟給「天子」的定位和「家天下」、皇權及後世專制與極權之政治，尋找到了認為是最為恰當的依據和理由——影響和效果是絕好的、廣泛深入人心的，歷世水深火熱苦難中的「民人」，也只知道盼望著能有「真命天子」出現；即便「王侯將相，寧有種乎？」從富貴到「甕牖繩樞之子氓隸之人」，有誰會認為世界並不是「王侯」的世界，世界其實是可以沒有「王侯」的呢？

　　自此，儒家筆下的「古史」，也就開始動態和變幻地附庸於政治了，權力之謊言需要不斷升級改造。「時代愈後，傳說的古史期愈長」，「周代人心目中最古的人是禹，到孔子時有堯、舜，到戰國時有黃帝、神農，到秦有三皇，到漢以後有盤古等」；「時代愈後，傳說中的中心人物愈放愈大」，「舜在孔子時只是一個『無為而治』的聖君，到《堯典》就成了一個『家齊而後國治』的聖人，到孟子時就成了一個孝子的模範了……」（顧頡剛《與錢玄同先生論古史書》）

　　只是「王者之先祖，皆感大微五帝之精以生」者說（鄭玄《禮記·大傳》注），更《五帝本紀》及《堯典》、《舜典》、《皋陶謨》、《益稷》之「虞書」，「禹敷土，隨山刊木，奠高山大川……九州攸同……」《禹貢》之「夏書」，《史記》所言夏、殷、周、秦民族起源，眾多《本紀》、《世家》「帝顓頊之苗裔」、「蛟龍於其上，已而有身，遂產高祖」、「先祖嘗為四嶽，佐禹平水土」、「虞帝舜之後也」、「先祖出自帝顓頊高陽」、「其先虞之苗裔」，等等，是宗教神話故事呢，還是現實的古代中國社會發展史？「三皇五帝神聖事，騙了無涯過客！」（毛潤之《賀新郎·讀史》）

　　而《五帝本紀》「諸侯咸來賓從」、「諸侯咸尊軒轅為天子」、「置左右大監，監於萬國」，《堯典》、《舜典》、《大禹謨》堯舜禪（shàn）讓、舜禹禪讓

之說（又見《堯曰》。《莊子・讓王》故事後，又有《荀子・成相》和《呂氏春秋・離俗覽》者），《夏本紀》「帝禹東巡狩，至於會稽而崩。以天下授益。三年之喪畢，益讓帝禹之子啓，而避居箕山之陽。禹子啓賢，天下屬意焉。及禹崩，雖授益，益之佐禹日淺，天下未洽，故諸侯皆去益而朝啓，曰『吾君帝禹之子也。』於是啓遂即天子之位，是爲夏后帝啓……」很遺憾，儒家編撰這些小心翼翼的試探性的所謂「禪讓」和各方勢力自覺歸服的溫和故事，自殷商始，歷史沒有給予絲毫的回應和理會。〔註12〕《莊子・盜跖》：「黃帝不能致德，與蚩尤戰於涿鹿之野，流血百里。堯、舜作，立群臣，湯放其主，武王殺紂。自是之後，以強陵弱，以眾暴寡。湯、武以來，皆亂人之徒也。」

十一

既是以「封建親戚，以藩屏周」之認識而封邦建國，以血緣關係爲紐帶的宗法制的產生便似乎無可避免。「天子建國，諸侯立家，卿置側室，大夫有二宗，士有隸子弟。」（《桓公二年》）童書業《春秋左傳研究》「宗法、封建之制」：「此封建制，也即宗法制也。天子以嫡長子繼位，眾子封爲諸侯；諸侯以嫡長子繼位，眾子封爲大夫；大夫亦以嫡長子繼位，眾子爲士。士爲小宗，以大夫爲大宗。大夫亦爲小宗，以諸侯爲大宗。諸侯亦爲小宗，以天子爲大宗。故封建系統即宗法系統，宗法爲『封建』之本也。」成千上萬的大城小邑爲遠近族人所控制，宗族血緣關係網絡成「家天下」的政治關係──以周人看，這是一個極爲穩固的「利益共同體」和「天下」治理之結構！的確，還有誰能比「親戚」更能夠信得過呢？（《隱公十一年》所言「宗盟」異姓，實際上依循的也是宗法制之組織原則。只不過「周之宗盟，異姓爲後」。魏了翁《春秋左傳要義》卷五「周先同姓，雖有異姓，亦曰宗盟」）

嫡長子繼承制和《禮記・喪服小記》、《大傳》所言「別子爲祖，繼別爲宗」（鄭玄注：「別子，諸侯之庶子，別爲後世爲始祖也」）制度的建立，使周人於擁萬世「天下」躊躇滿志，充滿了信心。看吧！偌大之「天下」，天子諸侯皆得爲大宗，自爲天地、宗廟、社稷、臣民之宗主，各各擁占一方而合爲統天下（儘管其權力和利益邊界並不甚清晰），那又是怎樣的一種令人興奮和前所未有之情景……雖後期諸侯當朝國君與先君遺族政治鬥爭不斷，但即便像晉國（始封君爲武王子、成王同母弟唐叔虞）那樣歷獻、惠、

懷、文、襄、靈諸世幾十年實行政治變革而不畜群公子的國家，到晉成公（前606年～前600年在位）時依是又恢復了「公族」、「余子」、「公行」之職，分授其卿之嫡子、余子、庶子並予田土之賜（《宣公二年》）；春秋時期周襄王、周頃王時代的晉國依是「公食貢，大夫食邑，士食田，庶人食力，工商食官，皁隸食職，官宰食力」（《晉語四》）。戰國時期秦國商鞅變法，秦孝公死後他迎來車裂之刑，除「爲法之弊」外更多的是宗室世族和貴胄們在狠報利益削奪之仇……周人開創的政權利益於社會統治層級和既得利益群體來說，有著太強的、幾乎無可抵禦的吸引力。

　　無論其後的歷史如何發展，歷史的悲喜正劇如何上演，儒家不遺餘力維護的「王權」、「王制」和一切與之相關聯的文化，包括觀念文化、制度文化甚至器物審美文化，宿命般在這個所謂的「軸心時期」成形了。一個民族的心理結構、思維方式和價值體系、價值取向，以及後世許許多多的認知習慣和行爲邏輯，不幸正是肇始於這一時期。自秦漢專制主義及中央集權政治制度始，兩千多年來官方主流意識和思想視野裏始終不失西周政治文化的斑駁底色。要之，「天下」是天子和帝王的，由天子和帝王而政權（國家）——眾生爲政權的統治對象而非政權自眾生產生並服務眾生；以西周等級制爲發端，人類社會所蘊涵的平等因子和作爲個體的「人」的權利，在儒家理論的作用下，逐漸在專制政治的文化操弄和支持下被悉數蕩滅。

十二

　　也正是因爲分封和嫡長子繼承制，才有了《小雅·斯干》「乃生男子，載寢之床。載衣之裳，載弄之璋。其泣喤喤，朱芾（fú 韍）斯皇，室家君王」的欣喜自得與冀望，也有了「乃生女子，載寢之地。載衣之褐（tì），載弄之瓦。無非無儀，唯酒食是議，無父母詒罹」的失落與無奈。同樣，《大雅·思齊（zhāi）》中「大姒嗣徽音，則百斯男」的意願才是如此眞實和迫切——儘管世代以「生子百男」的方式來無限佔有和獲取土地人口與財富，對於有限的「天下」來說也許並不是什麼好事。而封建子弟以及嫡庶遠近之別，又直接影響了後世社會人際關係脈絡結構的形成——公平對等被普遍忽略而代之以親疏遠近的不同對待。儘管儒家也曾極力呼籲「推己及人」（《論語·衛靈公》、《雍也》），但以「己」爲中心的定位已無可改變四下裏與他人之間的長長短短的距離，最後終於形成如費孝通《鄉土中國》所言「差序格局」之社會。

　　包括被佔有土地上的原住民在內的「庸」、「民人」與「土田」一併爲受封者所有──基於此的特殊的生產關係形成後，人口的眾寡又成了強弱、勝負和得失之決定性的因素，於「國」如此，於「家」也如此。最先是各種各樣的強化措施，最後形成一種自覺與文化，人口數量於是以一種十分現實的理由不斷地擴張和膨脹起來。「公門」之外又遍地家廟祠堂和無數大大小小的「宗族共同體」，「神不歆非類，民不祀非族」（《左傳‧僖公十年》），「非我族類」皆爲外人，於「天下」來說，這個龐大的等級社會，人與人之間又該是何等之疏離與冷漠！〔註13〕

　　《禮記‧大學》「古之欲明明德於天下者，先治其國。欲治其國者，先齊其家。欲齊其家者，先修其身。欲修其身者，先正其心。欲正其心者，先誠其意……意誠而後心正，心正而後身修，身修而後家齊，家齊而後國治，國治而後天下平。自天子以至於庶人，壹是皆以修身爲本」。「天下」即天子之「天下」，「國」即諸侯之「國」，「家」即大夫之「家」而非孟子時代的「數口之家」。（朱熹《詩集傳‧召南》引程頤「天下之治，正家爲先。天下之家正，則天下治矣。二南，正家之道也。陳后妃、夫人、大夫妻之德，推之士庶人之家一也。故使邦國至於鄉黨皆用之。自朝廷至於委巷，莫不謳吟諷誦，所以風化天下」一段話也說明了問題）西漢儒生作《大學》時西周已滅亡數百年，宗法制度早已不再存在。但這個於諸侯、大夫來說似乎很順耳的說法（首先肯定和承認了他們的「國」與「家」且「治」之「齊」之），實際是要天子、皇帝以及一切在上者以「明德」、「親民」之名義，通過「修其身」、「正其心」、「誠其意」，從而達到政權對於「民心」的禁錮與統馭，也即在控制社會每個個體成員的人身的同時控制其思想與心理──後世政權在此基礎上可怕地將全社會塑造成一種無任何個人判識和批判性思維的「集體人格」，腐儒偷換概念反過來以「修身、齊家、治國、平天下」的邏輯愚弄世人，人們欣欣然以爲是。

　　從西周分封和宗法政治開始，「庶人」只有「處世」的被動而全無「立身」之自由。在其後王權和專制主義之下，個人之於社會其位置異常尷尬和難堪，權力意志始終處於蔑視個人價值存在的強蠻而優越的狀態中，眞理幾成笑談而無地自容。治下的無數「子民」，在經過無數的世事播遷和性質從未改變的政權更迭之後，一方面長期的依存「公家」和被統治使其變得麻木不仁，逆來順受（只是覺得苦，卻並無任何訴求與改變之希望），忘記了自

我的存在，另一方面又退而避之，使所謂家國情懷終漸淡薄虛無──「天下」既屬他人，「興亡」也就於己無關，只有「庶民百姓」之自知而全無「公民」之自覺；「公德」尚無，遑論責任與擔當！

從而又產生出無數的企圖分食者、投機黨、姦佞、食客、寄生蟲、攀附者、爪牙、奴才、幫兇、鷹犬、勢利狗、覓食族、小人、看客、受難者、苟活者、乞憐者、冷血動物、無良屑小、卑鄙顯達、市儈人渣（此相鄰二者往往相輔成）、無恥者、唯利是圖者、損人利己者、是非不辨者、作賤者、無賴、賊匪、刁民、歹人、惡徒、混混，〔註14〕各種各樣的「非正式組織」由是也於社會邊緣和夾縫中漸次產生；而當某種政權藉以「庶民」、「庶眾」、「民人」、「人民」（《詩經・小雅》、《大雅》）、「群眾」之名義走向極端時──「民粹」又正是專制與獨裁所需，權力操弄與底層之眾惡洶湧兩相夾擊，社會又往往成了流氓和惰民懶漢們的天堂，精英和創造者的地獄、受難所、屠戮場。「舉世皆濁我獨清」者齒冷心寒而「獨與天地精神往來」（《莊子・天下》），間或又有為數極少的、不憚於前驅的「猛士」，在寒夜裏跋涉，在寂寞裏奔馳，「於悲涼孤寂中寓熹微之希望」。然而，「先覺的人，歷來總被陰險的小人，昏庸的群眾迫壓排擠傾陷放逐殺戮……」（魯迅語）

十三

《周禮》，這部記述西周政治制度的典籍，雖以西周國家政府（軍政兼容）機構設置和官員配備及其職責內容見多，但其毫無疑問已具備了另一種意義上的「憲法」性質。

「乃立天官冢宰，使帥其屬而掌邦治，以佐王均邦國」，「乃立地官司徒，使帥其屬而掌邦教，以佐王安擾邦國」，「乃立春官宗伯，使帥其屬而掌邦禮，以佐王和邦國」，「乃立夏官司馬，使帥其屬而掌邦政，以佐王平邦國」，「乃立秋官司寇，使帥其屬而掌邦禁，以佐王刑邦國」──以天、地、春、夏、秋、冬（《周禮》冬官闕）冠六官（署）之名，巨大而無限的時空意象，反映了周人於「天下」的理解和據而有之的強烈願望。在具列天、地、春、夏、秋「治官」、「教官」、「禮官」、「政官」、「刑官」之前，均冠以「惟王建國，辨方正位，體國經野，設官分職，以為民極」。「國」既為王所建（而非「人民」組成國家），「國」自然也為王所有。設官分職之目的是「以為民

極」──極，屋之中棟，引爲中正之則，也就正說明是據以「王」之所需而爲之。

在天官（署）之長冢宰使帥其屬中，上自小宰下至夏采六十二種職官中，「宮正」、「宮伯」、「膳夫」、「庖人」、「內饔（yōng）」、「外饔」、「亨人」、「食醫」、「酒正」、「酒人」、「漿人」、「凌人」、「籩人」、「醢（hǎi）人」、「醯（xī）人」、「鹽人」、「冪人」、「宮人」、「幕人」、「掌次」、「玉府」、「司裘」、「掌皮」、「內宰」、「內小臣」、「閽（hūn）人」、「寺人」、「內豎」、「九嬪（pín）」、「世婦」、「女御」、「女祝」、「女史」、「典婦功」、「典絲」、「典枲（xǐ）」、「內司服」、「縫人」、「染人」、「追人」、「追師」、「屨（jù）人」、「夏采」等，多數又是宮室之官。蔣伯潛言其「以掌宮中事務者爲最多，凡寢舍、膳食、飲料、服裝、醫藥、婦寺，皆統於天官，次則爲掌財貨會計者。可見天官一方統攝六官，一方兼掌雜務，恰似現代各機關中之總務處焉」（《十三經概論》）；斯維至言「曩讀《周禮》，覺其言冢宰之權能極尊，而細按所屬，則凡庖人、宮人、世婦、女御等殆皆王之小臣，可謂頭大尾小，殊不相稱」（《兩周金文所見職官考》）。以斯先生言，冢宰之職可能有後人所竄改者。然而「惟王建國」之目的不是向眾民提供公共組織服務而是「王天下」，所設官職不是公共職務而是「王官」，所以王室之事也就絕非「總務處」堪比，冢宰所屬眾官也就絲毫沒有影響其權能之尊反而是其明證。

「天下」既得，王官設，侯國立，親系遍佈──「天下」既成一家之天下，則自有一家之長之好惡和意見主張，又需何者「會」之「議」之呢？「溥天之下莫非王土，率土之濱莫非王臣」，「天下」一切皆爲王有（儘管西周王朝與諸侯只是宗主與封國之關係，但諸侯國的統治又是以「王」的形式），王主眾民，又哪裏來得什麼「民主」呢？（倒是有「爲民作主」）沒有獨立權利之個人和私有經濟，〔註15〕沒有交換、借貸，〔註16〕又哪裏來的什麼契約倫理和契約精神呢？「天下」人既爲一「家」之人，但有等級（等級催生了王權崇拜，也給後世之專制主義奠定了基礎），又定的什麼「法律」「制度」呢？《論語・季氏》、《泰伯》中孔子說「禮樂征伐自天子出……天下有道，則庶人不議」，「民可使由之，不可使知之」（董仲舒謂「民者，瞑也」，瞑瞑不審之貌）、「不在其位，不謀其政」（孟子「位卑而言高，罪也」），《禮記・中庸》中的「孔子」也說「非天子不議禮，不制度，不考文」，哪裏又會有什麼「人民大會」、「代議機關」之類的相關議事機構呢？〔註17〕推行禮教並

力主專制的荀子又進了一步：「民易一（統一）以道，而不可與共故（不可與共明其所以然）。故明君臨之以勢，道（導）之以道，申之以命，章（彰）之以論，禁之以刑……」（《正名》）

十四

宗族社會特定生產關係下的政權，既產生不了「法治」，也無從實現某種監督機制，所謂「禮」由是而生。荀子說：「禮者，貴賤有等，長幼有差，貧富輕重皆有稱也。」（《富國》）自周人創生「周文」，儒家將其作爲一個「立法」意義上的系統工程不斷增益完善（西漢以降除立論之外重點是對先秦典籍的反覆解讀和不斷的傳釋疏證）。自春秋晚期始，在兩千五百餘年的時間裏，中國之「禮」論從未曾有過停歇。因爲認定以其可以維持統治，在《論語·爲政》、《八佾》、《里仁》、《泰伯》、《顏淵》、《季氏》、《陽貨》、《堯曰》、《孟子》（孟子之「禮」多在「仁義」、「仁政」論中）、《荀子·勸學》、《修身》、《富國》、《王霸》、《議兵》、《強國》、《禮論》、《大略》、《國語·晉語四》、《禮記·禮運》、《樂記》、《經解》、《仲尼燕居》、《昏義》、《史記·禮書》以及《左傳》（隱公十一年、桓公二年、僖公十一年等）、《春秋繁露》、《白虎通義》（一群與會代表討論來討論去形成的「決議」，還是對董仲舒一套的復述）等文獻中，可以清楚地看到「禮」在儒家思想架構中的位置與高度。

《周禮》天官大宰之職首掌建邦之六典，其中禮典承「以和邦國，以統百官，以諧萬民」之重而位列其三。春官大宗伯使帥上自小宗伯下至家宗人七十種職官不同爵等洋洋四千多人（女祧〔tiāo〕每廟配「守祧」二人，與天官所屬同名但人、職皆不同的「世婦」按宮數配其「卿」，「內宗」、「外宗」按內女、外女有爵者配，「旄人」之「舞者」眾寡無數，「男巫」無數，「女巫」無數，男巫中的傑出者「神士」無數，故不確），禮、樂之官占其半數以上，且卜筮、祝巫之官和掌宗廟器物之「天府」等官也直接或間接服務禮事。如果說《周禮》以舉職事爲主，「始於冠，本於昏，重於喪祭，尊於朝聘，和於鄉射」（《禮記·昏義》）的「禮之大體」，則在《儀禮》中被具化爲「士冠禮」、「昏禮」、「士相見禮」、「鄉飲酒禮」、「鄉射禮」、「燕禮」、「大射禮」、「聘禮」、「公食大夫禮」、「覲禮」、「喪服」、「士喪服」、「既夕禮」、「士虞禮」、「特牲饋食禮」、「少牢饋食禮」、「有司徹」十七種，其中的一部分在稍後的《禮記》中又有《冠義》、《昏義》、《鄉飲酒義》、《射義》、《燕義》、《聘義》、《喪服四

制》等專篇闡釋,《禮記》並有《王制》、《曲禮》、《玉藻》、《明堂位》、《月令》、《禮器》、《郊特牲》、《祭統》、《祭法》、《大傳》、《喪大記》、《喪服小記》、《奔喪》、《問喪》、《間傳》、《文王世子》、《內則》、《少儀》等禮制之論。（清儒邵懿辰《禮經通論》「冠、昏、喪、祭、朝、聘、鄉、射八禮者,禮之經也。冠以明成人,昏以合男女,喪以仁父子,祭以嚴鬼神,鄉飲以合鄉里,燕射以成賓主,聘食以睦邦交,朝覲以辨上下」）「三禮」中,《周禮》可視作是基本的制度框架,《儀禮》是大部分的實施細則,《禮記》則又重在理論支持。《白虎通義·禮樂》「禮之為言履也」。「禮」的履踐通過「儀」來表現,從而體現《尚書》中無數次所說的「德」,《郭店楚簡·語叢一》所謂「德生禮」。而履禮之「德」則顯然是為了維護以王權和等級制度為核心的政治秩序,從而以期「天下」之「太平大同」。〔註18〕從此意義上講,《語叢二》「情生於性,禮生於情」實在應該加上「性生於欲」的邏輯前提——周之「禮」,實即生於權欲和龐大的擁占性既得利益集團之欲。

十五

　　《春官·大宗伯》「以吉禮事邦國之鬼神祇」,（以禋〔yīn〕祀祀昊天上帝,以實柴祀日月星辰,以槱〔yǒu〕燎祀司中、司命、風師、雨師,以血祭祭社稷、五祀、五嶽,以貍沉祭山林、川澤,以疈〔pì〕辜祭四方百物,以肆獻祼〔guàn〕享先王,以饋食享先王,以祠春享先王,以禴〔yuè〕夏享先王,以嘗秋享先王,以烝冬享先王）「以凶禮哀邦國之憂」,（以喪禮哀死亡,以荒禮哀凶札,以弔禮哀禍災,以禬〔guì〕禮哀圍敗,以恤禮哀寇亂）「以賓禮親邦國」,「以軍禮同邦國」,「以嘉禮親萬民」;（以飲食之禮親宗族兄弟,以昏冠之禮親成男女,以賓射之禮親故舊朋友,以饗燕之禮親四方賓客,以脤膰〔shènfán〕之禮親兄弟之國,以賀慶之禮親異姓之國）《大戴禮記·本命》「冠、婚、朝、聘、喪、祭、賓主、鄉飲酒、軍旅,此之謂九禮也」。無論「五儀」抑或「九禮」,正如《語叢一》所言「禮生樂」——舉行禮儀使用音樂伴奏應該並不難理解。「四大文明古國」自不用說,古希臘及世界上許多民族早期宗教、祭祀、競技等多種活動中無不伴之以各種音樂,這只需翻開世界音樂史便可知得。然而偏偏中國先秦和漢代以儒家為主的思想家們在「禮樂」的認識上走向了極端與唯心。在「禮教」的理論體系中,因為「禮」、「儀」和「德」之間的關係,與「儀」相生相伴的無形之「樂」

——《禮記·孔子閒居》所謂「禮之所至，樂亦至焉」，其功能作用被儒家以一片苦心和無以倫比的才情推向了極致。

將故事以史實之面目付諸文字，使一切立論成爲可能，《尚書》依是又作了一個絕好的開端。

《舜典》舜帝任命樂官夔（kuí）「命汝樂典，教胄子，直而溫，寬而栗，剛而無虐，簡而無傲」，「詩言志，歌詠言，聲依詠，律和聲。八音克諧，無相奪倫，神人以和」；《益稷》中舜說他要爲治理好四方而「欲聞六律五聲八音」，於是夔就發起了「戞擊鳴球，搏拊琴瑟以詠」的號令——鐘鼓喤喤中祖考之靈便紛紛降臨享祀，諸侯助祭，賓客就位；因爲冀望執王權而萬邦來歸以統御，所以「《簫韶》九成，鳳皇來儀」也成了最具理想色彩的「祥和」政治之徵象。

之後便自然又有了各種各樣的雜亂的附和之說：《古本竹書紀年》「夏后開（啓）舞《九招》」；《世本》「庖犧氏作瑟……黃帝使素女鼓瑟」，「神農作琴（瑟）」，「黃帝樂名《咸池》」，（莊子在《天運》「北門成問於黃帝」中據此作了汪洋恣肆的演繹）「女媧作笙簧」，「隨作笙（竽）」，「夷作鼓」，「巫咸作鼓」，「無句作磬」，「簫，舜所造」，「垂作鍾」，「夔作樂」，「磬，叔所造也」，「暴辛公作塤」（周），「蘇成公作箎（chí）」（周）；被稱爲「法家」的韓非子在其《十過》中也借師曠之口說「黃帝合鬼神於泰山之上」作樂《清角》，蛟龍、虎狼、騰蛇、鳳皇共舞；《山海經·海外西經》、《大荒南經》「鸞鳥自歌，鳳鳥自舞」，「爰有歌舞之鳥」，《大荒西經》「祝融生太子長琴，是處榣（yáo）山始作樂風」，弇（yǎn）州山「五采之鳥仰天，名曰鳴鳥。爰有百樂歌儛之風」，夏后開（啓）「上三嬪於天，得《九辯》與《九歌》以下。此天穆之野，高二千仞，開焉得始歌《九招》……」

至《呂氏春秋·古樂》，呂不韋與其門客方才作了上啓朱襄氏（神農）下止周成王之追溯——傳說也罷，編撰也罷，總算是捋出了一個「樂之所由來者尙矣，非獨爲一世之所造也」的順序：朱襄氏治天下士達創五弦瑟「以定群生」——→葛天氏「三人操牛尾投足以歌八闋：一曰《載民》，二曰《玄鳥》，三曰《遂草木》，四曰《奮五穀》，五曰《敬天常》，六曰《達帝功》，七曰《依地德》，八曰《總萬物之極》」——→陶康氏（陰康氏）之始「民氣鬱閼而滯著」，所以「作爲舞以宣導之」——→「黃帝令伶倫作爲律」，「又命伶倫與榮將鑄十二鍾，以和五音，以施《英韶》。以仲春之月，乙卯之日，日

在奎，始奏之，命之曰《咸池》」——「帝顓頊好其音，乃令飛龍作效八風之音，命之曰《承雲》，以祭上帝。乃令鱓（shàn）先爲樂倡」——「帝嚳命咸黑作爲聲歌——《九招》、《六列》、《六英》。有倕（chuí）作爲鼙（pí）鼓鍾磬吹苓管塤篪鞉（táo 鼗）椎鍾」，鳳鳥、天翟舞之而「以康帝德」——「帝堯立，乃命質爲樂。質乃效山林溪谷之音以歌……瞽叟乃拌五弦之瑟，作以爲十五弦之瑟。命之曰《大章》，以祭上帝」——「帝舜乃令質修《九招》、《六列》、《六音》，以明帝德」——「（禹）命皋陶作爲《夏籥（yuè）》九成，以昭其功」——「湯乃命伊尹作爲《大護》，歌《晨露》，修《九招》、《六列》，以見其善」——「周公旦乃作詩曰：『文王在上，於昭于天。周雖舊邦，其命維新。』以繩文王之德」——「（武王）命周公爲作《大武》」——成王時周公又「乃爲《三象》，以嘉其德」——

《春官·大司樂》「以樂德教國子：中、和、祗、庸、孝、友。以樂語教國子：興、道、諷、誦、言、語。以樂舞教國子：舞《雲門》、《大卷》、《大咸》、《大韶》、《大夏》、《大濩（hù）》、《大武》。以六律、六同、五聲、八音、六舞大合樂，以致鬼神祇，以和邦國，以諧萬民，以安賓客，以說（悅）遠人，以作動物」，鄭玄便將《雲門》（《大卷》）、《大咸》（《咸池》）等「周所存六代之樂」分別注爲黃帝、堯、舜、禹、湯、武王之樂；賈公彥疏引西漢《孝經緯》、《樂緯》，分別又有「伏犧（羲）之樂曰《立基》，神農之樂曰《下謀》，祝融之樂曰《屬續》」和「顓頊之樂曰《五莖》，帝嚳（kù）之樂曰《六英》」之說；皇甫謐云「少昊之樂曰《九淵》」，其《帝王世紀》毫無例外也言及古樂；《漢書·禮樂志》「昔黃帝作《咸池》，顓頊作《六莖》，帝嚳作《五英》，堯作《大章》，舜作《招》，禹作《夏》，湯作《濩》，武王作《武》，周公作《勺》」；東晉張湛注《列子·周穆王》又言「《乘雲》，黃帝樂，《六瑩》，帝嚳樂，《九韶》，舜樂，《晨露》，湯樂……」《史記·樂書》「《傳》曰『治定功成，禮樂乃興』」，今本「孔安國」《尚書傳》中也根本就沒有此語，《樂記》中有「王者功成作樂，治定製禮」，而孔穎達《詩經·周頌譜》疏則言「據天下言之爲太平德洽，據王室言之爲功成治定」，引《尚書傳》「周公將作禮樂」云云。

爬梳先秦和兩漢至晉文獻及其注解中各種關於三皇五帝與夏、商、周三代之樂，緣起與演變皆疑點重重。倘若將其列表對照，會明顯發現彼此牴牾和相互之間完全沒有嚴格的一致性。單是「六代之樂」在《大司樂》和《樂記》中便不一致——《世本》言「黃帝樂」爲《咸池》，鄭玄注《樂記》同，

「堯增修而用之」，但在注《周禮》時又直接說《咸池》是「堯樂也」，而在《樂記》注中又說「堯樂」是《大章》（賈公彥維護性的「考證」則又另當別論）……除傳抄之誤和用字與名稱上的變化之外，傳說無考和以立論所需而隨意自行編排，是其不難理解的原因。

十六

孔子傾心於西周之典文儀禮，所以西漢儒生於《中庸》中託其言「吾學周禮，今用之。吾從周」。他雖有「興於《詩》，立於禮，成於樂」（《泰伯》）和「文之以禮樂，亦可以爲成人矣」（《憲問》）之說，似乎又十分喜愛《大韶》、《大武》二樂（《述而》、《衛靈公》），但他對禮樂之教化並沒有講出多少具體的道理來。《陽貨》：「禮云禮云，玉帛云乎哉？樂云樂云，鐘鼓云乎哉？」似有話要說，但終沒有說出來——他終其一生不過在王權之主張和維護中提出了「仁」的思想，以期所謂「王道」出現，然後就帶些學生去思謀一些零零碎碎相關的話語而已。（春秋時整個「天下」持續混戰廝殺，遍地紛爭。《左傳·昭公十年》「（魯）平子伐莒（jǔ），取郠（gěng），獻俘，始用人於亳社（杜預注：「以人祭殷社」）」；《春秋·昭公十一年》「楚師滅蔡，執蔡世子有以歸，用之（注：「用之，殺以祭山」）」；《春秋·僖公十九年》「邾人執鄫子用之」，《左傳》「宋公使邾文公用鄫子於次睢之社，欲以屬東夷（孔穎達疏：「屬，訓聚也。殺鄫子以懼東夷，使東夷聚來歸己也」）……」處處陰謀陷阱、動不動就將人剁成肉醬不用說，早先的鄭武公以其女妻胡君而伐之的手段令人無語，自己的學生子路便爲衛後莊公姬蒯聵醢殺。在利欲和權力完全失控、人性變得異常昏黑的時代裏，「仁」是人類心靈遙遠處一盞微弱的燈〔註19〕孟子在《梁惠王下》、《離婁上》、《告子上》等篇中也提到過樂政，說「仁言不如仁聲之入人深也」（《盡心上》）等，但所論不多。眞正禮樂論之發微自晚孔子一百六七十年的荀子——

除其《禮論》、《樂論》專題系統論述禮樂問題外，《荀子》其餘諸篇也多有涉及。「夫樂者，樂也，人情之所必不免也。故人不能無樂，樂則必發於聲音，形於動靜；而人之道，聲音動靜性術之變盡是矣。故人不能不樂，樂則不能無形，形而不爲道，則不能無亂。先王惡其亂也，故制雅頌之聲以道之，使其聲足以樂而不流，使其文足以辨而不諰（xǐ），使其曲直、繁省、廉肉（按：指樂聲的高亢與婉潤）、節奏，足以感動人之善心，使夫邪污之氣無由得接

焉」，「樂在宗廟之中，君臣上下同聽之，則莫不和敬；閨門之內，父親兄弟同聽之，則莫不和親；鄉里族長之中，長少同聽之，則莫不和順」，「夫聲樂之入人也深，其化人也速，故先王謹爲之文」，「樂者，聖人之所樂也，而可以善民心，其感人深，其移風易俗。故先王導之以禮樂而民和睦」，「樂行而志清，禮修而行成，耳目聰明，血氣平和，移風易俗，天下皆寧，美善相樂」，「樂也者，和之不可變者也；禮也者，理之不可易者也。樂合同，禮別異。禮樂之統，管（貫）乎人心矣……」

《樂論》針對《墨子‧非樂》而發──晚於孔子早於荀子的墨子曾旗幟鮮明地反對所謂樂政。存世的《非樂上》（中、下闕）中，剛直而理性的墨子直言：「爲樂，非也！」

墨子說，凡舉事當以是否對天下有利爲準則，利則爲，不利則不爲。仁者思慮天下，非爲其目之所美，耳之所樂，口之所甘，身體之所安──因之而剝奪民之衣食財物，仁人是不該這樣做的。墨子說他並不反對音樂，也不認爲鐘鼓琴瑟笙竽之音和雕刻彩飾、犓（chú）豢煎炙之味以及高臺厚榭不樂、不美、不甘、不安；雖身知其安，口知其甘，目知其美，耳知其樂，但上不符聖王之跡，下不合萬民之益。如今王公大人們以事國家之名爲造樂器，並非如取雨潦之水和殘垣之土那般容易，而是千方百計厚斂萬民之財。民之三患，饑者不得食，寒者不得衣，勞者不得息，爲之撞巨鐘，擊鳴鼓，彈琴瑟，吹竽笙而揚干戚（按：盾、斧。指以盾、斧、羽、龠〔yuè 籥〕爲舞具的武舞。《公羊傳‧宣公八年》「萬者何？干舞也。」《春官‧樂師》鄭玄注引鄭司農：「干舞者，兵舞」），就能得到他們所需要的東西嗎？大國攻小國，大家伐小家，強劫弱，眾暴寡，奸欺愚，貴傲賤，寇亂盜賊並起，爲之撞巨鐘，擊鳴鼓，彈琴瑟，吹竽笙而揚干戚，天下之亂就可以得到治理嗎？鐘弗撞樂不得，使其丈夫爲之，廢丈夫耕稼樹藝之時；使婦人爲之，廢婦人紡績織紝（rèn）之事。鐘鼓琴瑟之聲既具，王公大人將必與人共聽──與君子聽，廢君子聽訟治政之事；與賤人聽，廢賤人躬親勞力之事。昔齊康公作《萬舞》說：「食飲不美，面目顏色不足視也；衣服不美，身體從容（按：《廣雅‧釋訓》：「從容，舉動也」）醜羸不足觀也。」於是跳舞的人食必粱肉，衣必文繡，這些人不事衣食之財而食乎人矣！禽獸麋鹿飛鳥爬蟲者，以羽毛蹄爪爲衣裳鞋褲，以水草爲飲食，故雄不耕稼樹藝雌不紡績織紝，衣食之財固已具矣。人異之而賴其者生，不賴其者不生；君子不努力聽治即刑政

亂，賤人不盡力事即財用缺。今天下之君子不以吾言為然，且數其職而觀樂之為害：王公大人早朝晚退聽獄治政，士君子竭股肱之力，殫其思慮之智，內治官府，外收關市、山林、澤梁之稅賦以實倉廩，農夫晨出暮歸，耕稼樹藝廣聚五穀，婦人夙興夜寐，紡績織紝多治絲麻葛緒成其布匹，凡此種種，皆其份內之事也。惜今皆唯其樂而悅之，國家亂而社稷危，府庫不實，菽粟不足，麻帛匱缺。何故？廢大人之聽治賤人之從事而唯其樂所喜也。先王之書湯之《官刑》（按：《左傳・昭公六年》「商有亂政而作《湯刑》」）「其恒舞於宮，是謂巫風」，懲罰的辦法是君子與小人分別出絲、帛二束。《黃徑》曰察九州之所以亡者，唯其飾樂也；《武觀》「啓乃淫溢康樂，野於飲食，將將金石筦（guǎn 管）磬以力，湛湎於酒，渝（按：孫詒讓：「渝當讀為偷，同聲假借字。」偷，苟且）食於野，《萬舞》翼翼，章聞於天，天用弗式（按：法）」，故曰濫其樂，上者天帝鬼神不以為法，下者萬民毫無利益可享。天下士人君子若有興利除弊之心，樂之為物者不可不禁而止矣。

墨子的話，雖於儒家來說不甚入耳，但除所引《官刑》、《黃徑》等有可能是他自己杜撰或摭拾旁言外（他甚至在《兼愛下》中說「古者文、武〔王〕為正〔政〕，均分、賞賢、罰暴，無有親戚弟兄之所阿」），並無多少虛妄誇飾之言，他算是實事求是講了真話。然而情況自然是糟糕透了──孔子曾說過他在齊國聞《韶》樂「三月不知肉味」而「不圖為樂之至於斯也」（《述而》），如今你墨子卻冷嘲熱諷說什麼「耳之所樂，口之所甘」，又比得什麼禽獸爬蟲，這還了得！

公孟子吹捧孔子「博於《詩》、《書》，察於禮」，說「國亂則治之，國治則為禮樂；國貧則從事，國富則為禮樂」，墨子又聽得氣不打一處來：「國之富也，從事故富也。從事廢，則國之富亦廢。故雖治國，勸之無厭然後可也。今子曰國治則為禮樂，亂則治之，是譬猶噎（渴）而穿井也，死而求醫也。古者三代暴王桀、紂、幽、厲，蒍（音 ěr，盛）為聲樂，不顧其民，是以身為刑僇（lù 戮）、國為戾虛者，皆從此道也……」（《公孟子》）

事情已經過去一百五十年，被刺痛了的儒家主將之一的荀子卻依然不依不饒，《樂論》中捶胸頓足，三呼三歎：「而墨子非之，奈何！」「而墨子非之！」「而墨子非之！」

十七

　　《史記》對荀子著墨不多，說他五十歲的時候來到齊國游說講學，似乎還擔任過稷下學宮祭酒。後來大概也有些混不下去，又到了楚國，春申君讓他做了蘭陵縣令，但春申君死後也就被廢免了。荀子爲何離開自己的國家趙國而他往，史遷沒有說。就在他入齊的兩年後，即公元前 260 年，秦國便開始攻打趙國。老將廉頗率軍在長平很是抵擋了一陣子，但趙孝成王中秦人反間計，起用「紙上談兵」者趙括，結果爲秦將白起所大敗，四十萬投降的趙軍全部被秦軍活埋（《白起王翦列傳》、《廉頗藺相如列傳》、《戰國策・趙策》）。而應侯問「入秦何見」時，荀子卻盛讚其「治之至也」：「入境，觀其風俗，其百姓樸，其聲樂不流污，其服不佻，甚畏有司而順，古之民也。及都邑官府，其百吏肅然，莫不恭儉、敦敬、忠信而不楛（音 kǔ，粗劣），古之吏也。入其國，觀其士大夫，出於其門，入於公門；出於公門，歸於其家，無有私事也；不比周，不朋黨，偶然莫不明通而公也，古之士大夫也。觀其朝廷，其朝閒，聽決百事不留，恬然如無治者，古之朝也……」（《強國》）

　　氣節與操守不說，以秦、趙之戰和秦、楚之戰等無數次戰役以及其後六國破滅的史實考之，秦國上自朝廷「怡然無治」下至百姓「其聲樂不流污，其服不佻」之桃園仙鄉景象，也只有儒家的手筆才能夠寫得出來——

　　看看從前「天資刻薄」、「少恩」（《商君列傳》）之商鞅「馭民五術」（「壹民」、「弱民」、「疲民」、「辱民」、「貧民」）的做法——「賢者不能益（增加），不肖者不能損（減少）。故遺（棄）賢（者）去知（智者），治之數（方法）也」（《商君書・禁使》），「任奸，則民親其制（任用奸惡之人治理民眾，則民眾就遵守國家法制）……以奸民治，必治至強」（《說民》），「國以奸民治善民者，必治至強」（《去強》），「治國之舉，貴令貧者富，富者貧……刑生力，力生強，強生威」（《說民》），「民弱國強，國強民弱。故有道之國，務在弱民」，「民，辱則貴爵（地位卑微屈辱就會尊崇權爵），弱則尊官……以刑治民……治民羞辱以刑」、「政作民之所惡（爲政應制定人民所憎恐的政策），民弱；政作民之所樂，民強。民弱國強，民強國弱」（《弱民》），「民愚，則知可以勝之……民愚，則易力而難巧」，「入使民屬於農，出使民壹於戰」（《算地》），「夫妻、交友不能相爲棄惡蓋非，而不害於親，民人不能相爲隱」（《禁使》），「商君教秦孝公以連什伍，設告坐之過」（《韓非子・和氏》），「（商

君之法）『斬一首者爵一級，欲爲官者爲五十石之官；斬二首者爵二級，欲爲官者爲百石之官。』官爵之遷與斬首之功相稱也。」（《定法》），「秦用商鞅，連相坐之法，造參夷之誅（顏師古注：「參夷，夷三族」）；增加肉刑、大辟，有鑿顚、抽脅、鑊（huò）亨（烹）之刑。」（《漢書・刑法志》）；〔註20〕看看主張酷刑峻法的「觀鼠者」李斯的做法（荀子比李斯大概要年長近三十歲，作爲老師對其所作所爲眞是「欣賞」），看看嬴政（十三歲被立爲王，荀子死的那一年即公元前238年二十二歲時親政）是怎樣的貪殘暴虐，其後趙高又是怎樣地「指鹿爲馬」？「稅民深者爲明吏，殺人眾者爲忠臣，刑者相半於道，而死人日成積於市」之秦國，想想都讓人覺得「簡直不是人間」！

往下看，荀子又說：「雖然，則有其諰（王先謙「諰，懼」）矣。兼是數具者而盡有之，然而縣（「縣，猶衡也」）之以王者之功名，則偶偶（遠貌）然其不及遠矣！」「是何也？」「則其殆無儒邪！……此亦秦之所短也。」繞了一大圈，原來用意在此！

《荀卿列傳》「荀卿嫉濁世之政，亡國亂君相屬，不遂大道而營於巫祝，信機（jī）祥，鄙儒小拘，如莊周等又猾稽亂俗，於是推（究）儒、墨、道德之行事興壞，序列著數萬言而卒」，推行文化專制主義成了了不得的擔當！那《樂論》及其後門徒之《樂記》等，三論兩說，竟也成儒綱之下舉足輕重的子目了，音樂理論歸入了政治範疇。

當初，孔子將天下之治滿心寄望於禮樂——他在他所處的「天下大亂」的春秋時代竟也有心情談「禮樂」！但他「累累若喪家之狗」後，也總得有個「愛好」吧？他哂笑有實實在在經國治世之志向的子路，自然也聽出了冉求「如其禮樂，以俟君子」的嘲諷口氣。所以當曾晳描繪「莫（暮）春者，春服既成，冠者五六人，童子六七人，浴乎沂，風乎舞雩（yú），詠而歸」的情景以適其意時，孔子半裝糊塗半爲眞，喟然而歎，顯得快意極了。（《先進》）

十八

春秋戰國之諸子，完全不同於同一時代世界另一端的希羅多德、蘇格拉底、柏拉圖、亞里斯多德等人（這是一個異常沉重的話題，歷史只有「形成」而沒有選擇）。蘇格拉底是雅典公民，而孔子所在的魯國或任何諸侯國，是只有「庶民」而完全不存在「公民」的；蘇格拉底是獨立探求眞理的「哲人」，

而孔子是依附並服務於政治的「聖人」。亞里斯多德和孟子年齡相差大概十歲左右，但前者探索哲學、詩歌戲劇、音樂、邏輯學、政治學、經濟學、物理、生物等自然科學、教育學、美學以及法律等，後者卻是思謀如何「治」民——他的「設為庠序學校以教之」並不是探索傳播知識而是「所以明人倫也」之教化；諸子之說皆之於一時一國或「天下」之政權而非普適性之眞理。無數的「道」，講的是「道理」而非規律，更非正義。「言必當理，事必當務」，「理」是「道理」，「務」是要求和必須。「凡事行，有益於理（治理）者立之，無益於理者廢之，夫是之謂中事。凡知說，有益於理者為之，無益於理者捨之，夫是之謂中說」（《荀子‧儒效》）。是「正確」地處理事情、「正確」地對待學說了，但又是怎樣的「理」，怎樣的「知」、怎樣的「說」呢？中國在「軸心時期」就有多少「無益於理者」被「捨之」了！〔註21〕

「因以非禮，推兼愛之意，而不知別親疏」（《諸子略》）的墨家「人無幼長貴賤，皆天之臣也」（《墨子‧法儀》）、《呂氏春秋》「天下非一人之天下也，天下（人）之天下也」（《貴公》）、「凡君之所以立，出乎眾也」（《用眾》），等等，「承天命以治國」之「人君」們聽得直皺眉頭，所以春秋戰國「百家爭鳴」中的勝出者是儒家——與其說是學術勝出，不如說是政治選擇與附庸。

其實，多數的時候他們大多也就吃著閒飯，寫寫「助人君順陰陽明教化」的文章，顯示自己的一番才華，王是沒有工夫去理睬這些「窮窘而得委命」之人的。眞有誰因其「道不行」而「乘桴（fú）浮於海」（《公冶長》），王也絕不會月下追賢去「挽留人才」。《莊子》裏的漁父譏笑孔子，「子既上無君侯有司之勢，而下無大臣職事之官，而擅飾禮樂，選人倫，以化齊民，不亦泰多事乎？」「苦心勞形以危其眞！」只有需要他們當中有人說的一些話的時候，才被問起姓甚名誰，但問過後也就忘了；偶而會「於心有戚戚焉」。可憐諸子自己或其門徒們卻是興奮忙將起來，搜羅曾經寫過一篇什麼文章，說過幾句什麼話，輾轉託人試探問主子還要不要再聽一聽，等等。即便是被權貴認為是最有利用價值的「孔聖人」，無用或不合人家口味時也是一副喪家落魄的樣子，「為權臣所輕蔑，為野人所嘲弄，甚至於為暴民所包圍，餓扁了肚子」（魯迅《在現代中國的孔夫子》），這只需《孔子世家》所紀就足以能夠證明之。〔註22〕

然而周王朝轟鳴的鐘鼓〔註23〕已滅寂多時，卻是又一篇洋洋五千餘字的《禮記‧樂記》出現了。「凡音之起，由人心生也。人心之動，物使之然

也。感於物而動，故形於聲。聲相應，故生變，變成方，謂之音。比音而樂之，及干戚、羽旄，謂之樂。樂者，音之所由生也，其本在人心之感於物也……」《藝文志》「劉向校書，得《樂記》二十三篇」，《樂記》孔穎達疏「劉向所校二十三篇著於《別錄》」，言今本所見十一篇之外的另十二篇依次爲《奏樂》、《樂器》、《樂作》、《意始》、《樂穆》、《說律》、《季札》、《樂道》、《樂義》、《昭本》、《招頌》、《竇公》。以存世《樂本》、《樂論》、《樂禮》、《樂施》、《樂言》、《樂象》、《樂情》、《魏文侯》、《賓牟賈》、《樂化》、《乙師》等十一篇看，其相互之間也並無嚴密的邏輯和體系可言，篇次也與孔穎達所見《別錄》所列不同。又每見《樂論》之句甚至整段的文字，也見各章之間眾多的重複之語和《舜典》「詩言志」「歌詠言」之變語等。

　　《藝文志》：「自黃帝下至三代，樂各有名。孔子曰：『安上治民，莫善於禮；移風易俗，莫善於樂。』二者相與並行。周衰俱壞，樂尤微眇，以音律爲節，又爲鄭、衛所亂，故無遺法。漢興，制氏以雅樂聲律，世在樂官，頗能紀其鏗鏘鼓舞，而不能言其義。六國之君，魏文侯最爲好古，孝文時得其樂入竇公，獻其書，乃《周官·大宗伯》之《大司樂》章也。武帝時，河間獻王好儒，與毛生等共採《周官》及諸子言樂事者，以作《樂記》，獻八佾之舞，與制氏不相遠。其內史丞王定傳之，以授常山王禹。禹，成帝時爲謁者，數言其義，獻二十四卷記。」歷史在孔子「溫故而知新」的暗示下早已淪爲爲現實政治所寫，爲政權服務，《漢書》所言自然不全是事實，「孔子」的話也是《孝經》中的僞託，鄭、衛之音更非世衰之源。但《藝文志》所言總歸反映出《樂記》的一些來龍去脈──《樂記》原來是在儒門長期氾濫的「論文」基礎上逐步剪接纂輯而成，是西漢人的製作，哪裏又是（南朝）沈約奏答梁武帝蕭衍（《思弘古樂詔》）所言孔子的再傳弟子公孫尼子一人一時所出（《隋書·音樂志》）？

　　在史遷那裏，他將《樂記》六章《樂象》之末段移至四章《樂施》中，七章《樂情》提到了五章《樂言》之前與四章並存，將十章《樂化》提到了八章《魏文侯》前似與五、六章合，外加「舜彈五弦之琴歌《南風》之詩而天下治，紂爲朝歌北鄙之音身死國亡」和衛靈公於濮水之上得師延遺樂之類，又成所謂《樂書》。

　　和荀子的《樂論》相比較，西漢儒生在《樂記》中自然是又進一步長了本事的：

「禮以道其志，樂以和其聲，政以一其行，刑以防其奸。禮、樂、刑、政，其極一也，所以同民心而出治道也」；「樂者，通倫理者也」；「知樂則幾於禮矣。禮樂皆得，謂之有德」；「禮節民心，樂和民聲，政以行之，刑以防之。禮、樂、刑、政，四達而不悖，則王道備矣」；「樂者為同，禮者為異。同則相親，異則相敬。樂勝則流，禮勝則離。合情飾貌者，禮樂之事也。禮義立，則貴賤等矣；樂文同，則上下和矣」；「樂至則無怨，禮至則不爭。揖讓而治天下者，禮樂之謂也。暴民不作，諸侯賓服，兵革不試，五刑不用，百姓無患，天子不怒，如此則樂達矣。合父子之親，明長幼之序，以敬四海之內，天子如此則禮行矣」；「大樂與天地同和，大禮與天地同節。和，故百物不失；節，故祀天祭地。明則有禮樂，幽則有鬼神。如此，則四海之內合敬同愛矣」；「樂者，天地之和也；禮者，天地之序也。和，故百物皆化；序，故群物皆別。樂由天作，禮以地制……明於天地，然後能興禮樂也」；「禮樂之施於金石，越於聲音，用於宗廟社稷，事乎山川鬼神，則此所與民同也」；「仁近於樂，義近於禮」；「禮樂明備，天地官矣」；「樂者，所以象德也」；「親疏、貴賤、長幼、男女之理皆形見於樂」；「樂者，德之華也」；「樂也者，動於內者也；禮也者，動於外者也。樂極和，禮極順，內和外順，則民瞻其顏色而弗與爭也，望其容貌而民不生慢焉……」

在《禮記》另一篇《文王世子》中，又有云「凡三王教世子必以禮樂。樂所以修內也，禮所以修外也。禮樂交錯於中，發形於外，是故其成也懌，恭敬而溫文」；《經解》、《仲尼燕居》、《孔子閒居》等也不無禮樂之論。無論如何牽強其音樂與政治之關係，如何不著邊際幾近遊戲文字和囈語般拔高音樂的社會功能作用，正如《樂論》之「先王立樂之方」和「先王立樂之術」，《樂記》始終清醒一點的是：不忘強調「聖人作樂」和「先王之制禮樂」！顯然，這又是為了與「天下為先王所得」相照應——王得「天下」，王制禮樂，禮樂使「天下」政通人和，眾民各安其命，「天下」該是何等美好的人間福地，王統「天下」該是何等的理所當然！

十九

「樂」為履「禮」之儀式中的因素之一，春秋末才由孔子之口「如禮何，如樂何」、「立於禮，成於樂」而成「禮樂」。至荀子造《樂論》，已是戰國後期的事了。《莊子·天下》、《呂氏春秋·古樂》、《今本竹書紀年》（成王十八

年）、《尚書大傳》、《詩》相關《毛序》、鄭玄《詩譜》、《禮記·明堂位》、《逸周書·度訓解》、《大聚解》、《明堂解》、《本典解》、《史記·周本紀》、《樂書》以及《國語》、特別是《左傳》等爲文造說，皆不能成文王、周公「制禮樂」之證據。

然而所謂謊言三遍亦成眞理，在「聲音之道，與政通矣」、「唯君子爲能知樂」、「審聲以知音，審音以知樂，審樂以知政，而治道備矣」等無稽論斷的要挾之下，本是由西周分封制和宗族社會之歷史「思想家」們產生的虛幻的政治譫妄，但在進入秦漢大一統帝國時代之後，儒家覺得「機遇與挑戰並存」，重溫其夢境而又開始津津樂其道。陸賈《新語·無爲》、《淮南子·詮言訓》等論天下之治，依是舜彈琴，依是周公作樂；《毛詩詁訓傳》和其後東漢鄭玄所「箋」者之類則更不用說……

而董仲舒，這位與劉邦之孫淮南王劉安同庚的「董子」，審時度勢一番後，於「禮樂」也來了興趣——但遺憾的是，他說的「聖王已沒而子孫長久安寧數百歲，此皆禮樂教化之功也」（《漢書·董仲舒傳》），前半句不符合事實，後半句更不符合事實。漢武帝劉徹感興趣的也只是他「推明孔氏，抑黜百家」而提出的「三綱五常」者，因爲那樣或更有利於統治和「穩定」，更方便做皇帝（那「董子」不但「三綱五常」，更陰陽五行〔「五行」遠不是他的發明，《周書·洪範》已陳之；「陰陽」者之前「經」已有《易》「家」有鄒衍，「怪迂阿諛苟合之徒自此興，不可勝數」〕、裝神弄鬼。他感覺到了儒說在西漢時的「關注」度已大幅下降，便苦思冥想極其所能將其「神學化」——還好，「點擊率」驟然升高。與作《離騷傳》和組織編寫《淮南子》的劉安相比已顯得很有些下作，但皇帝喜歡並看好他）。而早先的「換田契強秤了麻三程，還酒債偷量了豆幾斛」的高祖「劉亭長」，則更不會知道「禮樂」爲何物。他唱「大風起兮雲飛揚」不過《高祖本紀》和《高帝紀》中一個精彩的故事噱頭而已——至唐宋《藝文類聚》、《文苑英華》，便只言其「酒酣自舞，先歌大風」而不甚再好意思肆意渲染了。

二十

或曰：便是維護政權等級秩序之「禮」，自春秋中晚期開始就不再怎麼管用了，況乎「樂」？「文化」最發達的魯國，「自大師（《儀禮·大射》鄭玄注：「大師、少師，〔樂〕工之長也」）以下，皆知散之四方，逾河蹈海以

去亂」（朱熹《論語集注》），「世守其職」的樂師們紛紛出走，「大師摯適齊，亞飯干適楚，三飯繚適蔡，四飯（邢昺疏：「天子諸侯每食奏樂，樂章各異，各有樂師」）缺適秦，鼓方叔入於河（河內），播鼗（táo）武入於漢（朱熹：「漢中」），少師（朱熹：「樂官之佐」）陽、擊磬襄入於海（海內）」（《微子》）；孔子「一日克己復禮，天下歸仁焉」（《顏淵》）的期許早已落空，「人而不仁，如禮何？人而不仁，如樂何」（《八佾》）的焦慮已無任何價值；周室衰微，諸侯坐大，「禮、樂、征伐」早已不自天子出而自諸侯出，甚至自大夫出（《季氏》），「天下無道」已成既定之事實（儒家的一片苦心終見枉費），即便再有「興滅國，繼絕世，舉逸民」之雄心也已無濟於事。而「戰國七雄」爭戰正酣，荀子不顧世事風云「躲進小樓成一統」醉心於樂政之論，有何價值？西漢儒生附會《樂記》和史遷編製《樂書》，又有什麼意義呢？

　　除三國時嵇康《聲無哀樂論》提出「心之與聲，明為二物」外（他在《與山巨源絕交書》、《釋私論》中也說過「非湯、武而薄周、孔」和「越名教而任自然」的話），似乎沒有更多的人去質疑已被儒家完全神化了的音樂之教化功能。同為「竹林七賢」的阮籍於其《樂論》中仍然說通過音樂可以實現社會之和諧，「呂律協則陰陽和，音聲適而萬物類。男女不易其所，君臣不犯其位。四海同其觀，九州一其節」，「禮定其象，樂平其心。禮治其外，樂化其內，禮樂正而天下平」。阮籍距孔子已七百多年，天下已歷經戰國、秦漢、三國之社會巨變。以其所處曹魏之險惡政局和自身之遭際，放浪佯狂的他該十分清醒音樂之於世道人心的渺然無奈。但他似乎於超經驗的玄學的營造中得到了某種「遁世」後的精神快慰，便任說儒、道而於真偽不再作其思辨，表現出了文人的天真與才子的率性──「抒情」總是很自我很個人，一時也很愉悅。這種心理不排除其後世論者有之，但多數不是「遁世」而是戚戚然被世之所棄。耐人尋味的是，又多見反倒為其打圓場甚至唱讚歌之現象──很可惜也很可悲，人家除還算客氣而不無輕蔑地稱你為「文人」外，根本不知道、也不想知道你在說些什麼「禮樂」。

　　至唐代白居易，依然「序人倫，安國家，莫先於禮；和人神，移風俗，莫尚於樂。二者所以並天地，參陰陽，廢一不可也」，「禮者，納人於別而不能和也；樂者，致人於和而不能別也。必待禮以濟樂，樂以濟禮，然後和而無怨，別而不爭……前代有亂亡者，由不能知之也；有知而危敗者，由不能行之也；有行而不至於理者，由不能達其情也；能達其情者，其唯宗周乎」

（《策林‧議禮樂》），「禮莫備於三王，樂莫盛於五帝；非殷周之禮，不足以
理天下，非堯、舜之樂，不足以和神人」（《沿革禮樂》）。白居易出身「世敦
儒業」之小官僚家庭，人倒是很聰明，好學上進，二十九歲中了進士。《策
林》七十五篇是他於元和初年罷校書郎後，想繼續陞官而備應制舉所作。此
類文章，又能有何新意與「變革改良」之主張呢？不過一代又一代想做官的
讀書人，一本正經討皇帝歡喜罷了。他在《策林序》中說「凡所應對者，百
不用其一二」當是實情——「元和中興」不是雲來霧去空談所能得來的局面，
白居易為謀取仕途而炒些一千幾百年前儒家陳年之「禮樂」舊飯，一心勵精
圖治改革弊政的唐憲宗，對其應該了無興趣。

二十一

　　沒有資料能夠證明周代究竟是如何實施其禮樂教化的，金文中沒有發現
任何記載。從孔子「郁郁乎文哉，吾從周」（《八佾》）始，「周文」成了儒家
長期以「天子」、「皇權」、「一統」、「等級」以及所謂「道德」為要旨的思想
實驗之地。《三禮》的制作和以漢儒為代表的於先秦文獻的解讀，以及圍繞
其進行的相關寫作，包括眾多「傳」、「外傳」等，或近於「文學」狂歡。

　　假定《周禮》確為西周之制，但所有涉樂之官除春官「大司樂」使「有
道德者」以「樂德」、「樂語」、「樂舞」教國子，「樂師」教國子「小舞」，「龠
師」教國子「舞羽吹龠」外，其餘多為具體的掌器之樂工。所謂「國子」，
即王室公卿大夫之子弟，他們即便真的能夠系統地接受樂教，也不能代表眾
多之「國人」和殷遺民，更不能代表更多的「野人」和無數的被征服地上的
土著民。從西周二百七十六年歷史的實際看，「國子」們的興趣點是否會落
在「樂」之上並不難作出判斷。《春官‧大宗伯》「以地產作陽德（孫詒讓正
義：「陽德亦即謂鄉射飲酒之禮……以地產作陽德者，謂鄉射飲酒有酒醴，
獻酬之禮，酒醴出於五穀也」），以和樂防之。以禮樂合天地之化、百物之產，
以事鬼神，以諧萬民，以致百物」，如果以此教以「國子」們，也就很可能
會被聽得嗤之以鼻而不以為然，他們更多關注的是封邑城池、人口領地和兵
馬財物。《禮記‧內則》「二十而冠，始學禮，可以衣錦裘，舞《大夏》……」
應該就是章學誠《文史通義‧原學》所謂「典樂教冑子」——以其上下各方
嚴酷而複雜的政治博弈和較量看，二十歲後還整天穿件長袍舞《大夏》者，
「四十始仕」不了，也不會被「五十命為大夫服官政」；而「十有三年，學

樂誦《詩》，舞《勺》……惇行孝悌」，也是漢代儒生的想像吧？《地官・大司徒》「施十有二教」之四「以樂禮教和，則民不乖」，「以鄉三物教萬民」之三「禮、樂、射、御、書、數」；同屬地官的保氏教國子之六藝「一曰五禮，二曰六樂，三曰五射，四曰五馭，五曰六書，六曰九數」──內容相同而施教對象一為「國子」，一為「萬民」，天差地別，僅此於等級差異為社會常設形態的西周來說已屬天方夜譚！《春官・大司樂》所謂「六代之樂」（黃帝之《雲門》〔《大卷》〕，唐堯之《大咸》〔《咸池》〕，虞舜之《大韶》，夏禹之《大夏》，商湯之《大濩》，周武王之《大武》），分別祭天神、地神、四望、山川、先妣、先祖，除《大武》在《樂記》中有孔子與賓牟賈對話的故事可講外，其他五樂的內容、結構、歌辭，於浩如煙海之典籍中了無痕跡，也未見有任何稍具說服力的吉光片羽能夠證明其曾經的存在。而況孔子認為《大武》「聲淫及商」聲樂中充滿了殺氣（商聲主殺伐。或以為「商」指殷商之音），「盡美矣，未盡善也」（《八佾》），對周人來說又何以能夠「防萬民之情而教之和」？

　　《周禮》也沒有明確國、野之普通學校和課程究竟如何設置，只其後的《禮記・學記》云「古之教者，家有『塾』，黨有『庠（xiáng）』，術有『序』，國有『學』」。（《王制》云「樂正崇四術，立四教，順先王詩、書、禮、樂以造士。春秋教以《禮》、《樂》，冬夏教以《詩》、《書》」是指王太子、王子、諸侯太子、公卿大夫和天子之士之嫡子受教而言）《禮記》本西漢儒生文論之雜編，既是文論，是自然要張羅來大量的文獻作參考的──與《學記》所言相關者三：（1）、《地官・大司徒》「五家為比，使之相保；五比為閭，使之相受；四閭（lǘ）為族，使之相葬；五族為黨，使之相救；五黨為州，使之相賙（zhōu）；五州為鄉，使之相賓」，《遂人》「五家為鄰，五鄰為里，四里為酇（zàn），五酇為鄙，五鄙為縣，五縣為遂」；（2）、滕文公問為國，孟子就正經八百地開說了一通，「設為庠序學校以教之。庠者，養也；校者，教也；序者，射也。夏曰校，殷曰序，周曰庠；（朱熹謂庠、校、序「皆鄉學也」，學，「國學也」）學則三代共之……」（《滕文公上》）（3）、《管子・度地》：「百家為里，里十為術，術十為州，州十為都，都十為霸國。不如霸國者，國也。以奉天子，天子有萬諸侯也。」《周禮》與西周史實的符合性十分有限；而孟子者，連史遷都託梁惠王言其「迂遠而闊於事情」（《孟子列傳》），他所說的「什一而稅」之「仁政」至今也不能得到證實（《公羊傳・

宣公十五年》「什一行而頌聲作矣」何休注也是溢美無徵之詞）。孟子苦心孤詣以訪談和對話之形式發表自己的言論主張，的確給《孟子》增強了可讀性和影響力，但能證明他曾游說齊宣王、梁惠王等，也只有《孟子》！「學校」之事，也多是他的理想之說；〔註24〕《管子》為戰國稷下學人偽託管仲之作且有漢人之附益，《度地》為其雜篇之八，論說水利，所言「別致斷之」之區劃，乃不同於《周禮》者建言獻策，《學記》將其虛擬之「術」設學為「序」，虛妄何甚！

或曰術或為「遂」，則更是荒誕不經。以《周禮》看，「六遂」已處於「郊」外遙遠廣大之「野」地，其居者已非血統而以其所在地域劃分，「學在官府」的西周會在「甿（méng）」、「氓」或「野民」、「野人」聚集之地開辦學校以教育之？《學記》所言學校教育之普及程度，西周無論如何都是無有可能的。即便是春秋後期鄭國之「鄉校」，也主要是「人朝夕退而遊焉，以議執政之善否」的公所，所以當有人提出毀鄉校時，子產只是以防川「大決所犯，傷人必多」，「不如小決使道（導）」（《左傳·襄公三十一年》）的角度說服。若是傳道授業之學校，作為「明相」（他的追求和主要貢獻也是「治民」）的子產還不來一番「百年大計，教育為本」的宏論？自然，《儒林列傳》和《漢書·儒林傳》、《食貨志》相關記述也就「文本」而已。歷史是不可以「聞之」的。

《大雅·靈臺》四章「於（wū）論鼓鍾，於樂辟廱」，水池子旁邊架設了鼓鍾興致所至時敲敲，鄭玄就作了好一通「以為音聲之道與政通，故合樂以詳之」的注說。漢儒之於此者之暢想恣肆汪洋，無拘無束。《王制》「天子命之教，然後為學。小學在公宮南之左，大學在郊。天子曰辟廱，諸侯曰頖（pàn 泮）宮」（鄭玄注：「辟，明也。雍，和也。所以明和天下。頖之言班也，所以班政教也。」又班固《白虎通義·辟廱》「天子設辟廱何？所以行禮樂宣德化也。辟者，璧也，象璧圓，又以法天，於雍水側，象教化流行也」），「有虞氏養國老於上庠，養庶老於下庠。夏后氏養國老於東序，養庶老於西序。殷人養國老於右學，養庶老於左學。周人養國老於東郊，養庶老於虞庠，虞庠在國之西郊」，「春秋教以《禮》、《樂》，冬夏教以《詩》、《書》」，《文王世子》「春夏學干戈，秋冬學羽籥……」包括《尚書大傳·略說》、《大戴禮記·保傅》、《白虎通義·辟廱》所言學制，金文除《大盂鼎》見「女（汝）妹（昧）辰又（有）大服，余唯即朕小學」字樣——僅僅是字樣外，至今也

沒有發現任何足以能夠證明西周中央「行禮樂宣德化」之「大學」、「小學」者。戴震《毛鄭詩考證》「辟雍於經文無明文。漢初說《禮》者規放故事，始援《大雅》、《魯頌》立說，謂天子爲辟雍，諸侯曰頖宮。如誠學校重典，不應《周禮》不一及之」。《魯頌‧泮水》「思樂泮水，薄采其芹（薄采其藻、薄采其茆〔máo〕）」，春秋詩再普通不過的「見物起興」之句，漢儒卻硬要將「泮」附會成「班（頒）政教」之「班」——泮水邊蓋起的房子「泮宮」也就成了「諸侯之學也」。「學問」做到了這個地步！馬瑞辰《毛詩傳箋通釋》「辟雍特象其池之形制而名之耳……至以大學、明堂、辟雍三雍同處，此自漢儒據漢制言之耳」。

二十二

《左傳‧襄公二十九年》所紀「季札觀樂」通常被作爲春秋時「審樂知政」之佐證，但那又是西漢人所撰故事，須得從長說起；也以《左傳》爲例看漢儒。

《左傳》是否爲孔壁得書且不說，劉向、劉歆父子使無數先秦文獻之身世都變得撲朔迷離和曖昧不清了——單是《後漢書‧賈逵傳》「侍中劉歆欲立《左氏》，不先暴論大義，而輕移太常，恃其義長，詆挫諸儒，諸儒內懷不服，相與排之」也能看出大概，後臺扛硬的劉歆能夠甘心屈從於「相與排之」的「諸儒」？賈逵「摘〔tī〕出《左氏》三十事尤著明者，斯皆君臣之正義，父子之紀綱」，著力宣揚君爲臣綱、父爲子綱者是戰國時人嗎？春秋末孔子「君君臣臣」之「君」指的可是周天子而非諸侯國君，而周天子在戰國時期又是什麼角色，什麼地位？

既經二人奉旨「典校」做了手腳，再要廓清其真實面目便很困難。梁啓超《要籍解題及其讀法‧詩經》「現存先秦古籍，真贗雜糅，幾於無一書無問題」；顧頡剛《「五德終始」說下的政治和歷史》「《左傳》是一部很有問題的書，其出現頗不光明……確爲劉歆改頭換面之作。它的材料固有甚早的，亦有甚後的。故此書之染有濃厚的漢代色彩，自無足怪」；劉逢祿《穀梁廢疾申何》、《左氏春秋考證》、《後證》「專關劉歆之僞」，揭劉歆作僞《左傳》；龔自珍、魏源等也有論說。《詩古微‧邶鄘衛答問》：

「是關《詩》與《春秋》之大案，亦千古之疑獄……昔劉向、劉歆父子異學，向守元王《魯詩》之世傳，於《春秋》則習《穀梁》，而旁及《公羊》、

《左氏》；歆則於《詩》申毛，於《春秋》主《左氏》以抑《公》、《穀》，力與今文博士爲難。其《左氏》既藏於秘府，不在民間，尤得恣意竄改，以遂其附古難今之私心。凡唐、宋來所藉爲攻《左》之口實者，類皆歆所附益。武進劉禮部逢祿，曾據《劉歆傳》及《王莽傳》公孫祿之議，作《廣膏肓》（按：即由《左氏春秋考證》改題之《左氏廣膏肓》）以釋《春秋》之疾，而尚未及其陰竄事蹟以難《魯詩》之罪。所幸太史公、劉向之書具存，得以考見《左氏》之本眞，未爲歆所竄亂者，與《魯詩》重規迭矩，足以雪丘明之誣，而證古義之得。昭昭若揭日月，請與天下萬世公聽並觀焉。」「總之，歆憤嫉於太常博士謂《左氏》不傳《春秋》之義，百計求申，故多造爲『《書》曰』、『君子曰』、『不書』、『故書』、『禮也』、『非禮也』，空衍之文，自附於傳《春秋》。又造古經十一篇爲十二篇，多所竄改。又續《經》書至三家分晉，而《宣七年傳》傳會劉氏爲堯後，皆妄作之顯證。《漢書》謂：初，《左氏》多古字古言，學者傳訓詁而已。至歆治《左氏》引《傳》以解《經》，轉相發明，由是章句義理備焉……故公孫祿言國師公（按：王莽時劉歆爲「國師」）顛倒五經，毀師法，使學士疑惑，宜誅以謝天下。允哉！」

魏源揭劉歆作僞《左傳》目的是爲了立異三家《詩》而與《毛詩》附會，〔註25〕但他以爲未經劉歆竄改的《左傳》便可以證經，則是過於相信和樂觀了——以《儒林傳》所紀爲眞，西漢自賈誼「爲《左氏傳》訓故」至劉歆接手，已過手十人，「由是言《左氏》者本之賈護、劉歆」。

「劉氏爲堯後」不經之說，其見於《左傳・文公十三年》、《襄公二十四年》、《昭公二十九年》。顧頡剛《漢代學術史略》：「到了王莽之世，平民的漢高帝也不得不裝作世家了，劉歆是改造《國語》爲《左傳》的人，他就淡淡地在《左傳》裏插入三段關於劉家上代的文字。」《高帝紀》「贊」：「《春秋》晉史蔡墨有言：陶唐氏既衰，其後有劉累，學擾龍，事孔甲，范氏其後也。而大夫范宣子亦曰：『祖自虞以上爲陶唐氏，在夏爲御龍氏，在商爲豕韋氏，在周爲唐杜氏，晉主夏盟爲范氏。』范氏爲晉士師，魯文公世奔秦。後歸於晉，其處者爲劉氏。劉向云戰國時劉氏自秦獲於魏。秦滅魏，遷大梁，都於豐，故周市說雍齒曰：『豐，故梁徙也。』是以頌高祖云：『漢帝本系，出自唐帝。降及於周，在秦作劉。涉魏而東，遂爲豐公。』豐公，蓋太上皇父。其遷日淺，墳墓在豐鮮焉。及高祖即位，置祠祀官，則有秦、晉、梁、荊之巫，世祠天地，綴之以祀，豈不信哉！由是推之，漢承堯運，德祚已盛，斷

蛇著符，旗幟上赤，協於火德，自然之應，得天統矣。」東漢的賈逵心知肚明，但又不能識破眞相，曾在上疏明帝時話中有話：「《五經》家皆無以證圖讖明劉氏爲堯後者，而《左氏》獨有明文……其所發明，補益實多。」（《後漢書・賈逵傳》）而唐代的孔穎達即便是奉旨注疏「五經」，也忍不住於《文公十三年》直言：

「《傳》說處秦爲劉氏，未知何意言此？討尋上下，其文不類，深疑此句或非本旨，蓋以爲漢室初興，損棄古學，《左氏》不顯於世，先儒無以自申，劉氏從秦從魏，其源本出劉累，插注此辭，將以媚於世。」而《夏本紀》「陶唐既衰，其後有劉累，學擾龍於豢龍氏……」以及《潛夫論・志氏姓》、《新唐書・宰相世系表》、《元和姓纂》之類所因襲者，又算是什麼「歷史」？

二十三

言《左傳》戰國時已始現世，徵之唯《史記》、《漢書》、《別錄》（《春秋左氏傳集解序》孔穎達疏引）等「漢書」，而浩繁的「漢書」在相當程度上已淪爲附會和服務政治之工具了——《藝文志》開首即「昔仲尼沒而微言絕」，而「《書》之所起遠矣，至孔子纂焉，上斷於堯，下訖於秦，凡百篇，而爲之序」之類，是眞實的「藝文」史嗎？班固著意和強調的恐怕還是「孔子纂焉」吧？

無論《十二諸侯年表》、《藝文志》之《鐸氏微》、《虞氏春秋》（又見於《史記・虞卿列傳》），還是《別錄》之《抄撮》，或不無關係但絕非後來之定本《左傳》；《晉書・束皙傳》紀太康二年汲郡人名「不准」者，盜發魏襄王（或言魏安釐王）墓得竹書數十車，「《師春》一篇，書《左傳》諸卜筮」，杜預《春秋左氏傳集解後序》言其「上下次第及其文義皆與《左傳》同」——然而並沒有說與哪一王哪一年者同，姑且信之，也不能說明今本《左傳》戰國已有之。《別錄》「左丘明授曾申，申授吳起，起授其子期，期授楚人鐸椒。鐸椒作《抄撮》八卷授虞卿；虞卿作《抄撮》九卷授荀卿，荀卿授張蒼」（唐人陸德明《經典釋文・敘錄》又「蒼傳洛陽賈誼，誼傳至其孫嘉，嘉傳趙人貫公……」賈誼年三十三卒，不知其孫年幾，如何受如何傳？《賈誼傳》隻字未及，《儒林傳》是「北平侯張蒼及梁大傳賈誼、京兆尹張敞、太中大夫劉公子皆修《春秋左氏傳》」），但翻遍《荀子》，除《致士》結尾「賞不欲僭（jiàn），刑不欲濫，賞僭則利及小人，刑濫則害及君子。若不幸而過，寧

僭勿濫；與其害善，不若利淫」與《襄公二十六年》中一段文字相似外，別無它引。如若荀子眞傳《左傳》，以其引《詩》之成癖，還不遍而徵之？便是「春秋」二字，也只在其《勸學篇》中隱現一二。（晚晴劉逢祿《左氏春秋考證》對《左傳》提出了全面質疑，更有廖平《知聖篇》、《闢劉篇》，康有爲《孔子改制考》、《新學僞經考》）

又《孟子·公孫丑下》「桓公之於管仲」，不能說《左傳》有涉桓、管之事就是孟子已見到了《左傳》；《萬章上》「晉人以垂棘之璧與屈產之乘假道於虞以伐虢」之於《僖公二年》者，《告子下》葵丘之盟之於《僖公九年》者也是同樣的道理。至於《滕文公下》「齊景公田，招虞人以旌，不至，將殺之」與《昭公二十年》「齊侯田於沛，招虞人以弓，不進。公使執之」，《離婁下》「庾（yǔ）公之斯學射於尹公之他（tuō）」與《襄公十四年》「尹公佗學射於庾公差，庾公差學射於公孫丁」，故事的版本也大不相同，怎麼就能說《孟子》引用了《左傳》呢？顯然是《左傳》之故事來自《孟子》者素材。（孟子在《滕文公下》中說世衰道微而推測孔子作《春秋》，這是他一貫的狡黠風格）推及《韓非子》、《晏子春秋》、《呂氏春秋》等，中有與《左傳》相涉者，也不能說當時《左傳》已經現成而供其徵引，只能說明漢傳《左傳》之事有些在戰國時已經被諸子開始採說；同樣，《戰國楚簡》三千多字的有關襄公九年、十年之內容，也只能說明《左傳》源流之遠，而不能說明戰國時已經有了其後完整版的成型《左傳》——假定《楚簡》確實是戰國眞品。

〔註 26〕

二十四

《十二諸侯年表》「魯君子左丘明懼弟子人人異端，各安其意，失其眞，故因孔子史記具論其語，成《左氏春秋》」；《四庫全書總目提要·春秋左傳正義》「自劉向、劉歆、桓譚、班固皆以《春秋傳》出左丘明，左丘明受《經》於孔子。魏晉以來儒者，更無異議」；唐人司馬貞《史記·魯周公世家》索隱述贊「……隱能讓國，春秋之初。丘明執簡，褒貶備書」之韻文，似也在說《春秋》作者是魯國左史丘明——但稍後的趙匡就提出了懷疑，「始謂左氏非丘明」；宋（王安石、朱熹、鄭樵）之後的考證否定則更不在話下，朱熹斷定「《左傳》是後來人做」。（《朱子語類》卷八十三）

《春秋》哀公十六年（前 479 年）「夏四月己丑，孔丘卒」，《左傳》自

哀公十七年（前 478 年）起無經（《公羊傳》、《穀梁傳》則自哀公十四年〔前481 年〕），但這並不能說明之前的《春秋》就是「孔子史記」。

孔子生於公元前 551 年，三十五歲時還在齊國做高昭子的家臣，謀算能接近齊景公。齊國的大夫看不慣他聞《韶》音「三月不知肉味」的惺惺作態和「盛容飾，繁登降之禮，趨詳之節」的作派，想除了他，這才又回到了魯國。他一直巴望著做官，幾經不擇手段的「努力」，終於在魯定公時做了「中都宰」，「由中都宰爲司空，由司空爲大司寇」，「由大司寇行攝相事，有喜色」。因嫉妒季桓子獨享齊國送來的一群女樂，他不辭而別（後來看見衛靈公和夫人同乘一輛車時他又醋意十足，說：「吾未見好德如好色者也」），往衛、陳、曹、宋、鄭、蔡、楚等國混吃混喝游蕩了十四年。再次回到魯國的孔子，還是一門心思在做官上──魯哀公剛試探著和他談了幾句「問政」的話，他趕緊就說「政在選臣」，眼巴巴渴求自己能再得一官半職。「然魯終不能用」，他才開始鼓搗起了「學問」。即便眞有「治史」之想法，以其經歷和學術背景，垂垂老矣的他要將二百五十年左右的魯國史捋清（《左傳》紀事始於魯隱公元年〔前 722 年〕迄於魯哀公二十七年〔前 468 年〕），絕非易事！他沾手了《春秋》而非「作《春秋》」，從他多年的招搖和於「禮」的販弄看（「去曹適宋，與弟子習禮大樹下」幾近於作場雜耍），多半也是「筆則筆削則削」的甄選與刪斫。所謂「後世知丘者以《春秋》，而罪丘者亦以《春秋》」，不過是史遷在《孔子世家》中之於他的曲筆舉揚，用的是孟子在《滕文公下》中的撰辭。

史遷於《左傳》，以其《年表》爲例，「譜十二諸侯，自共和訖孔子」，共和元年爲公元前 841 年，早隱公元年一百一十九年，說明他於魯國紀年及大事之紀也不是依據《左傳》的（但他《史記》世代年月，事多舛錯）。左丘明之生卒史載不詳，以《論語·公冶長》「巧言、令色、足恭，左丘明恥之，丘亦恥之。匿怨而友其人，左丘明恥之，丘亦恥之」，左丘明與孔子當屬同一時代人。但哀公二十七年記魯悼公四年（前 464 年）晉荀瑤（知伯）帥師圍鄭事，準備攻打城門時知伯與趙襄子（無恤）有過一段十分有趣的交惡對話，結果是「知伯貪而愎，故韓、魏反而喪之」──《左傳》自然是知伯死後之作，《晉世家》紀晉哀公四年（前 453 年）知伯被同列卿位而相伐的趙襄子、韓康子、魏桓子共殺，此時距孔子死去已二十六年；《趙世家》紀趙襄子晉出公十七年（前 457 年）立，「立三十三年卒」（前 425 年，此與《六國年表》

所紀相合），即知伯死後二十八年趙襄子死；哀公二十七年「知伯不悛，趙襄子由是慭（jì）知伯」——「襄子」是其死後之上謚，《左傳》也自當作於趙襄子死後。若以左丘明與孔子同庚言，其時他已一百二十多歲了。或以其小孔子二十多歲，也已百歲之耄耋，又如何著得《左傳》？（楊伯峻《經書淺談・左傳》）

二十五

《文公元年》：「殽之役，晉人既歸秦帥，秦大夫及左右皆言於秦伯曰：『是敗也，孟明之罪也，必殺之！』秦伯曰：『是孤之罪也。周芮良夫之詩曰：「大風有隧，貪人敗類。聽言則對，誦言如醉。匪用其良，覆俾我悖。」是貪故也，孤之謂矣。孤實貪以禍夫子，夫子何罪？』復使為政。」所引詩句為《大雅・桑柔》第十三章。《逸周書・周書序》「芮伯稽古作訓，納王於善。暨執政小臣，咸省厥躬，作《芮良夫》」，《芮良夫解》的中「芮良夫」也並沒有說他作了《桑柔》一詩；《周語上》中的「芮良夫」論榮夷公「專利」時甚至引《周頌・思文》和《大雅・文王》句（《周本紀》有襲），說明其時《詩經》已經大體編定，他還再作《桑柔》是講不通的。到漢儒解《詩》，《毛序》「《桑柔》，芮伯刺厲王也」，鄭玄箋「芮伯，畿內諸侯，王卿士也，字良夫」，將《桑柔》附會為周芮良所作。難道戰國人作《左傳》能夠因襲漢人之說？而《左傳》取漢人通行之義引《詩》，又豈止文公元年者——

《文公四年》：「衛甯武子來聘，公與之宴，為賦《湛露》及《彤弓》。不辭，又不答賦。使行人私焉（杜預注：「私問之」），對曰：『臣以為肄業及之也（注：「肄，習也。」練習演奏）。昔諸侯朝正於王（注：「朝而受政教也」），王宴樂之，於是乎賦《湛露》，則天子當陽，諸侯用命也（注：「諸侯稟天子命而行」）。諸侯敵王所愾，而獻其功，王於是乎賜之彤弓一、彤矢百、玈（音lú，黑色）弓（十）矢千，以覺報宴……』甯武子涉言《小雅・湛露》者，《毛序》：「天子燕諸侯也。」《鄭箋》：「燕，謂與之燕飲酒也。諸侯朝覲會同，天子與之燕，所以示慈惠。」首句「湛湛露斯，匪陽不晞」，《毛傳》：「晞，乾也。露雖湛湛然，見陽則乾。」《鄭箋》：「喻諸侯受燕爵，其義有似醉之貌。諸侯旅酬之則猶然。唯天子賜爵則貌變，肅敬承命，有似露見日而晞也。」而於《彤弓》之說與毛、鄭又完全相同。

甯武子言「諸侯敵王所愾，而獻其功」，當指的是僖公二十八年晉文公伐

楚而勝周襄王策命其爲「侯伯」之事。如果說王賜弓矢與《僖公二十八年》者完全重疊是一種巧合的話，那麼「賦《湛露》，則天子當陽，諸侯用命也」，就完全是漢人之筆意了──「天子有如陽光普照大地，諸侯聽命效力」的話，能夠出現在戰國時期的政治語境中嗎？而《周書・文侯之命》有紀周平王賜晉文侯，「用賫爾秬鬯（jù chàng）一卣（yǒu），彤弓一，彤矢百，盧弓（黑色的弓）一，盧矢百」，[註27] 這使得《僖公二十八年》相關情節也極有可能是西漢人的編撰──周襄王距周平王已一百三十多年，「用平禮也」，以周平王享晉文侯之禮享晉文公，是周襄王的意思還是漢人的安排？

《文公十八年》「昔帝鴻氏有不才子，掩義隱賊，好行兇德……舜臣堯，賓於四門，流四凶族，渾敦、窮奇、檮杌（táowù）、饕餮，投諸四裔，以禦螭魅」，演自《五帝本紀》；《宣公三年》「昔成王定鼎於郟鄏（jiárǔ），卜世三十，卜年七百，天所命也」，竟與《楚世家》所紀一字未改；（康有爲《新學僞經考》、崔適《史記探源》、《春秋復始》等不必說，早自唐代孔穎達已不時識得其端倪）

《昭公四年》大雨冰雹，季武子（魯國正卿）問大夫申豐冰雹能不能防禦？申豐說了一番「《七月》之卒章，藏冰之道也」的話，其中「古者日在北陸（杜預注：「謂夏十二月，日在虛危」）而藏冰，西陸朝覿（注：「謂夏三月，日在昴畢……春分之中，奎星朝見東方。」覿音 dí）而出之」、「其出之也，朝之祿位，賓、食、喪、祭，於是乎用之」，與《豳風・七月》鄭玄箋又是一字不差。如果說《左傳》不可能抄襲鄭玄，那麼，申豐的話與《禮記・月令》又似出一轍──仔細留意《禮記》與《左傳》，前者之理論多有在後者不同人物之口中道出（讀《左傳》每每感覺就像是在讀一個個未完成的舞臺劇劇本），而《禮記》即便傳統的說法也認爲是西漢戴聖主持編定（東漢鄭玄《六藝論》、西晉陳邵《周禮論序》、《隋書・經籍志》），至東漢末年才獨立成書的；申豐「聖人在上，無雹。雖有，不爲災」，又極像是董仲舒──蹊蹺得很。

《昭公七年》紀楚靈王在做令尹的時候，使用王之旌旗去田獵，芋尹無宇砍斷旌旗的飄帶，曰：「一國兩君，其誰堪之？」待令尹做了國君，建章華之宮，納逃亡者以安置之。無宇的守門人也逃到了那裡，無宇要捉拿他，有司弗與，曰：「執人於王宮，其罪大矣。」於是執而謁見於楚王。無宇申辯曰：「天子經略（注：「經營天下，略有四海，故曰經略」），諸侯正封（注：

「封疆有定分」），古之制也。封略之內，何非君土？食土之毛（注：「毛，草也」），誰非君臣？故《詩》曰：『普（溥）天之下，莫非王土。率土之濱，莫非王臣。』天有十日（注：「甲至癸」），人有十等（注：「王至臺」），下所以事上，上所以共神也。故王臣公，公臣大夫，大夫臣士，士臣皂，皂臣輿，輿臣隸，隸臣僚，僚臣僕，僕臣臺。馬有圉，牛有牧（注：「養馬曰圉〔yǔ〕，養牛曰牧。」），以待百事。」那麼，如此於儒家政治「大義昭明」者「芋尹」又是一個什麼樣的官職呢？《左傳》中僅昭公七年和哀公十五年見之，文獻中找不到比較明確的解釋。《昭公七年》孔穎達疏：「芋是草名。哀十七年陳有芋尹。蓋皆以草名官，不知其故。」（今本《哀公十七年》不見有「芋尹」，應是「十五年」）以《周禮》職官命名特徵看，「芋尹」當與山澤田獵相關，其地位和級別不會太高，所吐高蹈之言顯然與其身份不符，實為漢儒之筆。倘若「芋」為地名，一個地方小官如此言行表現，則更為荒謬。（《左傳》煞有介事引《詩》，貌似言之鑿鑿然，卻正是漢人於「史書」中編講故事的風格）

魯襄公三十一年是公元前 542 年，距公元前 771 年西周滅亡已二百二十九年了——這一年又出現了與《詩經》相關的一段《左傳》劇情（兩年前的一段劇情是吳公子季札觀樂），衛國之卿北宮文子論「威儀」：

「有威而可畏謂之威，有儀而可象謂之儀。君有君之威儀，其臣畏而愛之，則而象之，故能有其國家，令聞長世。臣有臣之威儀，其下畏而愛之，故能守其官職，保族宜家。順是以下，皆如是，是以上下能相固也。《衛詩》曰：『威儀棣棣，不可選也。』（按：《國風·邶風》句）言君臣、上下、父子、兄弟、內外、大小，皆有威儀也。《周詩》曰：『朋友攸攝，攝以威儀。』（《大雅·既醉》句）言朋友之道，必相教訓以威儀也。《周書》數文王之德，曰：『大國畏其力，小國懷其德。』言畏而愛之也。《詩》云：『不識不知，順帝之則。』（《大雅·皇矣》句）言則而象之也。紂囚文王七年，諸侯皆從之囚，紂於是乎懼而歸之，可謂愛之。文王伐崇，再駕而降為臣，蠻夷帥服，可謂畏之。文王之功，天下誦而歌舞之，可謂則之。文王之行，至今為法，可謂象之。有威儀也。故君子在位可畏，施捨可愛，進退可度，周旋可則，容止可觀，作事可法，德行可象，聲氣可樂，動作有文，言語有章，以臨其下，謂之有威儀也。」

這樣的「春秋筆法」，怎麼看都是漢儒的手筆。「君臣、上下、父子、兄

弟、內外、大小」，這不是董仲舒和《儒林列傳》中那個「黃生」的話嗎？北宮文子的話也極像是給孔子「泰而不驕，威而不猛」（《堯曰》）所作的注腳，而魯襄公三十一年孔子還只是一個八、九歲的髫髮少年；而所謂「大國畏其力，小國懷其德」，在存世的《周書》中是沒有的，《武成》中有一句「大邦畏其力，小國懷其德」——僞古文直至東晉元帝時才由梅賾不明不白提供來，倘若戰國時已有《左傳》以「《周書》數文王之德」，那麼西晉的杜預是應該於其字句知道一、二的，但他也未曾見過，所以注其爲「逸《書》也」；以其時局，北宮文子陪同衛襄公到楚國去發表如此之「威儀」演講，也是很滑稽的事情。「威儀論」納入儒學雜編《禮記》倒是一段極爲通順的文論，只是周人之「威儀」，還遠遠達不到如漢儒所論之輕鬆和光鮮體面。

二十六

　　漢儒造作《左傳》的另一條明顯痕跡是敘事的戲劇性和隨處可見的封建政治之「德」——《文公元年》「忠，德之正也；信，德之固也；卑讓，德之基也」、《文公十八年》「孝敬忠信爲吉德」、《昭公十年》「忠爲令德」、《襄公二十四年》「大上有立德，其次有立功，其次有立言。雖久不廢，此之謂不朽」、「德，國家之基也……恕思以明德」、《僖公二十四年》「今周德既衰」、《昭公九年》「世有衰德而暴滅宗周」、《僖公四年》「以德綏諸侯」、《襄公三十一年》「甚德而度，德不失民」、《文公二年》「念德不怠，其可敵乎」、《僖公二十八年》「有德不可敵……」

　　《隱公八年》「天子建德，因生以賜姓（杜預注：「因其所由生以賜姓」），胙之土而命之氏。諸侯以字爲諡（注：「諸侯位卑，不得賜姓，故其臣因氏其王父字」），因以爲族。官有世功，則有官族，邑亦如之」，余且不論，周天子是以「有德」「無德」爲標準封立其諸侯的嗎？

　　《宣公三年》（前606年）「楚子伐陸渾之戎，遂至於雒，觀兵於周疆。定王使王孫滿勞楚子，楚子問鼎之大小、輕重焉」，儘管周王朝已江河日下，但畢竟是諸侯挑釁和威脅「宗主」之行爲。以其時朝廷景況，王孫滿聽了楚莊王的話是應該出一身冷汗的，但他還是不緊不慢說了一通「在德不在鼎」之類的話。與《史記·楚世家》對比，《左傳》少了楚莊王更狠的一句「子無阻九鼎！楚國折鉤之喙（huì），足以爲九鼎」，多了王孫滿於「昔夏之方有德也」的冗長闡述。早在周夷王的時候，「我蠻夷也」的熊渠就「不與中國

之號諡」而於長江楚蠻之地封自己的三個兒子爲句（gōu）亶王、鄂王、越章王；公元前 706 年熊通「欲以觀中國之政，請王室尊吾號」，不成，便自立爲「武王」。之後的楚國，僅《楚世家》所紀，幾十年間先後攻伐隨、申、蔡、許、宋、齊、陳等國，滅掉的就有鄧、夔、江、六、蓼（liǎo）、庸等，隨時欺負江、漢流域的小國更是家常便飯。這一切作爲王孫（周襄王之孫）的滿是不會不清楚的（《周語中》「王孫滿觀秦師」證明他也是有頭腦的人），就在兩年前楚國還在伐宋，「獲五百乘」。此次他受命去慰勞在邊境上閱兵示威的楚莊王，奉承討好一番自不用說，但「周德雖衰，天命未改。鼎之輕重，未可問也」，則是漢儒編出的臺詞——歷史上的楚國從來就不曾吃過這一套，王孫滿也絕不會去自討沒趣；而況進入「春秋」已六十多年，「聖王不作，諸侯放恣，處士橫議」（《滕文公下》），「王室而既卑矣，周之子孫日失其序（緒）」（《隱公十一年》），「五霸」中有誰還會把天子和朝廷放在眼裏，又有誰是以「德」說事？

《昭公二十年》齊景公打獵歸來，晏嬰向其講了一通「濟五味」「和五聲」的道理：「水、火、醯、醢、鹽、梅，以烹魚肉，燀（chǎn）之以薪，宰夫和之，齊之以味；濟其不及，以泄其過」，「一氣，二體，三類，四物，五聲，六律，七音，八風，九歌，以相成也；清濁，小大，短長，疾徐，哀樂，剛柔，遲速，高下，出入，周疏，以相濟也」——如果說還差可比之臣下諫君（《昭公二十五年》中類似的話又是之於「禮」者說），那麼「君子食之，以平其心」、「君子聽之，以平其心」、「心平，德和」，就是漢人之言了。而況還又背誦了《商頌·烈祖》、《鄘風·狼跋》句。

「鄭子產有疾，謂子大叔曰：『我死，子必爲政。唯有德者能以寬服民，其次莫如猛。夫火烈，民望而畏之，故鮮死焉；水懦弱，民狎而玩之，則多死焉。故寬難。』疾數月而卒。大叔爲政，不忍猛，而寬。鄭國多盜，取人於萑苻（huán fú）之澤。大叔悔之，曰：『吾早從夫子，不及此。』興徒兵以攻萑苻之盜，盡殺之，盜少止。

仲尼曰：『善哉！政寬則民慢，慢則糾之以猛。猛則民殘，殘則施之以寬。寬以濟猛，猛以濟寬，政是以和……』」照例又是一番《大雅·民勞》、《商頌·長發》——西漢文、景時「詩學」已興，儒生們「詩興」大發，爲文引《詩》是一種時髦。故事編得一時來了興致，忘記了「仁」，所以鄭國政府派兵殺人，「孔子」大聲叫好。

《昭公二十八年》引《大雅・皇矣》四章釋其義：「心能制義曰度，德正應和曰莫，照臨四方曰明，勤施無私曰類，教誨不倦曰長，賞慶刑威曰君，慈和遍服曰順，擇善而從之曰比，經緯天地曰文。九德不愆，作事無悔，故襲天祿，子孫賴之。主之舉也，近文德矣，所及其遠哉！」非但朝廷和諸夏列國言「德」，東夷、南蠻、西戎、北狄或是各種原因一時遷入「內地」的遠族開口也是「德」。《襄公十四年》晉人范宣子帶有侮辱性地責難戎子駒支，駒支對曰：「昔秦人負恃其眾，貪於土地，逐我諸戎。惠公蠲（按：蠲，昭明）其大德，謂我諸戎是四嶽之裔冑也。毋是翦棄，賜我南鄙之田，狐狸所居，豺狼所嗥。我諸戎除翦其荊棘，驅其狐狸豺狼，以爲先君不侵不叛之臣，至於今不貳……我諸戎飲食衣服不與華同，贄幣不通，言語不達，何惡之能爲？」此「戎子」不但談「大德」，其語言水平也十分了得，憤而退去時還不忘賦詩《小雅・青蠅》一首。不管有怎樣的「同化」因素，魯襄公十四年（前 559 年）時，諸「戎」之文化還達不到與「華夏」如此高度融合，駒支也沒有耐心講這些道理——無論思想取向還是用字和遣詞造句，都是典型的漢代人的範式（「華」與《襄公二十六年》之「華夏」也是漢之稱）。而「我諸戎是四嶽之裔冑」與《齊太公世家》等「先祖嘗爲四嶽」甚至在語氣上也是一致的。

二十七

《隱公三年》「衛莊公娶於齊東宮得臣之妹（注：「得臣，齊大子也。此太子不敢居上位，故常處東宮」），曰莊姜。美而無子，衛人所爲賦《碩人》也……」

《閔公二年》「初，惠公之即位也，少。齊人使昭伯烝於宣姜（按：《小爾雅・廣義》「男女不以禮交謂之淫，上淫曰烝，下淫曰報，旁淫曰通」），不可，強之。生齊子、戴公、文公、宋桓夫人、許穆夫人。文公爲衛之多患也，先適齊。及敗，宋桓公逆諸河（注：「迎衛敗眾」），宵濟。衛之遺民男女七百有三十人，益之以共、滕之民爲五千人。立戴公以廬於曹。許穆夫人賦《載馳》……」「鄭人惡高克，使帥師次於河上，久而弗召。師潰而歸，高克奔陳。鄭人爲之賦《清人》……」

《文公六年》「秦伯任好（按：秦穆公名）卒。以子車氏之三子奄息、仲行、鍼（zhēn）虎爲殉，皆秦之良也。國人哀之，爲之賦《黃鳥》……」

　　周人作《詩》無署名，當與其「集體創作」和非一時而成有關。個別情況會在詩的末尾插入相關說明，如《小雅‧節南山》「家父作誦，以究王訩」、《巷伯》「寺人孟子，作爲此詩」，《大雅‧崧高》「吉甫作誦，其詩孔碩」、《烝民》「吉甫作誦，穆如清風」等。《左傳》言「衛人」「許穆夫人」「鄭人」「國人」賦其詩，但其文本中未見有任何類似的標注性文字。《碩人》、《載馳》、《清人》、《黃鳥》分屬衛、鄘、鄭、秦之「風」，而其內容既不符「里巷歌謠」（朱熹《詩經傳序》）之特徵，也非「采詩說」和「獻詩說」、「陳詩說」所能解釋——四首顯然是來自高層的「政治詩」，漢人左看右看認爲編排在故事裏會很生動，便依了《毛序》之說辭而爲之。的確，「手如柔荑（tí），膚如凝脂，領如蝤蠐（qiúqí），齒如瓠（hù）犀，螓（qín）首蛾眉，巧笑倩兮，美目盼兮」的莊姜「美而無子」，不是「人生有價值的東西毀滅給人看」的悲劇嗎？許穆夫人「載馳載驅，歸唁衛侯……我行其野，芃芃（péng）其麥……」不也是一道獨特的政治風景線嗎？《清人》原本或只是一首「軍歌」，憑空加了「弗召」、「師潰」之情節，與其《春秋》「鄭棄其師」對接不說，故事也立時就有了看點。而《黃鳥》事按在秦穆公的頭上，始作俑者應該是史遷，他在《秦本紀》中毀了秦穆公一世英名——因焚書之「抗儒」，儒家於戰國前的「虎狼之秦」也不容。

　　《僖公二十四年》「鄭之入滑也，滑人聽命。師還，又即衛。鄭公子士泄、堵俞彌帥師伐滑。王使伯服、游孫伯如鄭請滑。鄭伯怨惠王之入而不與厲公爵也（杜預注：「事在莊二十一年」），又怨襄王之與衛、滑也，故不聽王命而執二子。王怒，將以狄伐鄭。富辰諫曰：『不可！……召穆公思周德之不類，故糾合宗族於成周而作詩，曰：『常棣之華，鄂不韡韡（wěi）。凡今之人，莫如兄弟。』其四章曰：『兄弟鬩于牆，外禦其侮。』如是，則兄弟雖有小忿，不廢懿親……」故事改編自《周語中》「富辰諫襄王以狄伐鄭及以狄女爲后」，「四章」也是漢人於《毛詩》句讀斷章之用語。所不同的是，《小雅‧常棣》詩作者由「周文公」變成了「召穆公」。顧頡剛言「《國語》與《左傳》的記載到底是哪一種靠得住？我們對於這些問題都是回答不來的了！」（《〈詩經〉在春秋戰國間的地位》）杜預的說法是：「周厲王之時，周德衰微，兄弟道缺，召穆公於東都收會宗族，特作此周公之樂，歌《常棣》。」這是一個混亂的邏輯——以儒家史觀既然是「周德衰微，兄弟道缺」，就不該是「周公之樂」。實際上《左傳》靠不住，《國語》也靠不住！

　　《左傳》中也可以發現其中眾多材料甚至語句的重複。如《昭公九年》「文、武、成、康之建母弟，以蕃屏周」，《昭公二十六年》「昔成（武）王克殷，成王靖四方，康王息民，並建母弟，以蕃屏周」；《桓公二年》「（師服曰）吾聞國家之立也，本大而末小，是以能固。故天子建國，諸侯立家，卿置側室，大夫有貳宗，士有隸子弟，庶人、工、商，各有分親，皆有等衰」（採《晉世家》等），《襄公十四年》「（師曠曰）是故天子有公，諸侯有卿，卿置側室，大夫有貳宗，士有朋友，庶人、工、商、皂、隸、牧、圉，皆有親昵，以相輔佐也」——師服為西周末晉穆侯大夫，事晉至春秋初晉昭侯時，師曠春秋中後期事晉悼公、晉平公，師服、師曠二人先後相距二百年左右，即便是講同一件事，主張同一個道理，二人的文字、句法和用語習慣又如何能如此相同呢？

　　反之者，《昭公四年》「夏桀為仍之會，有緡叛之」，杜預注：「仍、緡，皆國名。」但在《哀公元年》中卻成了「昔有過澆殺斟灌以伐斟鄩（xún），滅夏后相。后緡方娠，逃出自竇，歸於有仍，生少康焉，為仍牧正……」又以「緡」為有仍之姓；概不顧關聯人物身份前後之一致性。顧頡剛：「后緡，桀之妻也；有仍氏女，少康之妻也，而哀元年《左傳》則以為相之妻，少康之母。甚至賈逵一人之說亦以隨順《傳》文，前後矛盾。李貽德以為賈注或繕寫有誤（《春秋左氏傳賈服注輯述》），吾人以為不如直斷哀元年《左傳》之文為偽造之為宜。」（《有仍國考》，《古史辨》七〔下〕）

　　……

　　再以「左氏」字言，若之前戰國時已有《左傳》而後《史記》採之，《太史公自序》何無一言及而唯「春秋」？史遷所讀之書不但《自序》多列述，《五帝本紀》「予觀《春秋》、《國語》，其發明《五帝德》、《帝系姓》章矣」，《三代世表》「余讀《諜記》……於是以《五帝系諜》、《尚書》集世紀黃帝以來訖共和為《世表》」，《十二諸侯年表》「太史公讀《春秋曆譜諜》」，《六國年表》「太史公讀《秦記》」，《管晏列傳》「吾讀管氏《牧民》、《山高》、《乘馬》、《輕重》、《九府》及《晏子春秋》」，《司馬穰苴（rángjū）列傳》「余讀《司馬兵法》」，《屈原賈生列傳》「余讀《離騷》、《天問》、《招魂》、《哀郢（yǐng）》……」若曾讀得《左傳》，以其二者內容之關聯，史遷斷不會隱而不敘原委。《漢書·司馬遷傳》「司馬遷據《左氏》」和「太史令司馬遷採《左氏》」——《漢書》成書於和帝時期，班固距劉歆已一百多年，班氏父子「唯

聖人之道然後盡心」（《敘傳上》），心存「堯舜之盛必有典謨之篇」（《敘傳下》）而爲大漢王朝編撰史書，皇室子弟（劉向、劉歆爲劉邦四弟楚元王劉交四世孫和五世孫）的主張和心血之說他們是絕不會、也絕不能變更的！

皇皇《左傳》，自漢代始即見疑（參見朱彝尊《經義考》卷一百六十九，顧頡剛《五德終始說下的政治和歷史》十四《今古文問題》、十五《〈春秋左氏傳〉著作時代的各家說》）。其於《春秋》如果也是「傳義不傳事」，實際上就衍變成了一種以相關歷史線索爲引子的主題創作──爲其「大義」之所需，什麼樣的題材和內容的故事不能編，什麼樣的情節不能設計呢？《三傳》之故事的不同，不也能說明一些問題嗎？顧炎武「《左氏》之書，成之者非一人，錄之者非一世」（《日知錄》卷四）。《左傳》至西漢後期劉歆時據諸子及《國語》、《史記》等編纂而成，這一點自清末以來所論者已甚多。

二十八

漢儒於「禮樂」在《左傳》中的「實踐」，不啻「季札觀樂」（如《襄公四年》叔孫豹論詩樂等，襲《魯語下》「叔孫穆子聘於晉」）。春秋時代的列國國君和公卿大夫在烽火連天、波詭雲譎的歲月裏朝聘盟會、討論國事，動輒鐘鼓笙磬一番音樂演奏，出口非《書》即《詩》，那其實是漢儒導演的場景和臺詞，他們在鼓吹「禮樂」的同時，也以爲「《詩》、《書》，義之府也」（《僖公二十七年》）。而更多卻是儒家對於西周政治文化的推崇、美化和追懷──《中庸》中的「孔子」就不無自得與欣慰地宣稱：「吾學周禮，今用之，吾從周。」而《左傳》在大量引述和昭宣西周事時，其所謂賦《詩》又到了令人難以置信的氾濫程度。勞孝輿《春秋詩話》：「自朝會聘享以至事物細緻，皆引《詩》以證得失焉。大而公卿大夫，以至輿臺賤卒，所有論說，皆引《詩》以暢厥旨焉。……可以誦讀而稱引者，當時止有《詩》、《書》。然《傳》之所引，《易》乃僅見，《書》則十之二三。若夫《詩》則橫口之所出，觸目之所見，沛然決江河而出之者，皆其肺腑中物，夢寐間所呻吟也。」〔註28〕倘眞若其所言，春秋時的整個社會就病得不輕，列國高層貴族的心智皆出了大問題。以其魯、晉、鄭、楚、衛、齊等賦《詩》最盛者言，解決諸多突出而棘手的內政、外交、軍事等現實問題，又豈有工夫用「賦詩言志」和雲裏來霧裏去的「隱語」形式？《晉語八》紀晉平公喜歡一種新樂曲，師曠聽了認爲晉國將要沒落了，君王已經出現衰亡的徵兆，因而「論樂」道：

「夫樂以開山川之風也，以耀德於廣遠也。風德以廣之，風山川以遠之，風物以聽之，修詩以詠之，修禮以節之。夫德廣遠而有時節，是以遠服而邇不遷。」師曠是春秋中後期晉國樂師，他的音樂造詣可能有很高，但《襄公十八年》「晉人聞有楚師，師曠曰：『不害。吾驟歌北風，又歌南風，南風不競，多死聲。楚必無功』……」

以音韻調律爲依據五迷三道預測戰事吉凶而備戰，也只有《左傳》之故事和傳說了，也極像是一種「小說修辭」。當然，《左傳》中比比皆是相關吉凶禍福、災異禎祥之卜筮、夢兆、「望氛」等神秘「魔幻現實主義」敘事（早自周人就開始了的，看《金滕》所紀），又遠不及後世文學作品如諸葛亮鼓琴空城計之類的故事來得精彩，倒是可與董仲舒的「天人感應」、「陰陽」說以及西漢中後期開始氾濫流行的讖緯、術數「文化」堪有一比。〔註29〕

二十九

史遷早生劉歆近百年，他信奉「士爲知己者用」，深知「文史星曆，近乎卜祝之間，固主上所戲弄，倡優畜之，流俗之所輕也」，卻依然「日夜思竭其不肖之材力，務一心營職，以求親媚於主上」；他爲皇權與專制受宮刑之辱，「腸一日而九回，居則忽忽若有所亡，出則不知其所往。每念斯恥，汗未嘗不發背沾衣也」，而又自欺欺人附會「蓋西伯拘而演《周易》；仲尼厄而作《春秋》……」（《報任安書》）；「悲夫士生之不辰，愧顧影而獨存」，卻「恒克己而復禮，懼志行之無聞」（《悲士不遇賦》），嘔心瀝血爲皇權與專制之前世今生立言，雖九死而猶未悔，堪稱官方心目中知識分子的楷模與典範。而依《司馬遷傳》史遷語「先人有言『自周公卒五百歲而有孔子，孔子至於今五百歲，有能紹而明之，正《易傳》，繼《春秋》，本《詩》、《書》、《禮》、《樂》之際。』意在斯乎！意在斯乎！小子何敢讓焉」，他又自以爲是繼承並光大孔子之事業者，與周公、孔子並列（將其《史記》比之「屈原放逐，乃賦《離騷》；左丘失明，厥有《國語》；孫子臏腳，《兵法》修列；不韋遷蜀，世傳《呂覽》；韓非囚秦，《說難》、《孤憤》；《詩》三百篇，大抵聖賢發憤之所爲作也」）。其《樂書》既由《樂論》、《樂記》而成，思來想去，「網羅天下放失舊聞，考之行事，稽其成敗興壞之紀（理）」，便在《吳太伯世家》中作了「季札觀樂」之實踐，從而以支持《樂書》之說。

史遷在《世家》中安排這個故事是有深刻用意的。《樂書》「余每讀《虞

書》，至於君臣相敕，維是幾安，而股肱不良，萬事墮壞，未嘗不流涕也」
——「王侯開國，子孫世襲」（趙翼《二十四史箚記》），以周人分封之初衷
和理論上講，諸侯國將是周王室擁「天下」永遠不可或缺的地方政治勢力。
以其體制看，大小諸侯國要是出了差錯，天子和王室也就完事了（後來發生
的一切已經完全證明了這一點），這應該是史遷極度憂心讀《虞書》而「流
涕」的原因。他想以「史記」的方式，儘量告訴世人以天子諸侯之道，所以
「二十八宿環北辰，三十輻共一轂，運行無窮，輔拂股肱之臣配焉，忠信行
道，以奉主上，作三十世家」（《太史公自序》）。儘管已是春秋周景王時，但
將觀樂放在吳王壽夢之子季札身上，又是史遷良苦之用心：季札「請觀」的
是「周樂」，「先王」既以禮樂化天下，連偏處長江下游斷髮紋身之吳國都如
此知《詩》而識禮樂（季札評說每見漢人大小詩序相似字句），況王畿及四
周中原大地之眾國乎？他似乎還想給人一種感覺：魯國之奏樂，不過是那時
禮樂天下的尋常一幕啊！

　　將季札所觀詩樂與《孔子世家》所紀對照，《左傳》中季札觀樂是在吳
王餘祭四年，即公元前 544 年（也即魯襄公二十九年），其時孔子不過七、
八歲，他能夠於《詩》「去其重」和「皆絃歌之」而「合《韶》、《武》、《雅》、
《頌》之音」乎？至於季札之語與各國史實不符，以及將漢人思想強加於季
札，一心「究天人之際，通古今之變，成一家之言」的史遷實在是顧及不得
許多了。〔註 30〕多年後劉歆時編定《左傳》，又無人（懶得）去較真——先
秦浩繁之古籍的刪削增益與整理敘寫，前前後後雖其劉氏父子牽頭，但那其
實已是帝制之下的一種政府行為了：「會議」上怎麼定的，就怎麼寫！漢代
於「歷史」，其「工程」之規模是空前的。

　　（《儒林傳》「贊」曰：「自武帝立《五經》博士，開弟子員，設科射策，
勸以官祿，訖於元始，百有餘年，傳業者浸盛，支葉蕃滋，一經說至百餘萬
言，大師眾至千餘人，蓋祿利之路然也。」好一條「祿利之路」！原來為「經
學」能受爵祿而獲其利，皇帝與「學者」各有所圖！）

三十

　　如此情勢，《詩經》的遭綁架已在所難免。周人「革命」成功，「萬邦之
方，下民之王」（《大雅・皇矣》）。「豐水東注，維禹之績。四方攸同，皇王維
辟」（《文王有聲》），藉重子虛烏有的大禹而與之相提並論，將「天下」和「天

下」的一切歸於「皇王」——這是周人於中國文化最突出的思想發明和觀念貢獻。這一點《詩經》比《尚書》做得要好得多（儘管並不系統），於《詩經》的解讀也就成了帝王政治之下意識形態之大事。詩本無「經」而「經」之，這在世界文學史上是孤例。

所謂「從文學到經學」，儒家以解「經」的途徑和方式來不斷強化並擴展其思想，斷章取義，眞繆糅雜，支離曼衍，累牘不休。「詩」爲「樂」之辭 ——→ 樂自「儀」 ——→ 儀自「禮」 ——→ 禮而「德」 ——→ 德而「治」 ——→ 治而政權 ——因爲與「樂」的緊密聯繫，《詩經》被儒家的「禮樂」論十分現成而有效地利用了。「《詩》之所至，禮亦至焉……」（《孔子閒居》），「禮也者，理也，樂也者，節也。君子無理不動，無節不作。不能《詩》，於禮繆；不能樂，於禮素。薄於德，於禮虛」（《仲尼燕居》），「以《詩》、《書》、《禮》、《樂》教……」（《孔子世家》）。〔註31〕於其文本字句的詮釋與所謂「禮」之說結合在一起，形成某種實驗性理論，使原本的僞命題有了事實解答的可能。那麼，「《詩》言人情，未必眞有其事；《禮》則制度確然，皆有其實。鄭康成以《禮》解《詩》或多拘泥，動以託興之言求之制度……」（黃震《黃氏日鈔》卷六十四）「《詩》、《禮》足以相解」（王安石《答吳孝宗書》），「《詩》、《禮》互爲表裏」（王應麟《困學紀聞》卷五）之類的言說也便到處泛濫。

而於《詩經》的「亂斷」，漢人還是靠後的，早有孟子者「開漢人『信口開河』與『割裂時代』的先聲」（顧頡剛《〈詩經〉在春秋戰國間的地位》），他在《萬章上》中公開主張「說《詩》者不以文害辭，不以辭害志，以意逆志，是爲得之」（朱熹注：「文，字也。辭，語也。逆，迎也……說《詩》之法，不可以一字而害一句之義，不可以一句而害設辭之志，當以己意迎取作者之志，乃可得之」）。解《詩》無拘束，所謂「以己之意迎受詩人之志而加以鉤考」（朱自清《詩言志辨·比興》）……原來「詩無達詁」、「詩無定解」並非學術之困惑，而是經學家們附庸政治的聰明與機辯！

「詩者，志之所之也，在心爲志，發言爲詩」。詩之爲言，本當有詩之題名，卻被總以「風」、「雅」、「頌」，又正是儒家所編《周禮·春官·大師》（樂工之長）「教六詩，曰風，曰賦，曰比，曰興，曰雅，曰頌」之說。〔註32〕早先的《尚書》無論「周書」還是「商書」、「夏書」、「虞書」，每篇均有冠題，而《詩經》「風」、「雅」、「頌」，每首皆以首句之數字者爲題。沒有證據證明是編者拿掉了題目，但也沒有證據能夠證明其本來就沒有題目——試想，如

果原本的標題存在且反映著足夠的主旨性，「孔子」和「孔子」們做起「詩論」來，就會受到很多牽掣而甚不自在，「毛詩序」一類作起來也該有多少「鉤考」的困難和麻煩！

「《關雎》之亂，洋洋乎盈耳哉」（《泰伯》），「女爲《周南》、《召南》乎？人而不爲《周南》、《召南》，其猶正牆面而立也與」（《陽貨》）。孔子以他一貫的方式作了一個故弄玄虛的警告性比喻，《二南》之樂作用原理他同樣講不出什麼所以然來）；《孔子世家》「三百五篇孔子皆絃歌之，以求合《韶》、《武》、《雅》、《頌》之音。禮樂自此可得而述，以備王道，成六藝——」

孔子「少也賤，故多能鄙事」（《子罕》）。小時候見人家做祭祀，只是學做擺弄俎豆之類的祭器，也並不曾在鼓樂班跟前徜徉逗留。他從未像樣地勞動過，不顧寡母之艱辛，老大不小呆在家裏「申申如也，夭夭如也」；在鄉間到處游蕩，威信極差。季孫氏舉行宴會款待名士，他不請自往，腰間還繫著一條孝麻，結果給季孫氏的家臣挖苦一通後擋了回來。因爲執著地混臉熟，也曾做過季氏的倉庫保管和牧場小吏，倒是「料量平」，「畜蕃息」。也插手管理過一些工程事務（史遷在《世家》中以「司空」稱之），期間應該見識了不少官場政治，難免受到誘惑與刺激（季氏可是掌握魯國相當實權的「三桓」之首）。後來他又想到辦學授徒，「自行束脩以上，吾未嘗無誨焉」——十條乾肉，而且是「以上」，以每條二斤計，十條至少需四十斤鮮肉，學費不低了。年過五十，又想做官，卻顛沛流離無人收留——離開魯國後「斥乎齊，逐乎宋、衛，困於陳蔡之間」（《莊子·漁父》中的「孔子」曾自言「丘再逐於魯，削跡於衛，伐樹於宋，圍於陳蔡」）；但他對自己深信不疑。孟子說孔子三月沒有被任用，「皇皇（惶惶）如也」，就帶上禮物外出「活動」去了（《滕文公下》）——這不，公山不狃利用費邑反叛季氏，使召孔子，他也不顧公山不狃是個背叛的家臣，急吼吼地就要去，說：「蓋周文武起豐鎬而王，今費雖小，倘庶幾乎！」子路覺得實在難爲情，想阻止他，他大言不慚「夫召我者豈徒哉？如用我，其爲東周乎（在東部興周道）！」佛肸（bixī）反叛趙簡子，孔子又要去。子路問他，你說過「其身親爲不善者，君子不入也」，如今佛肸據中牟而畔（叛），你卻打算前往，怎麼解釋？孔子說：「有是言也……我豈匏瓜也哉，焉能繫而不食！」（《陽貨》）幾近於無恥。而他自己又還曾說「危邦不入，亂邦不居」、「邦有道則仕，邦無道則可卷而懷之」云云（《泰伯》、《衛靈公》）。一心投機鑽營的他（魯定公對他的任用說明很

有效果），又哪裏能下工夫鑽研而懂得音樂呢？

　　時時表現出猥瑣之行的孔子，倒是會使勁地敲打磬。卻被背著草筐的過路人譏諷：「有心哉，擊磬乎！鄙哉，硜硜（kēng）乎！莫己知也，斯己而已矣！」（《憲問》。有心事兒啊，這個敲打磬的人。好難聽啊，敲得又響又急，既然人家不賞識自己，那就算了吧！）《孔子世家》採《韓詩外傳》說他六十多歲跟師襄子學彈琴，不過是將「文王」、「樂」、「孔子」聯繫起來的故事編織──孔子聽得「《文王操》」者「非文王其誰能為此也」，那是史遷得意的一筆。

三十一

　　關於《詩經》與其為樂，春秋戰國墨子（《公孟》）、荀子（《勸學》）、東漢鄭玄「門生相與撰玄答諸弟子問五經」之《鄭志》、初唐孔穎達《毛詩正義》、南宋鄭樵《通志‧樂略》、王應麟《困學紀聞》、馬瑞臨《文獻通考》等皆意《詩》即「樂」之辭，「風」、「雅」、「頌」皆有入樂。朱熹言「《雅》、《頌》之篇，則皆成周之世，朝廷郊廟樂歌之辭……《雅》之變者，亦皆一時賢人君子，閔時病俗之所為」（《詩經傳序》），「正《小雅》，燕饗之樂也；正《大雅》，會朝之樂……及其變也，則事未必同，而各以其聲附之」（《詩集傳‧小雅》），「正風」之《二南》為「諸侯採之以貢於天子，天子受之而列於樂官，於以考其俗尚之美惡，而知其政治之得失焉」，「十三國為變風，則亦領在樂官，以時存肄，備觀省而垂監戒耳」（《詩集傳‧國風》）。

　　元人吳澄又述其本事為：「其三百五篇，則歌辭也。樂有八物，人聲為貴，故樂有歌，歌有辭。鄉樂之歌曰《風》，其詩乃國中男女道其情思之辭，人心自然之樂也，故先王採以入樂，而被之絃歌。朝廷之樂歌曰《雅》，宗廟之樂歌曰《頌》，於燕饗、朝會、享祀焉用之，因是樂之施於是事，故因是事而作為是辭。然則《風》因詩而為樂，《雅》、《頌》因樂而為詩，詩之先後，於樂不同，其為歌辭一也。經遭秦火，樂亡而《詩》存。漢儒以義說《詩》，既不知《詩》之為樂矣，而其所說之義，亦豈能知詩人命辭之本意哉！」（《宋元學案》卷九十二）

　　清儒顧鎮《虞東學詩‧詩說》、范家相《詩瀋》、俞正燮《癸巳存稿》、馬瑞辰《毛詩傳箋通釋》、魏源《詩古微》、陳啓源《毛詩稽古編》、皮錫瑞《經學通論》等均採「樂辭」之說，近代顧頡剛先生也著有《論〈詩經〉所

錄全爲樂歌》等。

　　但北宋陳暘《樂書》、南宋程大昌《詩論》曾謂《風》詩中的《二南》、《雅》、《頌》入樂，《風》詩自《邶風》至《豳風》不入樂爲徒歌；明代焦竑（hóng）似也不認爲《二南》之外的《風》詩爲樂歌；顧炎武因襲鄭玄之說謂《小雅》自《六月》之後、《大雅》自《民勞》之後皆爲「變雅」爲《詩》之不入樂者。（《日知錄》卷三）

　　《詩》爲樂之公案，歷來諸家論得也甚是苦辛，但所論又無非從文獻到文獻，文獻又無非《論語》、《儀禮》、《左傳》等。按說諸如樂歌、徒歌或因辭作樂還是因樂填辭之瑣屑，「六經」之一的《樂經》是應該說清楚的——但種種跡象表明，儒家其實是沒有能夠造出《樂經》來的！早自清道光年間目錄學家邵懿辰考之作《禮經通論·論樂本無經》，更有廖平《關劉篇》、康有爲《新學僞經考》等。儒家在長期的論說中自覺形成了一個保險系數極高的攻守同盟——《樂經》爲秦火所焚！「窺有秦焚之間，故一舉而歸之」。

　　既已死無對證，文章之「狂歡」也就少了許多的顧忌。《儀禮·鄉飲酒禮》和《燕禮》所用樂歌及演奏順序完全相同，依次皆爲《鹿鳴》、《四牡》、《皇皇者華》、《南陔》、《白華》、《華黍》、《魚麗》、《由庚》、《南有嘉魚》、《崇丘》、《南山有臺》、《由儀》、《關雎》、《葛覃》、《卷耳》、《鵲巢》、《采蘩》、《采蘋》。然而《鄉飲酒禮》設計的是旨在「明長幼之序」的基層行政組織定期舉行的酒會儀式，而《燕禮》「明君臣之義」是之於國君與其大臣而言，在等級差異爲其基本精神特質的周禮之下，這種現象在現實中是根本不允許存在的。當初周成王、周康王感念周公之功，曾特賜其後裔在魯國可以舉行最高祭祀之禮（《禮記·祭統》），自恃能把持國政的大夫季孫氏一時來了興致，便以天子所用「八佾」舞於庭。一把年紀的孔子聽說了，跌跌撞撞跑來又開五指大叫（他當然也不會忘記當年不請自到而被季孫氏家臣擋在門外羞辱的情景）：「是可忍也，孰不可忍也？」（《八佾》）

三十二

　　屈原投江的那一年，荀子大概三十五歲左右。「鸞鳳伏竄兮，鴟梟翱翔。闒（tà）茸尊顯兮，讒諛得志；賢聖逆曳兮，方正倒植。謂隨、夷溷（hùn）兮，謂跖、蹻（jué）爲廉；莫邪爲鈍兮，鉛刀爲銛（xiān）……斡（wò）棄周鼎，寶康瓠兮。騰駕罷（pí）牛，驂蹇驢兮，驥垂兩耳，服鹽車兮。章甫

薦履」（賈誼《弔屈原賦》）〔註33〕之世象，他是萬不會不知道的！國與朝、國與國自不用說，便是一國「貴族」間也因錯綜複雜的利益紛爭而每每勾心構惡。「禮樂」之鼓吹，儒家的劣根性也至此露出：他們的頭腦除王權和專制政治之外茫然一片空白，見不得現實的嚴酷和滿眼生靈塗炭，見不得法家「無教化，去仁愛，專任刑法而欲以致治，至於殘害至親，傷恩薄厚」（《諸子略》），又無奈何，便關起門去做「學問」，捉摸一些自以爲是的主張。論到一定的程度便想入非非，走火入魔，停不下來了。在儒家的政治理想構建中，也想讓這世界一片明亮到處鶯歌燕舞溢滿嘩啦啦的笑聲，但前提必須是食毛踐土之編戶齊民（賦稅制度包含在內）〔註34〕在王權的絕對統治之下且「以順爲正」、「民德歸厚」（《學而》）。〔註35〕「曲爲之防，事爲之制」周備詳審之「禮」，中心不過「夫婦父子君臣上下」（之道）——強調和主張的是皇權之下的一切權力、權威！因爲正中統治階層之下懷，儒說不但使周天子和秦漢之後各朝代的皇帝高興，所有大小各層級的統治者們皆是歡喜得不得了——規則將使權力得到制約與監督，而「禮樂」說則規避了規則的建立（規則的付之闕如又必然導致潛規則的盛行），較之於「道德代替法制」具有更大的緩衝空間和迷惑性，讓制度的長期缺失找到了貌似深奧的理由和藉口，與排斥和消解規則的「德」之謊言一起，使王（皇）權和專制極權主義、官本位以及想要推讓都難的特權——「合法性制度腐敗」思想長期恣肆而爲。當某種政權宣稱概以「道德」治理國家時，實則綱紀廢弛而以「集團」之利益爲度，其權力將不受任何制度的約束，政治恐懼與政治暴力也將成爲施政之貫常，強權即眞理，強權即律法。《禮記·中庸》「孔子」言「爲政在人，取人以身，修身以道，修道以仁。仁者人也，親親爲大」，孔穎達疏：「先親己親，然後比親及疏，故云『親親爲大』。」而《荀子·君道》「有治人，無治法」，則直接否定「法」而推崇「人治」。所謂「自省」、「修養」、「愼獨」、「自律」以及後世不同歷史時期各種所謂「主義」、「思想」、「原則」等，除了應一時政治維護所需，沒有解決任何社會進步之根本性問題；漢政權豢養的儒生們曾作《儒行》（收入《禮記》），擬十六條「儒者」所應該遵循的行爲準則，但即便當時的「孔子」也說，「今眾人之命『儒』也妄，常以『儒』相詬病（譏諷）」。將制度產物之問題的解決寄望於個人道德品質，本身就是一個荒唐而無解的命題。「凡百君子」們，不但不「各敬爾身」，更不「相畏」而至於「不畏于天」（《小雅·雨無正》）。嗟乎！文人不解帝王事，但得裹腹說「禮樂」。

孔子說「爲政以德，譬如北辰，居其所而眾星共之」（《爲政》）—— 在一個權力無限自由而社會成員權益被完全封鎖和剝奪的社會裏，王者何其「德」，德者官何其「德」，民又何其「德」？所言即便不是騙術也是笑話。任何良德只有在法治的支撐和保證下產生，而法治在中國長期不曾存在（某些歷史時段甚至只有「禮教」、「規矩」、「某某思想」而無基本的法律）；「法律」與法治還相差十萬八千里，法治是必要的民主（監督制約機制）與法律之配套——戰國之商鞅時不可謂無法律，《畫策》「國之亂也，非其法亂也，非法不用也。國皆有法，而無使法必行之法」，但其「法」與「使法必行之法」皆爲「有利於一人的專制之法！」（與現代民主法治無任何本質上的聯繫。梁啓超語）以《商君書》觀秦國，除了是一架勢不可擋、橫掃六國的強大的戰爭機器外，非戰時的秦國也更像是一座巨大的人間地獄。（秦漢以後不同之例又不勝枚舉，「王」是始終沒有人能夠「監督制約」的）

如果說先秦之「禮樂」還是冀望達到尊卑有序之政治目的的話，那麼秦漢中央集權後儒家之「禮樂」虛言，則又是包括經學家們在內的人們於皇權與專制主義無奈的、自欺欺人的心理與思想麻醉。《呂氏春秋·孟夏》「乃命樂師習合禮樂」，高誘注：「禮所以經國家，定社稷，利人民；樂所以移風易俗，蕩人之邪，存人之正性。」高誘東漢末建安年間人，曹丕正逼漢獻帝「禪讓」，漢將亡而三國興；而之前的桓帝、靈帝時代又是東漢政治最黑暗的時期——說來好笑，正是鄭玄等人高舉儒家旗幟勁頭十足地遍注其「經典」的時期；他們甚至以爲並希望通過注「經」能夠「正君心」，從而使他們能夠「內聖外王」，但歷史徑直給予了否定。

因爲是「惟王建國」而非由全體「公民」集體組建政權，以西周爲發端，秦漢以降，皇帝也罷，「總統」者什麼也罷，自上而下「設官分職」，各層級官員只對上負責成爲本集團利益的維護者而非對下負責承擔社會公共職責，「公門」也就成了邦治之「暗箱」而非服務賴其生存的服役和交納賦稅之眾民的陽光政府。也因爲專制主義之封閉政權，所有大小官吏或世襲或由「公門」以各種各樣的手法層層任命。王權的下延與根系——各層級、各層面的大小公權多在「國家」和「民人」名義之下爲個人所弄，一旦到手便無任何監督與約束，一人得道，雞犬昇天；你用或者不用，公權都在那裡現成地放著，公器私用方便極了，以至無孔不入；公權成了籠子外沒有任何制約的野獸，公共財富和公共資源也爲公權擁有者隨心所欲地任意支配——一成不變

的權力結構使得官官相護，官官相助，自由自在而為所欲為；弄臣與偽君子以及形形色色的政治小人和惡吏、貪鄙昏庸之官，你方唱罷他登場（一個極端追求權力統治、也即人治的政治實體在本質上是排斥法治的，法治使其權力受限並透明規範，權力尋租空間縮小以至消失）。也因之為圖謀權力的獲取而不惜一切代價，不擇一切手段。歷史的暗角到處都充斥著齷齪與蠅營狗苟之卑鄙交易，不少時期甚至是在光天化日之下進行，是公開的──翻開中古、近古甚至晚清之後的歷史看看吧！《三國演義》第九十三回「廟堂之上，朽木為官，殿陛之間，禽獸食祿；狼心狗行之輩，滾滾當道，奴顏婢膝之徒，紛紛秉政……」與其說是諸葛孔明罵王朗，不如說是羅貫中在憤世。而於中國「封建」政權來說，所言又豈止是三國時，豈止是漢室之象？又豈止止於羅貫中時代？西周第五位「天子」周穆王距今已近三千年了，其《周書‧呂刑》之「惟官，惟反，惟內，惟貨，惟來（傳：「或嘗同官位，或詐反囚辭，或內親用事，或行貨枉法，或舊相往來。」疏：「『惟官』謂嘗同官位，與吏舊同僚也。『或詐反囚辭』，拒諱實情，不承服也。『或內親用事』，囚有親戚在官吏，或望其意而曲筆也。或行貨於吏，吏受財枉法也。或囚與吏舊相往來」）為法之「五過之疵」，又何世不有？

所謂「政治」，也就成了以利益為目的捉摸與算計各方關係之權術與陰謀的代名詞。「王有制」（「臣民」的隸屬和依附又使其成為名義上的「共有制」、「公有制」）之社會使人們忽略和輕視「生產」、「創造」而熱衷於「管理」，人人都想從「共有制」中盡可能多地獲得一杯羹；萬般皆下品，唯有做官高，當「以官為本」形成一種普遍認識，人們宗教般狂熱以做官為人生唯一目標取向──並非為體現集體施政意志和自身社會價值，而是為了謀取個人地位與財富以及一切與之相關效應時，曾經的周天子和後世皇帝日夜夢想的「天下」，又將是怎樣的一種社會呢？官、民兩極的單一社會結構使其缺少了最具創造精神和良知的階層不說，權力、「權利」社會下──個人的自我實現建立在損害社會和他人利益之上，又將產生怎樣的一種文化、怎樣的一種價值觀呢？

中國歷史一路嗚咽走來，儒家真是勞苦而功高！那「孔聖人」果然將自己看得很重，臨死的時候說：「太山壞乎！樑柱摧乎！哲人萎乎！」（《孔子世家》）這自然又是史遷自己的話。史遷之外還有更多的人──西漢中期始，時跨兩千多一百多年，總有極力要將孔子捧上天者，且聽「天不生仲尼萬古如

長夜」者說（見《朱子語類》卷九十三），且看「天下」遍地奕奕之孔廟和香火繚繞中世代無數求「學業」升仕途〔註36〕的「善男信女」……

三十三

自所謂《孔子詩論》始，及至被「禮樂」和歷經兩漢、唐、宋、明、清之說解，《詩經》的本真面目基本上被遮蓋和淹沒了，顧頡剛先生所謂「一座有價值的古碑不幸蔓草和葛藤滿滿的纏著」。〔註37〕肇始者自然是儒家，終結者──很遺憾，「經」作為一種思想之承載，可能永遠都沒有其終結者。既已封之為「經」，便常常被以一時主流意識形態和「形勢」之所需而發揮，甚而近至二十世紀五十年代也還有一些密切相關政治的《詩經》注解本出現，連「封建領主」與「勞動人民」都開始與《詩經》中的人物對號入座了。〔註38〕而之於《詩經》等「經籍」的附會政治之解讀，自百年前新文化運動開始，就該自覺難為情的。

當年的「五四青年」們，打倒了「孔家店」罷，打倒之後又不知該如何是好？雖有朦朧憲政思想和理念，想讓國家政治文明接近世界之主流，但歷史是無法割裂的，也無法移植，「德先生」和「賽先生」兩個「抽象的概念」事實上還遠遠沒有到來，來了也一時服不了水土。據說是「務必透過每一個國家的地理及歷史上的因素，才行得通」（黃仁宇《〈萬曆十五年〉和我的「大」歷史觀》）。何況只一襲藍衫的「青青子衿」們，又如何能夠打得倒呢？那「孔家店」可是服務政權兩千多年而被其國家機器時刻護守著的「老店」；「戊戌六君子」的血跡還未褪盡，「看客」們依舊還是「看客」（不但「看」而且叫好），城牆和旗杆上到處有劊子手砍下來的人頭懸掛起來，革命進行得異常艱難。城頭變幻著大王旗，但還是「忠、孝、仁、義、禮、智、信」〔註39〕的幌子，還是千百年的大小衙門和門前威嚴而猙獰的石獅子。無數志士仁人前赴後繼不惜一切代價以圖變革維新，但星轉斗移，滄海桑田，那根本性的深層問題又終不能得到解決，始終要形成盤根錯節的既得利益之團體。「天下」一以貫之為得「天下」者之天下而非「天下人之天下」。〔註40〕

以所謂「文化自覺」而自我救贖罷，一個自秦漢始在皇權與專制權柄之下困扼了兩千多年的民族，只有權且「護持中國文化精神」以徐徐圖之，一時又何以進行國家（政權）文化意義上的涅槃新生呢？「洋務運動」所以「洋」者，是政治主體居其「本位」的視角，要之，清王朝的統治必須維護！「自

強」「求富」更多的是出於強化政權所需。「製造局」的機器運轉聲中，張之洞又嚴重感到了不安，呼籲「多智巧不忘聖」，「中（舊）學為體，西學為用」；「中國學術精微，綱常名教，以及經世大法，無不畢具，但取西人製造之長，補我不逮足矣。……其禮教政俗已不免於夷狄之陋，學術義理之微，則非彼所能夢見者矣……」（見陳恭祿《中國近代史》下卷引），「中學為內學，西學為外學；中學治身心，西學應世事，不必盡索之於經文，而必無悖於經義。如其心聖人之心，行聖人之行……」（《勸學篇‧序》、《設學》、《會通》），表現出了對文化「侵略」的極度擔憂。（但他的「廣譯」之主張也使魏源《海國圖志》開啟的中國認知世界的一線天漸漸擴大了起來）

「洋務」而「維新」，「維新」而革命，革命而「民國」，終於——「立憲」在望，但在肯定「非立憲不足以救國家」的同時，「欲求立憲，先求君主」，「以傳制之權，成立憲之業」，「非君主不足以成立憲。立憲則有一定法制，君主則有一定之元首，皆所謂定於一也」，「君主」「傳制」仍然立之於前；「國粹」到底是深厚，緊隨「參政」楊度《君憲救國論》，「諮議」劉師培作《論唐虞禪讓與民國制度不同》、《國情論》。以其「國情」，中國需要的還是帝制而非「民制」——其時是 1915 年，「民國」的第四個年頭。袁世凱於前一年解散了國會，此刻正謀劃著稱帝；「籌安會」的幾位人物，也正忙著奔波運作，鼓吹吶喊。

而所謂「中國本位的文化建設」，又談何容易！1935 年王新命等十教授發表「宣言」，痛惜「中國政治的形態、社會的組織、和思想的內容與形式，已經失去它的特徵」，所以「（文化）吸收的標準當決定於現代中國的需要」，「既要有自我的認識，也要有世界的眼光……」但「（古代的中國制度思想）存其所當存，去其所當去」、「不守舊，不盲從」之美言，在現實政治中顯得不堪一擊。十教授或確也一片赤誠之心，但總歸天真。他們沒有捋清、或者迴避了最重要的「文化」與政治之關係；也未必不清楚，「本位」之實質，君本位也，官本位也。

又以為宗教信仰起碼還有一條「心靈」的底線，便又以「儒教」名而論之——中國文化語境下的「信仰」之功利化且不說（所有「信仰」之舉皆有所圖），「儒術」維護特定的「東方政治」而非民族普眾、更非普世之關懷，何以能夠稱得上宗教呢？儒家思想的生發源——西周政治中，「國之大事，在祀與戎」，「凡禘、郊、祖、宗、報，此五者國之典祀也」；《詩經》之《頌》詩和大、小《雅》者多有祀宗廟、天地之「樂歌」，「鐘鼓喤喤，磬筦將將」

中，「於穆清廟，肅雝顯相」，「鼐（nài）鼎及鼒（zī）」、「犧尊將將」，「烈文辟公，錫茲祉福」、「降福簡簡，威儀反反」；「君婦莫莫，爲豆孔庶，爲賓爲客」、「籩豆有楚，殽核維旅……」所有祭祀之「宗教」行爲，皆以包括權力在內的利益訴求爲出發點。自西周歷春秋戰國兩漢，不同政權之下歸納出的同樣的「王治」思想主張和實用理論，以「儒教」或「孔教」稱之，委實謬種！陳獨秀在《駁康有爲致總統總理書》中，一字千鈞，擲地有聲：「孔教絕無宗教之實質」，「是教化之教，非宗教之教」，「孔教」是「別尊卑，重階級，事天尊君，歷代民賊所利用」的「帝制根本思想」。陳文發表於 1916 年──袁世凱上演復古倒退之鬧劇，「皇帝」只做了八十三天；當年並有針對袁死後尊孔讀經之《袁世凱復活》（「袁世凱之廢共和復帝制，乃惡果非惡因……若夫別尊卑，重階級，主張人治，反對民權之思想之學說，實爲製造傳制帝王之根本惡因……法律上之平等人權，倫理上之獨立人格，學術上之破除迷信，思想自由，此三者爲歐美文明進化之根本原因，而皆爲尊重國粹『國情』之袁世凱一世二世所不許。長此暗黑，其何以求適二十世紀之生存？」）以及《憲法與孔教》、《孔子之道與現代生活》等發表；1917 年又發表《復辟與尊孔》（「孔教與共和乃絕對兩不相容之物，存其一必廢其一」）、《再論孔教問題》（「孔子，儒者也……其爲教也，文行忠信……其稱儒行於魯君也，皆立身行己之事，無一言近於今世之所謂宗教者」）等，距今已有近一百年的時間了。〔註 41〕

　　「夜如何其？夜未央……」熹微終現，卻在艱難曲折的負重前行中，忽又有大批的「新儒」（不知他們能否算得上）湧出來，「爲往聖繼絕學」者有之，「普及」、「弘揚」者有之（其淺薄無知和以利益爲目的娛人耳目的各種鬧劇式的「弘揚」，實際是要毀了中國傳統之優良者）；坐而論道者有之，走穴者有之，連篇累牘、手舞足蹈說中國的答案，甚至全世界、全人類的「出路」仍然還是在中國的「傳統」那裡，在「老祖宗留下來的東西」那裡，鼓動終於「自由」和「幸福」（大概也該包括享用「黃金宴」、遛狗、追星、「娛樂至死」和各種「抵制」之狂歡吧）了起來的人們自信滿滿「從中國看世界」，「民族的才是世界的」。「國粹」登場（更有駭人聽聞的「女德班」教起女子纏足），〔註 42〕「國學」盛行，「全方位復興儒教」、「儒教救國論」、「政教合一」一時甚囂塵上，「四書五經」一時走紅，〔註 43〕皇權文化一時沉渣泛起。「皇帝」、「萬歲」、「千歲」、「王爺」、「格格」、「奴才」、「主子」、「伺候著」之類的「辯

子戲」電視劇不用說（也有學者飽含深情、掩其惡揚其長從皇帝龍袍到八旗子弟的鳥籠盛讚滿清皇朝），鋪天蓋地這「壇」那「寶」的主流媒體欄目也在津津有味地講「傳統」，講帝王之術，講陰謀，講宮廷裏的算計與爭鬥，卑鄙與無恥，陰險與殘暴，展示並炒作著各種帝王政治之下的「文化」之醜陋物件——很可悲，於「憲政」、「法制」、「民主」、「平等」、「自由」、「人權」、「公民權」等頗為陌生和漠然的人們，倒是對那「包漿」下面凝結著專制、權暴、腐朽、自私、貪婪、冷血、屈辱與奴性的「寶物」，表現出了極大的興趣……

三十四

　　既如此，儒家所謂之「經典」，就的確是應該去看一看的。不但看「經」，更重要的還要看漢以降之「傳」、「箋」、「疏」，看「正義」——那裡記錄著儒家「艱難」而執著的心路歷程。並且務必要將其放在歷史的真實語境中看明白了，方才好在與「他山之石」的借鑒和比較中，識得儒家思想之真面目和在中國歷史發展過程中的功過是非——儒家的努力和辛苦維護並服務了整個漫長的中國「封建」社會，〔註44〕維護了皇權和專制政治，將民眾從骨子裏「教化」造就成了「百姓」而非「公民」；而於帝王君主來說，儒家同時也給他們製造了太多的「皇帝的新衣」。今人，起碼也該有四百年前李贄於宋明理學家倡導尊孔復古的認知水平和覺悟吧？說真話和有些好抬槓的他終為政權所不容，明神宗朱翊鈞給他的罪名是「敢倡亂道，惑世誣民」（《明神宗萬曆實錄》卷三六九）。他也來得乾脆，不再多勞「約談」，也不去想著作會不會被下架，仰頭一刀自己割過去——專制政治之於意識形態的控制與左右，似乎也盡在預料之中。但無論出於何種目的、何種原因，思想市場的萎靡和單一、「思想國有化」（哈耶克語）甚至以各種手段封鎖思考，都將是一個民族的莫大悲哀和不幸！思想市場的自由和繁榮將使政治和社會進步，失語（萬馬齊喑）甚至比喧囂更為不祥。〔註45〕

　　《詩經》，「十三經」和「四書五經」之一，與《尚書》和兩周青銅器銘文一道，為中國歷史提供了文化記憶和描述的最早底本。除《周頌》的一部分尚能見得周人初有「天下」之自得，《風》詩的一部分表現其世俗人生的悲喜歡愁與冀盼，多數小、大《雅》之篇正如周王朝政治之氣象，顯得沉重而灰暗，詩之「文學性」在政治圖慮的擠迫之下十分有限，其內容和規模篇幅以及各篇之間的關聯性也稱不得是嚴格意義上的史詩（無論西周還是春

秋，皆沒有可以產生史詩的社會條件和文化土壤；宗族社會中後期焦慮的政治語境也無有產生長篇詩卷的可能）。但其文字敘事和在爲之音樂與歌舞意象的維度上，其思想和心理空間的跨度卻又空前巨大。所謂「聖賢發憤之所爲作」，緊張的敘述和深遠宏大之表現，折射出了一代王朝的極度焦慮與不安──一種依然是依循叢林法則而取得的粗放式統攝性政權，儘管周人創建了一套自以爲是的政治模式和並不完備的政治理論，但從一開始就顯得困難重重，進而危機四伏，家國板蕩，時世維艱。在各種努力不能湊效之後，是無可逆轉的分崩離析和無可避免的不同主體的暴力重複，伴之周人自己和其後儒家無所不用其極的謊言的不斷布撒……

有「新儒」說，每天讀一首《詩經》或幾句《論語》甚至《禮記》之章節（不知依是裝在衣袋裏學而時習之，還是大家再高高地舉起來齊聲誦讀？還是到處開設夜校、講習所抑或「某子學院」），久之便會被薰陶啓發而人變得高雅睿智起來，社會變得「文明」起來（「新儒」們何嘗不知現代社會之文明取決於科學、民主和法治）。想想也是不大可能的，除非你再回到西周或春秋時代成爲王室和封國之王公貴族。何況，那時的他們能夠「高雅」的時候也並不多。

就《詩經》來說，孔子所謂「郁郁乎文哉」之西周，實際上始終處在分封和血緣政治怪圈的種種矛盾之中，更加之從未曾有過眞正臣服的玁狁和東夷南蠻的不斷的強勢進犯；平王東遷後則更是王室衰敗，江河日下，亂離呻吟──直至五霸稱雄中原，七雄紛爭天下……刀光劍影和腥風血雨之中，人又如何「高雅」？《詩經》中又能有多少「關關雎鳩，在河之洲。窈窕淑女，君子好逑」、「所謂伊人，在水一方」的浪漫和「小資」呢？遍處「心之憂矣」、「憂心殷殷」、「我心則憂」、「我心傷悲」、「逢此百罹」、「逢此百凶」、「風雨如晦，雞鳴不已」、「勞心忉忉（dāo）」、「勞心慱慱（tuán）」、「云何其憂」、「我心蘊結」、「我心西悲」、「哀我人斯」、「不遑啓處」、「哀今之人」、「戰戰兢兢」、「隰有萇楚……樂子之無知」、「樂子之無家」、「樂子之無室」、「知我如此，不如無生」、「亂靡有定」、「民靡有黎，具禍以燼」、「國步蔑資，天不我將」、「哀恫中國，具贅卒荒……」哀民生之憔悴，狀心事之浩茫；鼠（癙 shǔ）思泣血，無言不疾。縱有高手「明星」或什麼學術「超女」「超男」，也萬難再將其烹調成什麼「心靈雞湯」（任何悖離公平正義和科學、民主思想的「雞湯」皆無益於心靈）。而況消費、娛樂（而不是認識）先民和歷史之苦難，也算不

得什麼「高雅」吧？

　　《經解》中的「孔子」言「溫柔敦厚，《詩》教也」，實際是西漢儒生在王朝「全盛」時說的話──以爲「天下」終於有了統一的政權而要安定了。〔註46〕他們在《禮記》中託言孔子者無數，文章倒是做得精彩，而所言《詩》、《書》、《禮》、《樂》、《易》、《春秋》之「教」，卻是並不能經得起推敲和實踐檢驗的文字政治──

　　倘眞若「孔子」所言，西漢初期賈誼（弱冠登朝、才子氣甚重的他論「定制度」的同時也曾「興禮樂」）長歌當哭、晁錯腰斬東市家族成員全部被誅殺以及後來史遷的遭遇（李陵也是被「夷三族」的）該如何解釋？（此間的皇帝也效周天子稱「文帝」「景帝」「武帝」什麼的），之後的史遷之遭遇又該如何解釋？（史遷並有《悲士不遇賦》，即便是董仲舒也有「屈意從人，悲吾族矣……遑遑匪寧，秖〔zhǐ 祇〕增辱矣……以辯詐而期通兮，貞士耿介而自束」的《士不遇賦》）漢室後裔劉向「追念屈原忠信之節」、「歎息無已」之《九歎》（《逢紛》、《離世》、《怨思》、《遠逝》、《惜賢》、《憂苦》、《愍命》、《思古》、《遠遊》）又該如何解釋？（實也借傷屈原以自況）到東漢趙壹《刺世疾邪賦》、《窮鳥賦》以及無限哀怨感傷的《古詩十九首》所折射出的社會心理又該如何理解？從賈誼（朝廷中毫無根基的他終被貶謫）、晁錯到史遷，他們對《詩》、《書》者不可謂不熟悉（賈誼「年十八，以能誦《詩》《書》屬文稱於郡中」，晁錯曾受太常派遣「受《尚書》伏生所，還，因上書稱說」），也不可謂無體知。趙壹和東漢後期眾多的中下層文人們，他們更知道賈逵、馬融、鄭玄等人是在怎樣的政治背景之下解詁箋注群「經」的──東漢自和帝始，歷安帝、順帝、桓帝、靈帝、獻帝，是眞正的亂世、末世。經學家們其實自己也深知，以「經學」之名義，又能達到什麼樣的治世目的呢？一如西漢後期（宣帝、元帝、成帝、哀帝、平帝、王莽）以劉向、劉歆爲中心的漢儒於強化國家（政權）意識形態之努力，幻遊在青燈黃卷中的他們，殫精竭慮附會政治，附會附會政治之「哲學」，已完全不具備直面現實社會的資格。

　　那麼，「詩教」在詩學的意義上又該秉承和學習些什麼呢？《詩經》時代的人們還不具備文學的自覺，周人深諳政治但實際上卻並不懂得何爲「文學」。小、大「雅」和相當部分的「風」詩之於國家，之於政權，如果眞是「國家不幸詩家幸，話到滄桑語始工」（沉雄《古今詞話》），應該寧可不要

什麼「詩經」，不要一首因爲「國家不幸」而「語工」的詩——很無奈，這個邏輯也沒有得到歷史的支持和證實。戰國時期的秦國和滅六國後的秦帝國不可謂不強，不可謂不「治」。較之於分封制和宗法政治，中央集權專制之下到是沒有「詩」也沒有了「經」，但於眾生來說，曾經依附的「貴族」階層沒有了，「天下」由世襲集團擁占變爲新的權力主體自上而下的集體暴虐，眞正的、漫長的苦難才又剛剛開始，生命如同芻狗草芥……

「傳統」是歷史的客觀存在，而歷史是消失不了的。所以之於「傳統」，之於堯、舜、禹、湯、文、武、周公、孔子者「先賢聖哲」，也就無需作過多的炒作和無謂之稱揚；對歷史作新的探究與認識是「歷史」之必然，所以之於自宋明、清初以來就有的「疑古」，實也不必又一時惶恐、動怒，甚至施暴；「疑古」不可、也不可能使歷史走向「虛無」，但「走出疑古」而定型「歷史」，「歷史」將凝滯不前。今天的我們終於有了「從世界看中國」的條件和可能，所以即便是對「傳統」之「精華」，也要作世界語境下的現代詮釋。一個在兩千幾百年前就「禮經三百，威儀三千」的偉大民族不會不懂得，「文化」與政治相生相伴，「文化」與社會的發展是相互作用的關係。如此，既要有民族之精神自信與本位持守，也要善於審視與反觀——這在需要心智與勇氣的同時，更需忠誠、責任和良知。

〔註1〕這是中國文化史的隱痛。梁啓超《古書眞僞及其年代》:「文化發達愈久，好古的心事愈強。代遠年湮，自然有很多後人僞造古書以應當時的需要。」僞書的負面影響，梁氏以爲有如下者:「史蹟方面」，(1)、「進化系統紊亂」；(2)、「社會背景混淆」；(3)、「事實是非倒置」；(4)、「由事實影響於道德及政治」。「思想方面」，(1)、「時代思想紊亂」；(2)、「學術源流混淆」；(3)、「個人主張矛盾」；(4)、「學者枉費精神」。「文學方面」，(1)、「時代思想紊亂，進化源流混淆」；(2)、「個人價值矛盾，學者枉費精神」。(《飲冰室合集》十二，中華書局，1989年。專集之一百○四，p1～p13)

〔註2〕這使人想起戰國時期秦國商鞅變法禁《詩》、《書》(《商君書·農戰》、《去強》、《說民》、《算地》、《靳令》、《賞刑》、《外內》、《君臣》、《愼法》)，北宋熙寧年間王安石提舉經義局新注《詩》、《書》、《周禮》等以謀求統一思想和尋找變法的理論依據。

　　由此可見「經義」在古代中國政治走向中的作用與功力。之於民族文化而言，是驕傲也是悲哀——一但為「經」便具有了排他性、阻斷性，而「義」之所需則又意味著「經」將會出現任何可能的加注、詮釋。「經」本無辜，「緯」亂其真；「我注六經」而「六經注我」——秦漢專制主義中央集權制度後，對「軸心時代」、「第一次思想大解放」有限的文存（儒家「攻乎異端」之結果）反覆進行契合政治之解讀，是中國思想史「特色」之一。

　　〔註3〕陳夢家《古文尚書作者考》：「關於孔安國注《尚書》的事，不見正史，惟在《孔叢子》中有兩段重要的材料。此書朱子以為偽書，並且說它和古文《尚書》是一手偽作。」（《尚書通論》，中華書局，2005年，p121）「重要的材料」指《孔叢子》卷七《連叢子》者。

　　《朱子語類》：「《尚書》決非孔安國所注，蓋文字困善，不是西漢人文章。安國，漢武帝時，文章豈如此？」「《尚書》孔安國傳，此恐是魏、晉間人所作，託安國為名……」（卷七十八）

　　〔註4〕自南宋吳才老始，朱熹、元代吳澄、明代梅鷟（zhuó）、清代閻若璩（qú）、惠棟等均考辨古文二十五篇為偽者。陳夢家《古文尚書作者考》：「東晉晚葉，會稽孔安國侍中推造古文《尚書》二十五篇，又作《尚書序》，又為今古文五十八篇及書序作傳注。此書似奉晉孝武帝詔而作，主旨在綴集古義，而作者以今推古，於傳注之外增益古文。書出，徐邈注音，范甯變隸古定為今字。東晉之末行於民間，齊時已立於學官，此後南朝盛行，隋初始入河朔。唐立為官學。」（《尚書通論》，p129）河朔，指黃河以北地區。

　　東晉孔安國家族世系及行第、生年、歷官、文事等見曹書傑《東晉孔安國家系及生平事略考》。（《社會科學戰線》，2007年第6期）

　　〔註5〕不幸的是此種「毀」之「刪」之「改」之者手段在中國從此不絕。清人纂修《四庫全書》禁燬書籍三千多種七千餘部近萬卷。且聽公元一千九百三十五年魯迅先生說：「單看雍正乾隆兩朝的對於中國人著作的手段，就足夠令人驚心動魄。全毀、抽毀，剜去之類也且不說，最陰險的是刪改了古書的內容。乾隆朝的纂修《四庫全書》，是許多人頌為一代之盛業的，但他們卻不但搞亂了古書的格式，還修改了古人的文章；不但藏之內廷，還頒之文風較盛之處，使天下士子閱讀，永不會覺得我們中國的作者裏面，也曾經有過很有些骨氣的人。（這兩句，奉官命改為「永遠看不出底細來。」）」（《且介亭雜文——病後雜談之餘》）

〔註 6〕《班簋（guǐ）》（成王）有「允才（哉）顯，唯敬德」銘，《大盂鼎》（康王）有「今我唯即井（型）稟於文王正德」、「敬擁（雍）德巠（經）」銘。（《殷周金文集成》修訂增補本，中華書局，2007 年，第四冊 p2745，第二冊 p1517）

〔註 7〕而至公元二十世紀四十年代，馬克思主義歷史學家翦伯贊（六十年代後期革命中眾多被迫害自殺的知名學者、文化名人之一）在《商代的社會關係及其發展》中據《武成》和《史記·周本紀》之紀，極具煽情和革命性地這樣寫道：「現在，商代的奴隸大眾，打開了朝歌的大門，他們和西北的革命聯軍在勝利的呼號中，衝進了朝歌。現在，奴隸大眾怒吼了，綿羊變成了獅子，牛馬變成了人，他們粉碎了他們的鎖鏈，搗毀了他們的土牢，打開了巨橋的穀倉，散發了鹿臺的寶藏。並且在神的面前，公然地侮辱了他們的主人……火在焚燒，人馬在奔騰，明天的世界，又是歷史的新頁了。」（《先秦史》，北京大學出版社，1990 年，p204）

〔註 8〕《梁孝王世家》竇太后對漢景帝說「吾聞殷道親親，周道尊尊，其義一也」，帝召通經術者問，袁盎等曰：「殷道親親者，立弟。周道尊尊者，立子。殷道質，質者法天，親其所親，故立弟。周道文，文者法地，尊者敬也，敬其本始，故立長子。周道，太子死，立適孫。殷道。太子死，立其弟。」而所謂「賢賢」，實際上是因政治格局和生產關係的改變而由世卿世祿制到任官制的部分變化，時在春秋之後。《荀子·王制》：「雖王公士大夫之子孫也，不能屬於禮義，則歸之庶人。雖庶人之子孫也，積文學，正身行，能屬於禮義，則歸之卿相士大夫。」話很激進，頗有些「民主」的意思，也甚理想，但實際上只是一時文章興致所至。《禮記·王制》「樂正崇四術，立四教。順先王《詩》、《書》、《禮》、《樂》以造士……國之俊選，皆造焉」，漢儒作文而已。庶民中無「俊士」，也不產生「選士」。

〔註 9〕公元前 817 年（魯武公九年，周宣王十一年）的春天，魯武公領著長子括和少子戲西行朝見周宣王，言談中周宣王有些喜歡戲，有意立其為魯君繼承人。雖有大夫樊仲山甫勸諫了一番，但宣王堅持了自己的主張。第二年夏天魯武公去世，戲繼位，是為懿公。周宣王二十一年、魯懿公九年（前 807 年），括的兒子伯御與魯人殺懿公，伯御為君。十一年後（周宣王三十二年，前 796 年。其時四夷大體平定，諸侯歸附，當所謂「中興」之時），周宣王伐魯殺伯御，問魯國公子中誰為嗣君合適，樊穆仲（即仲山甫）推薦了懿公的弟弟稱，稱於是立，是為魯孝公。「自是後，諸侯多畔（叛）王命。」（《魯周公世家》）

公元前 606 年（周定王元年，魯宣公三年，楚莊王八年），楚國討伐陸渾戎，

至洛水，在周王室疆界內陳兵示威。剛剛即位的周定王慌了手腳，忙派王孫滿前去犒勞。楚莊王充滿挑釁地問象徵王權的九鼎有多重，滿戰戰兢兢說了一些統治國家「在德不在鼎」之類的話（他說的「德」其實還是指秩序之「禮」而非「道德」），楚莊王聽得很不耐煩，說：「你不要依仗什麼九鼎，楚國只消刀劍上的刃尖便可鑄成九鼎。」（《楚世家》、《左傳·宣公三年》）

公元前 707 年（周桓王十三年，魯桓公五年），強勢的鄭莊公被周桓王罷其左卿士之職（打算讓右卿士虢公忌父單獨執政），於是不朝。還在盡力維護朝廷尊嚴的周桓王秋天裏率陳、蔡、虢、衛等諸侯去討伐，大敗，「祝聃射王中肩」。更讓中央王室屈辱和顏面掃地的是，晚上鄭莊公竟然又派人（而不是親自）去問候周桓王及左右──其況味也只有肩膀受傷疼痛難忍的周桓王最知──諸侯國君鄭莊公，肆意地羞辱了周天子。（《桓公五年》，又《周本紀》、《鄭世家》）

《僖公二十四年》「凡、蔣、邢、茅、胙、祭，周公之胤也」，「凡伯」當是姬姓之後。《大雅·板》、《瞻卬》毛序「凡伯刺厲王也」、「凡伯刺幽王大壞也」──鄭玄以《板》「我雖異事，及爾同寮」，言凡伯是周王之卿士（「我雖與爾職事異者，乃與女同官，俱為卿士」），孔穎達以為「公、侯、伯、子、男」五等爵中的侯、伯入王朝則為卿，凡國「伯」爵為傳世之稱，兩詩中的「凡伯」不是同一個人。《隱公七年》紀當初戎人朝周，凡伯輕視之而不以禮相待。這一年凡伯受周王之命訪魯，返回的途中在楚丘遭戎人襲擊劫持，結果自然是凡伯被殺，凡國滅。時在公元前 716 年，周平王孫周桓王四年，距周厲王末年一百二十五年，距周幽王末年也已五十五年了，西周早已終結。

萇弘是劉國國君劉文公所屬大夫，「以方（術）事周靈王，諸侯莫朝周；周力少，萇弘乃明鬼神事，設射貍首。貍首者，諸侯之不來者」（《封禪書》），所以《孔子家語·觀周》編撰了孔子「訪樂於萇弘」的故事。劉國是周頃王封其子劉康公建立的侯國，自康公始歷定公、獻公、文公、桓公五世為周王室卿士（但其時周王室已到頃王派人向魯國討錢安葬其父周襄王的地步）。劉氏與晉國趙、范、中行、智、魏、韓六卿中的范氏世為婚姻，在晉卿之爭中偏向范氏，晉卿（也是趙氏宗主）趙鞅為此責難周王室，周敬王被迫處死了萇弘。《哀公三年》：「劉氏、范氏世為婚姻，萇弘事劉文公，故周與范氏。趙鞅以為討。六月癸卯，周人殺萇弘。」（又見《周語下》）時在公元前 492 年，周敬王二十八年。

從公元前 807 年伯御殺魯懿公，到前 716 年凡伯被殺，前 707 年周桓王的被鄭莊公的軍隊射中肩膀，前 606 年楚莊王問鼎輕重，前 492 年殺萇弘，分崩離析的周王朝從西（周）到東（周）──十五年後（前 477 年），所謂「春秋」也結束

了。進入「戰國」，一代王朝只剩一個「東都」成周的城廓。

（兩千三百年後，一個年號「洪武」的牧牛出身的皇帝，雖「遵古先哲王之制」而「封建諸王，以衛宗社」，但「分王而不錫土，列爵而不臨民，食祿而不治事」——當年的周天子還不具備制約皇權之外權力的政治思維）

〔註10〕趙世超《擋不住的誘惑——中國古代等級制度述論》：「中國又『位於世界最大的大陸——歐亞大陸的東南部，瀕臨世界最大的海洋——太平洋，由於海陸之間的熱力差異而造成季風氣候特別顯著』。由此帶來的最重要的後果就是季節變化劇烈，降水集中，洪澇多發。而在漫長的缺雨期，大片的內陸地區又要遭受旱魔的威脅。與之相伴，還會有風災、雹災、霜災、雪災、凍災以及蝗災，時時來襲。在地質方面，漂移的幾大板塊在中國交接，又造成地震災害相對集中。在這樣的條件下從事農業生產，需要深謀遠慮……更需要憑借集體的力量。同時，災害的普遍性、危害性和不可預測性必然會增加人的恐懼心理，並將這種心理上升爲恐懼人格，進而導致對權威的依賴和對秩序的強調。所以，古代的農業都是以家族爲單位進行的。『一個家族就是一個生產隊』，父家長既是生產的組織者、領導者，也是家族財富的支配者，所有的家族成員都必須屈從他的意志……

……中國畢竟地域遼闊，活動在同一舞臺上的部族號爲『萬國』，實則多到數不勝數。將敵對者進行屠戮既難於實現，而依靠本族純粹的自然發展更不可能在劇烈角逐中脫穎而出，也許還有天然的『同情心』在起作用，所以，以不同形式對順從者進行吸納便成爲壯大自身的主要途徑。漸漸地，儘管依然充滿血腥，但『服之而已』卻作爲『古之伐國者』的主要傳統流行開來。於是，除了族內分層，在不同族團之間又建立了臣服關係。」（《中西早期歷史比較研究》，科學出版社，2016年，p173～p176）

〔註11〕《逸周書逸文》謂「往者不可及，來者不可待，賢明其世，謂之天子」。後世的皇帝學會了這個方法，如漢代劉氏主張、儒生操弄的「漢家堯後」之鬧劇。儒生們不會不知道，那「不好儒」的「沛公」曾經是怎樣地「諸客冠儒冠來者，輒解其冠，溲溺其中」，但他做了皇帝，便是死去已多年，也是要全心全意爭相爲其效勞的。

〔註12〕孟子在《萬章上》中狡黠地表達了他對禪讓的懷疑和不完全相信：「萬章曰：『堯以天下與舜，有諸？』孟子曰：『否。天子不能以天下與人。』『然則舜有天下也，孰與之？』曰：『天與之。』『天與之者，諄諄然命之乎？』曰：『否。天不言，以行與事示之而已矣。』曰：『以行與事示之者，如之何？』曰：『天子

能薦人於天，不能使天與之天下⋯⋯故曰：天不言，以行與事示之而已矣。」

荀子在《正論》中也認為「天子者，勢位至尊，無敵於天下，夫有誰與讓矣！⋯⋯夫曰堯舜擅（禪）讓，是虛言也，是淺者之傳，陋者之說也」。

而韓非子在《五蠹》中則直接指明堯舜的禪讓是一種不負責任的逃避：「堯之王天下也，茅茨（屋頂）不剪，采椽不斫（不加雕飾），糲（粗米）粢之食，藜藿之羹，冬日麑（ní）裘，夏日葛衣，雖監門（看門人）之服養不虧於此矣。禹之王天下也，身執耒臿（chā）以為民先，股無胈（bá，股上之毛），脛不生毛，雖臣虜之勞不苦於此矣。以是言之，夫古之讓天子者，是去監門之養而離臣虜之勞也，故傳天下（禪讓）而不足多（讚美）也。」在《說疑》中，又借人之口曰：「舜逼堯，禹逼舜，湯放桀，武王伐紂。此四王者，人臣弑其君者也，而天下譽之。察四王之情，貪得人之意也；度其行，暴亂之兵也。然四王自廣措（按：擴充勢力）也，而天下稱大焉；自顯名也，而天下稱明焉。則威足以臨天下，利足以蓋世，天下從之。」

後世有投靠儒門為混口飯吃者，又作許多「舜南巡，葬於蒼梧，堯二女娥皇、女英淚下沾竹」（《述異志》）之類，雖千古幽怨賺得文人一聲歎息和幾滴眼淚，卻是既無用也很無聊。

參見顧頡剛《戰國秦漢間人的造偽與辨偽——戰國以前的古史是『民神雜糅』的傳說》。（《古史辨自序》，河北教育出版社，2003 年，p101～p107）

〔註 13〕後世在社會生產關係早已改變、早已不再是以血緣關係而聚居的時代，人們仍然以「宗族文化」的名義和各種各樣的方式，頑強謀求族屬世系的認同，千方百計使宗親觀念得以延續。

當國家主流媒體以「文化」的名義天天做「公益廣告」宣揚宗族觀念，成千上萬的人經年穿梭往來於「天下」各地尋親問祖，進而生成無數林林總總、大大小小「志族人之世次」的「家譜」，遍地復修祠堂家廟，於現代社會文明和人與人之間的關係來說，不知又意味著什麼？

潘光旦《家譜還有些什麼意義》，列其七：（1）、尊祖；（2）、敬宗；（3）、收族與睦族；（4）、婚姻嚴姓氏之防；（5）、選擇官員；（6）、愛重門第；（7）、選擇婚姻。「宗」者，「宗子」也，有百世不遷之「大宗」和五世而遷之「小宗」。照此，宗族而宗法，又要形成多少個大、小宗專政的政權體？則是要退回到兩千幾百年前的「別親疏（疏），序昭穆」、「尊祖故敬宗，敬宗故收族，收族故宗廟嚴」之《儀禮・喪服》和《禮記・大傳》之時代？大小宗族長「合族」以對

抗政府、對抗社會怎麼辦？他行「收族」、「恤族」「庇族」之責還受不受國家法律的制約？行「族權」沉豬籠投枯井處死「族人」怎麼辦？

倘若祖上不曾是殺人越貨、「打、砸、搶」或「腐敗分子」者等，「尊祖」或無害於社會。但當年「族人」阿 Q 仗著酒膽說自己也姓趙，結果是迎來了趙太爺狠狠的一巴掌。在魯迅作品中，「我」的許多體面之「本家」，卻是並不顧及宗族之情分，總是「賣親求榮」，總是要去「告官」；那《藥》中的夏三爺告了夏四奶奶的兒子，便「賞了二十五兩雪白的銀子」。

〔註 14〕後世與之同質性的龐大群體，無法逆轉的所謂「底層的惡」、「集體之惡」，使「民主政治」在不具備機制的同時也缺少必要的合格主體基礎，也使「精英政治」成為可能並且顯得（貌似）別無選擇。（直至 20 世紀初，辛亥革命後，袁世凱復辟帝制，其追隨者楊度、「法律顧問」古德諾仍言「……中國程度何能言此？多數人民，不知共和為何物，亦不知所謂法律以及自由平等諸說為何義，驟與傳制君主相離而入於共和……遍地散沙，不可收拾」，「得日過日，以求苟安」，「其貪狡者，狗偷鼠竊，以欲私囊」；「中國數千年以來，狃於君主獨裁之政治，學校闕如，大多數之人民，知識不甚高尚，而政府之動作，彼輩絕不與聞，故無研究政治之能力……」《君憲救國論》；《共和與君主論》）

或被稱為「人民」、「百姓」者之「民人」，與「公民」是兩個完全不同的概念。「公民」屬於自己，自身權利與社會義務明確，法治支撐其自信、自由、體現自我價值並效忠國家。而「民人」不屬於自己，專制和極權統治使其屬於某個政權，甚至屬於政權之經營者個人或集團，其義務通常被無限擴延放大，而權利則統統被收歸形成了由部分人掌握的「公權」。「民人」無從獨立思考和判斷，無從自由地展示和創造，於政權只有服從和忍受而缺少發自內心的支持──在一定政治條件下他們希望並付諸於行動「把舊世界打個落花流水」。

「民人」也被認為是「革命」的最積極因素（不勞而獲的誘惑又始終存在）。雖則「改革」使國家強盛而「革命」常常使社會動亂（「想做奴隸而不得的時代」）、眾生苦毒，甚至疆土流失，但中國兩千多年的「封建」社會歷史中卻是改革寥寥而「革命」此起彼伏。專制政治和與之相適應的生產關係使社會結構中未能產生潛在的「改革」源──具備資產權和話語權階層。

而「革命」者的成分又總是魚龍混雜，既有志士仁人，也有流氓惡棍、地痞無賴；劉邦、朱元璋的勝出證明了由底層轉換為最高權力擁有者的可能。政權更迭，通過「革命」以「民人」的名義掠奪並擁占社會資源和財富後，並沒有「苟

富貴，無相忘」，易主的「民人」還是「民人」，一部分「積極分子」，由封官許願等利益的誘惑成為新政權「打手」而表現得異常活躍極端。

顧準《希臘城邦制度——讀希臘史筆記》：「『公民』、『公民權』等等，不見於我國古代，也不見於埃及、兩河流域等早於古希臘或與古希臘同時的『東方』各帝國。」「專制主義政體自以為『撫民如撫赤子』，亦即一切階級無論其利害如何不同，均被視為皇帝的子民，皇帝自命為一視同仁地照顧他們的利益，不許結黨，不許發表不同於皇帝的政見，不許干預皇帝的施政。事實上，一方面皇朝殘酷地剝削人民，成為人民利益的最大的敵對者，一方面，皇帝的龐大的官僚機構又每日每時在產生出來新的貴族階級，幫助皇帝剝削與統治。這樣，皇朝政權及其官僚機構自己處於敵對階級中的一方，而又諱言階級，嚴禁結黨，階級鬥爭就只好採取騷亂、暴動、農民戰爭和皇朝更迭的形態。」（《顧準文集》，海峽出版發行集團，福建教育出版社，2010 年，p57、p162）

〔註 15〕即便所謂「井田」，在很大程度上也是孟子以來至漢人所臆造。《公羊傳》、《穀梁傳》宣公十五年所言僅僅是一種「傳」說。倘若真有「私田」，是應該存在其剩餘產品之交換的，或也多少應該有些契約文明之痕跡的。胡適在《井田辯》中對周代之「井田」予以否認，認為秦以前未曾有過井田。萬國鼎也早在 1933 年就在《上古田制之推測及土地私有制之成立》中以為孟子之說，「蓋參照西周舊制，及初期軍國整理土田之新制，為滕國設此理想的計劃也。公私田之分，本於埒地制。以井伍民，本於初期軍國之田制。每夫百畝，則以當時一夫所耕，恒以百畝為率也。孟子所言本簡單，至漢世始演繹為詳備之井田論。」「夏商均無井田制，西周以至春秋所行者為埒地制，亦非儒者所傳之井田制。」「埒地制既有公私田之分，及借而不稅之制，私田授之庶人，當亦不無授還法之規定，其形式絕類所謂井田制。然有一根本不同之點在，儒者所以歌頌井田者，為其均貧富也。而埒地制則為領主壓迫農奴，榨取利益之一種制度。周既以力服商，對於被征服者，謂其將如儒者所傳，採用理想的均貧富之井田制，誰實信之……儒者所傳之井田制，實無其事。」（《中國田制史》，商務印書館，2011 年，p52～p59）

並見陳伯瀛（登原）《井田有無考》。（《中國田制叢考》卷二，山西出版傳媒集團、山西人民出版社，2014 年，p9～p50）此書 1933 年完成，1935 年商務印書館初版，1980 年香港大東圖書公司印行，1985 年臺灣明文書局又出版。比起這「老」那「老」的政治傾向性歷史著作，《中國田制叢考》的學術價值要高

得多。但大陸直至 2014 年才在山西「第一次印刷」，距作者 1975 年去世已四十年。

〔註 16〕《天官·小宰》「以官府之八成經邦治」。「八成」之「四曰聽稱責（債）以傅別」，「六曰聽取予以書契」，鄭玄引鄭眾：「稱責，謂貸予。傅別，謂券書也。聽訟責者，以券書決之。」賈公彥疏：「稱責，謂舉責生子（息），彼此俱爲稱意，故爲稱責，於官於民，俱是稱也。爭此責者，則以傅別券書決之。」「於官直貸不出子者，故云取予。若爭此取予者，則以書契券書聽之。」

《地官·大司徒》「以荒政十有二聚萬民：一曰散利，二曰薄徵，三曰緩刑⋯⋯」，鄭玄注：「荒，凶年也。鄭司農云：『救饑之政，十有二品。散利，貸種食也。薄徵，輕租稅也。弛力，息繇役也⋯⋯。』」疏：「云『散利，貸種食也』者，謂豐時斂之，凶時散之，其民無者，從公貸之。或爲種子，或爲食用，至秋熟還公。據公家爲散，據民往取爲貸，故雲散利貸種食。」

《泉府》「凡民之貸者，與其有司辨而授之，以國服爲之息」，注：「鄭司農云：『貸者，謂從官借本賈也，故有息，使民弗利，以其所賈之國所出爲息也。假令其國出絲絮，則以絲絮償；其國出絺葛（chīgě，葛布），則以絺葛償。』玄謂以國服爲之息，以其於國服事之稅爲息也。於國事受園廛（chán）之田而貸萬泉者，則期出息五百。」疏：「凡言服者，服事爲名，此經以民之服事，唯出稅是也。」

⋯⋯

借貸和相關「關市」之敘寫，《地官》中還有許多，如《司市》、《質人》、《廛人》、《胥師》、《賈（gǔ）師》、《司虣（bào 暴）》、《司稽》、《胥》、《肆長》、《司門》、《司關》等，但皆沒有在金文中得到任何證實。鄭玄以漢代 5% 的利息率來附會，更是趙翼所謂「臆度之詞」。（《陔餘叢考》卷三十三）即便眞有《周禮》所言之借貸，也僅僅是發生在「官」「民」之間，是前者於後者盤剝性的「養」、「恤」之舉──不同層級的政權之鏈接者視其人民與土地一樣，皆屬自己所私有。《周禮》中的「市場主體」實爲戰國、更多的是漢人爲文所虛擬。

《裘衛盉（hé）》、《五祀衛鼎》、《九年衛鼎》（恭王）雖涉土地交易，但實際是「官」「官」之間利益糾紛引發的內部補償和平衡性質的「交換」，並非經濟學意義上的市場交易行爲。恭（共）王時期的西周「土地制度」還沒有被「動搖」，「家天下」的生產關係下也絕無產生「宗族主義市場經濟」的可能而被允許進行「土地轉讓」。

　　銘文中的那個「裘衛」，既不是「皮貨商人」、「工程承包商」，也不是名「衛」的「司裘」（《周禮·天官》）。「司裘」是朝廷內務小官，無需冊命，也不存在朝聘，也鑄不起「裘衛四器」。而此人在恭王之父穆王時就曾受到過賞賜（《廿七年衛簋》）——以其「緇芾、朱衡、□鑾（蠻）」看，其地位和勢力絕非一般。而於「民人」而言，《禮記·王制》「田里不粥（鬻）」，孔穎達疏：「田地里邑，既受之於公，民不得粥賣。」

　　〔註 17〕如果《周書·洪範》真為「箕子為陳天地之大法」，那麼儒家還遠不及商人之思想有「民主」意識：「汝則有大疑，謀及乃心，謀及卿士，謀及庶人，謀及卜筮（偽孔傳：「將舉事而汝則有大疑，先盡汝心以謀慮之，次及卿士眾民，然後卜筮以決之」）。汝則從，龜從，筮從，卿士從，庶民從，是之謂大同（傳：「人心和順，龜筮從之，是謂大同於吉」）。身其康強，子孫其逢吉（傳：「動不違眾，故後世遇吉。馬云：『逢，大也』」）。汝則從，龜從，筮從，卿士逆，庶民逆，吉（傳：「三從二逆，中吉，亦可舉事」）。卿士從，龜從，筮從，汝則逆，庶民逆，吉（傳：「君臣不同，決之卜筮，亦中吉」）。庶民從，龜從，筮從，汝則逆，卿士逆，吉（傳：「民與上異心，亦卜筮以決之」）。汝則從，龜從，筮逆，卿士逆，庶民逆，作內吉，作外凶（傳：「二從三逆，龜筮相違，故可以祭祀冠婚，不可以出師征伐」）。龜筮共違於人（傳：「皆逆」），用靜吉，用作凶（傳：「安以守常則吉，動則凶」）。」

　　〔註 18〕《周語上》：「敬王命，順之道也；成禮義，德之則也。則德以導諸侯，諸侯必歸之。且禮所以觀忠、信、仁、義也，忠所以分也（韋昭注：「心忠則不偏也」），仁所以行也，信所以守也，義所以節也。忠分則均，仁行則報，信守則固，義節則度。分均無怨，行報無匱，守固不偷（注：「偷，苟且也」），節度不攜（注：「攜，離〔心〕也」）。若民不怨而財不匱，令不偷而動不攜，其何事不濟！」

　　〔註 19〕孔子個人達不到「仁」的境界。《孔子世家》紀魯定公十年（前500 年，這一年孔子五十二歲），魯、齊夾谷之會，孔子出主意「有文事者必有武備，有武事者必有文備」。齊景公借會遇之禮將手執矛戟劍盾等武器的一群人混雜在樂舞中，本想威脅魯定公就範，卻被孔子斥退。第二輪「優倡侏儒為戲而前」，已沒有什麼武力威脅，但孔子還是大叫：「匹夫而營惑諸侯者罪當誅！請命有司！」於是一群齊國無辜的歌舞雜技藝人和身材矮小的侏儒，在孔子的主張下活生生被處以腰斬，身首異處。

　　大夫少正卯有眞才實學，是魯國的著名「聞人」。孔子和他都曾開辦私學招收學生，但學生們大多總是跑到少正卯那裡去聽課，這使孔子十分難堪。魯定公十四年（前 496 年），孔丘任魯國大司寇（似乎還暫理相職），上任七天便以「亂政」之名將少正卯殺死在東觀下，曝屍三日。

　　事情即便是在「圈子裏」也有人看不下去了。荀子、劉向（《說苑‧指武》、《漢書‧劉向傳》）等便發動心機爲孔子尋解脫。在《宥坐》中，出生時孔子已死去一百六十多年的荀子託孔子說：「人有惡者五，而盜竊不與焉：一曰心達而險，二曰行辟而堅，三曰言僞而辯，四曰記醜而博，五曰順非而澤。此五者，有一於人，則不得免於君子之誅，而少正卯兼有之。故居處足以聚徒成群，言談足以飾邪營眾，強足以反是獨立，此小人之桀雄也，不可不誅也……」以其所言「言僞而辯」、「聚徒成群」、「飾邪營眾」，孔子是將少正卯作爲思想異端分子而利用手中的權力將其處死了。

　　宋人劉敞實在忍不住在《公是集》裏說了幾句質問的眞話，朱熹趕緊示意打住，說孔子並沒有殺少正卯：「某嘗疑誅少正卯無此事，出於齊魯陋儒欲尊夫子之道，而造爲之說。若果有之，則左氏記載當時人物甚詳，何故有一人如許勞攘，而略不及之？史傳間不足信事如此者甚多。」（《朱子語類》卷九十三）「若少正卯之事，則予嘗竊疑之。蓋《論語》所不載，子思、孟子所不言，雖以《左氏春秋》內外傳之誣且駁而猶不道也，乃獨荀況言之，是必齊魯陋儒，憤聖人之失職，故爲此說以誇其權耳。」（《晦庵集》）清人也有說「此蓋申（不害）、韓（非）之徒言刑名者誣聖人以自飾，爲非孔子之事」者。（崔述《洙泗考信錄》。又閻若璩《四書釋地》、梁玉繩《史記志疑》）

　　近世新文化運動時期免不了再說起這事，尊孔的歷史學家們就希望人們還是「對其本國已往歷史有一種溫情與敬意」，錢穆作《孔子行攝相事誅魯大夫亂政者少正卯辨》（《先秦諸子繫年》），言下之意是孔子應該不會殺人，云云。

　　以儒家思想命題言，春秋時「天下」已四分五裂，孔子說：「克己復禮爲仁。一日克己復禮，天下歸仁焉。」（《顏淵》）邢昺疏：「言人君若能一日行克己復禮，則天下皆歸此仁德之君也。」（《論語注疏》）朱熹注：「仁者，本心之全德。克，勝也。己，謂身之私欲也。復，反也。禮者，天理之節文也。爲仁者，所以全其心之德也。蓋心之全德，莫非天理，而亦不能不壞於人欲。故爲仁者必有以勝私欲而復於禮，則事皆天理，而本心之德復全於我矣。歸，猶與也。又言一日克己復禮，則天下之人皆與其仁，極言其效之甚速而至大也。……日日克之，不以爲

難，則私欲淨盡，天理流行，而仁不可勝用矣。」（《論語集注》）

同是「經學家」，但南宋較北宋政治語境已大改變。「本心」不同，其解讀自然也不同──朱熹自以其「理」爲是，說「禮」即「天理」。其實，當初的孔子自己也清楚，他也就那麼和顏淵等學生們在一起說說而已，衣食無憂時做了一個關於「禮」、「仁」和「天下」的夢。

《莊子·漁父》中孔子外出遊談裝模作樣彈琴吟唱，當子貢吹噓其「性服忠信，身行仁義，飾禮樂，選人倫，上以忠於世主，下以化於齊民」時，漁父譏笑孔子「仁則仁矣，恐不免其身；苦心勞形以危其眞。嗚呼！遠哉其分於道也（離大道實在是太遠了）！」

〔註 20〕《鹽鐵論·非鞅》「文學」曰：「商鞅棄道而用權（權術），廢德而任力，峭法盛刑，以虐戾爲俗，欺舊交以爲功（《商君列傳》「孝公……使衛鞅將而伐魏。魏使公子昂將而擊之。軍既相距，衛鞅遺魏將公子昂書曰：『吾始與公子驩〔huān，歡〕，今俱爲兩國將，不忍相攻，可與公子面相見，盟，樂飲而罷兵，以安秦、魏。』魏公子昂以爲然。會盟已，飲，而衛鞅伏甲士而襲虜魏公子昂，因攻其軍，盡破之以歸秦」），刑公族以立威（《列傳》「令行於民期年，秦民之國都言初令之不便者以千數。於是太子犯法。衛鞅曰：『法之不行，自上犯之。』將法太子。太子，君嗣也，不可施刑，刑其傅公子虔，黥其師公孫賈」），無恩於百姓，無信於諸侯（《列傳》「商君相秦十年，宗室貴戚多怨望者」），人與之爲怨，家與之爲仇，雖以獲功見封，猶食毒肉愉（愉同「偷」，苟且）飽而罹其咎也。」

秦國和《商君書》所言商鞅者對後世專制和流氓政治的影響是巨大的。但就國家政權而言，商鞅則又是眞正的無我之鐵腕變法家──車裂其身是早期中國政治場景最爲特別者之一。

〔註 21〕儒家「攻乎異端」除孔子外，表現最激烈的是孟子和荀子。《滕文公下》中公都子問孟子「外人皆稱夫子好辯，敢問何也？」答：「予豈好辯哉，予不得已也。……世衰道微，邪說暴行有作……聖王不作，諸侯放恣，處士橫議，楊朱、墨翟之言盈天下，天下之言，不歸楊則歸墨。楊氏爲我，是無君也。墨氏兼愛，是無父也。無父無君，是禽獸也……楊、墨之道不息，孔子之道不著，是邪說誣民，充塞仁義也。仁義充塞，則率獸食人，人將相食。吾爲此懼，閑先聖之道，距（拒）楊墨，放淫辭，邪說者不得作。……昔者禹抑洪水而天下平，周公兼夷狄、驅猛獸而百姓寧，孔子成《春秋》而亂臣賊子懼……我亦欲正人心，

息邪說，距詖（bì）行，放淫辭……能言距楊、墨者，聖人之徒也。」主張「自我（人權）」、「兼愛」的楊朱、墨翟（尤其是前者）之學，遂為儒家所滅。

到荀子，《非十二子》中出口「禽獸行」、「欺惑愚眾」亂罵，咬牙切齒要十二子（它囂、魏牟、陳仲、史鰌〔qiū〕、墨翟、宋鈃〔jiān〕、慎到、田駢、惠施、鄧析、子思、孟軻。《韓詩外傳》無子思、孟軻，清人盧文弨「疑出韓非、李斯所附益」）「無置錐之地」、「務息十二子之說」，「如是則天下之害除」。而後「法仲尼子弓之義」，以「總方略，齊言行，壹統類……」

而法家之韓非子也不是「兼容並包」，他也是「得一察焉以自好」，也同樣排他，「兼聽雜學繆行同異之辭，安得無亂乎？……」（《顯學》）其禁止「二心」之「私學」的文化專制思想更為暴力和極端。

〔註 22〕關於孔子評傳，當代首數顧準的胞弟、經濟學家陳敏之在 1974 年寫的《〈孔子〉筆記》（一、二），收在《顧準文集》中。（p405～p425）

〔註 23〕所謂「禮樂」，是源於以維護政治秩序為目的的宴飲、祭祀、朝覲、冊命賞賜等活動中的「禮」之樂。《大雅·緜》大姜來嫁古公亶父，《大明》大任來嫁王季、大姒來嫁文王，《韓奕》「韓侯取妻」，《國風》幾首關於婚嫁的詩，《周南·桃夭》、《召南·鵲巢》、《何彼穠矣》、《衛風·碩人》（她可是「齊侯之子，衛侯之妻。東宮之妹，邢侯之姨，譚公維私」）等，均未有「樂」；漢人附會的《士昏禮》中也沒有「樂」——比之政權，「人」不足道。

政治的「禮樂」，以其功用性而影響了後世整個民族的藝術之樂。以《詩經》中的樂器為例：「鞉（táo）鼓」（即鼗鼓，有柄之搖鼓）、「磬」、「庸」（即鏞〔yōng〕，《說文》：「大鐘謂之鏞」），「萬舞（大型舞蹈，文、舞兩部分，文持羽、籥，武持兵器）」（《商頌·那》）

「應田」（《毛傳》：「應，小鞞也。田，大鼓也。」鞞〔pí〕同「鼙」，小的鼓）、「鼓」、「鞉（鼓）」、「磬」、「柷（zhù）」（《爾雅·釋樂》郭璞注：「柷如漆桶，方二尺四寸，深一尺八寸，中有椎柄連底，桐之令左右擊。」桐音 dòng。朱熹《詩集傳》：「柷，……令左右擊以起樂者也」）、「圉」（朱熹：「亦作敔，狀如伏虎，背上有二十七鉏鋙刻，以木長尺擽之，以止樂者也。」敔音 yǔ。鉏鋙〔jǔyǔ〕，物櫛齒狀。擽〔lì〕，擊。《呂氏春秋·仲夏》「飭鍾磬柷敔」，高誘注：「敔，木虎，脊上有鉏鋙，以杖擽之以止樂」）、「簫」、「管」（《周頌·有瞽》）

「鍾」、「鼓」、「磬」、「筦（管）」（《周頌·執競》）

「塤（塤）」、「篪」（《大雅·板》）

「賁（鼖〔fén〕）鼓」、「鏞」、「鼓」、「鍾」、「鼓」、「鍾」、「鼉（tuó）鼓」（《大雅・靈臺》）

「鼓」、「鍾」（《小雅・白華》

「籥舞」、「笙」、「鼓」（《小雅・賓之初筵》）

「琴」、「瑟」、「鼓」（《小雅・甫田》）

「鍾」、「鼓」、「鼓」、「鍾」（《小雅・楚茨》）

「鼓」、「鍾」、「鼓」、「鍾」、「鼓」、「鍾」、「磬（gāo）」、「鼓」、「鍾」、「鼓」、「瑟」、「鼓」、「琴」、「笙」、「磬」、「籥」（舞）（《小雅・鼓鍾》）

「塤（壎）」、「篪」（《小雅・何人斯》）

「鼓」、「鍾」、「鼓」、「鍾」、「鼓」、「鍾」（《小雅・彤弓》）

「鼓」（《小雅・伐木》）

「鼓」、「琴」、「瑟」（《小雅・常棣》）

「鼓」、「瑟」、「笙」、「笙」、「鼓」、「簧」（大笙）、「鼓」、「瑟」、「鼓」、「琴」、「鼓」、「瑟」、「鼓」、「琴」（《小雅・鹿鳴》）

「鼓」、「瑟」、「鼓」「簧」《秦風・車鄰》

「鍾」、「鼓」、「鼓」、「鼓」、「瑟」（《唐風・山有樞》）

「琴」、「瑟」（《鄭風・女曰雞鳴》）

「簧」（《王風・君子陽陽》）

「龠」（《邶風・簡兮》）

「琴」、「瑟」、「鍾」、「鼓」（《周南・關雎》）

……（有些「鼓」在《詩》中是動詞，但於琴、瑟、簧等皆言「鼓」之，故列之）

《周禮・春官》有「磬師」「鍾師」「笙師」等，但鍾、鼓是周人樂器之首要。所謂《九夏》（《王夏》、《肆夏》、《昭夏》、《納夏》、《章夏》、《齊夏》、《族夏》、《祴〔gāi〕夏》、《驁夏》），也是以「以鐘鼓奏」作表述的；出土文物中也可見「鍾」（編鍾）之氣勢。

借《地官・鼓人》鄭玄注，再看看「鼓」之規模：

「雷鼓，八面鼓也。」「靈鼓，六面鼓也。」「路鼓，四面鼓也。」「大鼓謂之鼖。鼓長八尺。」「鼛鼓長丈二尺。」「晉鼓長六尺六寸。」《考工記・韗（yùn）人》還有「長尋有四尺」（一尋等於八尺，「尋有四尺」即一丈二尺）的「皋鼓」……

《詩經》涉祭祀（《那》、《靈臺》、《楚茨》）、冊命賞賜（《彤弓》）者，只有

「鍾鼓既設」之「鍾」「鼓」，而沒有出現琴、瑟、笙、簧等管絃樂器。較之宴飲，祭祀、冊命賞賜對於政治秩序的強調更爲直觀——周人以爲鐘鼓是威嚴肅穆的，更能警世，示強。鐘鼓轟鳴，煙霧繚繞，那是一個王朝的心願傳播，更是關於集團利益的不容置疑的意志表達。

當審美屈從於政治並形成某種傳承，自然也會成爲「傳統」，成爲「文化」。被賦予政治功能的音樂同樣專橫而粗暴！一如強權即是眞理，鑼鼓喧天同樣成爲「官樂」的最高境界，表現的是「傳達」、「封鎖」、「控制」、「覆蓋」之權力強勢和恐懼性炫耀。

遍地「咚咚」鼓樂震天響，便萬不會有「小夜曲」、「敘事曲」。「天下」子民狂歡，關於「人」，關於心靈，關於眞理正義，關於對話、交流、傾訴、敘述就成爲另類。「娛民」的同時收穫著「愚民」之驚喜。

〔註 24〕顧頡剛《戰國秦漢間人的造僞與辨僞——孟子的託古》：「孔子雖慨歎夏、殷文獻無徵，還喜歡把三代制度作比較。到孟子時，古文獻更無徵了，但他一樣的會比較，而且比得更詳細。例如滕文公問爲國時，他就說……三代間的變遷之跡，他舉得這樣清楚。但我們早已知道，他表面上雖說的是古事，實際則是發表自己的政見，所以在他敘述了三代田制和學制之後，就說：『有王者起，必來取法，是爲王者師也。』仍是寫包票的辦法。

三代的制度，就在這種情形之下愈講愈多。試看《禮記・明堂位》所記的禮器，說到車，則是……這樣那樣，一件一件地搬了出來，好像那時眞有一個歷史博物院，保存著四代的器物，故說得如數家珍。但倘使果眞這樣了，孔子又何必與『文獻無徵』之歎呢？」（《古史辨自序》，p116、p117）

〔註 25〕參見黃開國《〈詩古微〉攻劉歆的妄改〈左傳〉》。（《邵陽學院學報》社科版，2009 年第 1 期）

〔註 26〕邢文於 2012 年 5 月 28 日、6 月 4 日在《光明日報》第 15 版發表《浙大藏簡辨僞——楚簡〈左傳〉》、《浙大藏簡辨僞——戰國書法》，「學界」是以「沒有必要做出回應」、「不再評論」回應的。（參見 2012 年 6 月 5 日《東方早報》韓少華《浙江大學戰國書簡眞僞之辨》）

無獨有偶，《光明日報》2016 年 8 月 8 日第 16 版又發表邢文《北大簡〈老子〉辨僞》，9 月 12 日第 16 版又同時發表李開《關於北大簡〈老子〉的辨僞》和邢文《「辯證之美」與「散點透視」——北大簡〈老子〉再辨僞》。

〔註 27〕賜禮之弓矢數量，文獻未見其制。但《宜侯夨（cè）簋》（成王）、

《小盂鼎》（康王）、《應侯見工鍾》（夷王）、《晉侯穌鍾》（厲王或宣王）分別有「彤弓一，彤矢百，旅弓十，旅矢千」、「弓一，矢百」、「彤弓一，彤矢百」、「弓、矢百」之紀。陳夢家《典籍中的賞賜》引《文侯之命》，「此篇爲春秋時冊命，但和西周金文相類。」並見其《西周金文中的賞賜》。（《西周銅器斷代》，中華書局，2004 年，p415～p442）

〔註 28〕《禮記·經解》：「孔子曰：『入其國，其教可知也。其爲人也溫柔敦厚，《詩》教也。疏通知遠，《書》教也。廣博易良，《樂》教也。絜靜精微，《易》教也。恭儉莊敬，《禮》教也。屬辭比事，《春秋》教也。故《詩》之失愚，《書》之失誣，《樂》之失奢，《易》之失賊，《禮》之失煩，《春秋》之失亂。其爲人也，溫柔敦厚而不愚，則深於《詩》者也；疏通知遠而不誣，則深於《書》者也；廣博易良而不奢，則深於《樂》者也；絜靜精微而不賊，則深於《易》者也；恭儉莊敬而不煩，則深於《禮》者也；屬辭比事而不亂，則深於《春秋》者也。』」

勞孝輿所言「豈非《詩》之爲教所以浸淫人之心志而厭飫之者，至深遠而無涯哉」，實際上是附和以上「孔子」的一段話，而《經解》不過是漢儒一篇平常文論而已。

〔註 29〕中國此類「文化」陰影，自西漢始，對於整個民族心智和認知心理的負面影響無可估量。直至晚晴，還有慈禧政權的官員在城牆上潑狗血、畫老虎和扔出女性的裹腳布、月經布來抵禦「洋（羊）人」八國聯軍。直至今天，還有高官「不問馬列問大師」，熱衷於大師支招；還有官員在「大師」的指點下，爲「官運」亨通而不惜拆毀影響其「風水」的公共建築……

《儒林列傳》紀董仲舒作《災異之記》，「是時遼東高廟災，主父偃疾之，取其書奏之天子。天子召諸生示其書，有刺譏。董仲舒弟子呂步舒不知其師書，以爲下愚。於是下董仲舒吏，當死，詔赦之。於是董仲舒竟不敢復言災異。」但之前史遷卻對其作了「以《春秋》災異之變推陰陽所以錯行。故求雨閉諸陽，縱諸陰，其止雨反是。行之一國，未嘗不得所欲」的「史記」。

「讖」者，「詭爲隱語，預決吉凶」，圖「讖」、語「讖」；「緯」者，「經之支流，衍及旁義」，「漸雜以術數之言，既不知作者爲誰，因附會以神其說。迨彌傳彌失，又益以妖妄之詞，遂與讖合而爲一」（《四庫提要·易類》）。儒生、方士各色人等爲服務政治而附會「經」義的變種。

《周書·洪範》「箕子」語「天乃錫禹洪範九疇，彝倫攸敘」，「孔安國」注：

「天與禹洛出書，神龜負文而出，列於背，有數至於九。禹遂因而第之，以成九類，常道所以次敘。」所以作出此注者，《易》傳之一的《繫辭》（上）中有句「河出圖，洛出書，聖人則之」，《漢書‧五行志》「劉歆以爲處（fú伏）羲氏繼天而王，受《河圖》，則而畫之，八卦是也；禹治洪水，賜《洛書》，法而陳之，《洪範》是也」，《後漢書‧方術列傳》「至乃《河》《洛》之文，龜龍之圖，箕子之術⋯⋯」

《洪範》孔穎達疏：「先達共爲此說，龜負《洛書》，經無其事，《中候》及諸緯多說黃帝堯、舜禹、湯文武受圖書之事，皆云龍負圖，龜負書。緯候之書，不知誰作，通人討核，謂僞起哀平，雖復前漢之末，始有此書，以前學者必相傳此說，故孔以九類是神龜負文而出，列於背，有數從一而至於九⋯⋯」

《中候》即《尚書中候》，眾多讖緯之書中的一種，鄭玄有注；「哀平」即「哀帝」劉欣、「平帝」劉衎（kàn），一個是「斷袖之癖」的同性戀（《漢書‧佞倖傳》），一個未成年即爲王莽毒酒鴆殺（《資治通鑒》卷三十六），兩帝不過十餘年時間，王莽篡位，西漢覆滅——而於帝王和帝王政治的神化，卻於此間推陳出新，又有了新「碩果」；讖緯也成了政治爭奪、竊國篡權和矇騙世人的有效工具。

距今近一千四百年的孔穎達（早有東漢桓譚、尹敏、鄭興、王充、張衡、王符等）尚且感覺到了「先達共爲此說」的無聊和「荒唐悠謬」（章太炎語），而當今又有不少學者重拾「舊傳」，以其各種「理論」宣揚「傳統文化」的「博大精深」，興趣盎然。

或曰，正是官方和各種政治勢力操弄的功利與目的性讖緯，助長了民間的訴求性巫術，二者的結合和氾濫又衝擊了中國眞正宗教信仰體系的建立——倘若此，漢人「功」不可沒。

〔註30〕「周道既廢，秦撥去古文，焚滅《詩》、《書》，故明堂、石室、金鐀（鐀〔guì〕，藏書之處）、玉版圖籍散亂」，「惟漢繼五帝末流，接三代絕業⋯⋯文學彬彬稍進，《詩》、《書》往往間出⋯⋯百年之間，天下遺文古事靡不畢集」（《史馬遷傳》），所以史遷才得以「悉論先人所次舊聞」，「紬（音 chōu，「謂綴集之」）史記石室金鐀之書」。後世已無從知曉「金鐀之書」到底有那些目錄。從「網羅天下放失舊聞，王跡所興，原始察終，見盛觀衰，論考之行事，略三代，錄秦、漢」看，包括他「二十而南遊江、淮，上會稽，探禹穴，窺九疑，浮於沅、湘；北涉汶、泗，講業齊魯之都，觀夫子遺風」采風式的社會調查，

其作「史」之材料能可靠到哪裏呢？

《寶雞師院學報》哲社版 1985 年第 4 期曾刊郭碧波《季札觀樂質疑》，所論詳實有力，惜未引起學界關注。

〔註 31〕自隋大業元年（605 年）至清光緒三十一年（1905 年），一千三百年間以維護封建政權為目的的選拔官吏之科舉考試中（較之血緣世襲和世族控制已是一種進步），無論形式如何改變，《大學》、《中庸》、《論語》、《孟子》（因孟子說過「民為貴，社稷次之，君為輕」之類的話，朱元璋做了皇帝後《孟子》被刪削成了《孟子節文》）之「四書」和《詩經》、《尚書》、《禮記》、《周易》、《春秋三傳》之「五經」是其一貫的內容。

1840 年第一次鴉片戰爭的炮聲使「天朝」開始些許知道「天外」之情形，但在最後六十五年的科舉考試中，依是「四書」，依是「五經」──那已是達爾文、法拉第、諾貝爾、門捷列夫、愛迪生、黑格爾、叔本華、尼采、雨果、托爾斯泰之時代，英國已完成了「自從農業被發現以來人類歷史上最大規模的物質和經濟改革」的工業革命──牛頓的《自然哲學之數學原理》早在 1687 年就已經出版，瓦特改進技術的蒸汽機也在 1776 年誕生（這一年必須提到的一件事是美利堅合眾國的建立。《獨立宣言》強調制定「對公眾利益最有益、最必需的法律」，「我們認為下述真理是不言而喻的：人人生而平等，造物主賦予他們若干不可讓與的權利，其中包括生存權、自由權和追求幸福的權利。為了保障這些權利，人們才在他們中間建立政府，而政府的正當權利，則是經被統治者同意授予的。任何形式的政府一旦對這些目標的實現起破壞作用時，人民便有權予以更換或廢除，以建立一個新的政府。新政府所依據的原則和組織其權利的方式，務使人民認為唯有這樣才最有可能使他們獲得安全和幸福……」亞當·斯密《國富論》也於當年初版；兩年後的 1778 年「法蘭西思想之王」伏爾泰和啟蒙運動的卓越代表人物、傑出的民主政論家盧梭逝世），巴黎大學、牛津大學、劍橋大學等已成立六百多年……而中國其時正是滿清政權的「乾隆盛世」，遍地飢餓、恐怖、大興文字獄的酷政中，「務功名」的科舉考生們正頭懸樑、錐刺股，拼命誦讀著「四書」、「五經」，終日裏思量著如何做好那「代聖賢立言」的「破題、承題、起講、入手、起股、中股、後股、束股」之八股文「文章之事」。汲汲以求，志在利祿……

而即便是死心塌地和忠心耿耿，卻又總是被懷疑。當權力懼怕知識和真理時，精英往往遭遇困厄，甚至被集體摧滅。《儒林外史》「貫索犯文昌，一代文人

有厄」，小說之言不幸在皇權和專制與極權政治的社會現實中，無論古今，時常被應驗著。

〔註 32〕鄭玄注：「風，言賢聖治道之遺化也……雅，正也，言今之正者，以爲後世法。頌之言誦也，容也，誦今之德，廣以美之。」

《詩大序》「故詩有六義焉：一曰風，二曰賦，三曰比，四曰興，五曰雅，六曰頌……是以一國之事，繫一人之本，謂之風。言天下之事，形四方之風，謂之雅。雅者，正也，言王政之所由廢興也。政有大小，故有小雅焉，有大雅焉。頌者，美盛德之形容，以其成功，告於神明者也」；

《詩譜》「《周南》、《召南》之詩，爲風之正經」，「《大雅》十八篇、《小雅》十六爲正經。其用於樂，國君以《小雅》，天子以《大雅》，然而饗賓或上取，燕或下就」，「頌之言容。天子之德，光被四表，格於上下，無不覆燾，無不持載，此之謂容。於是和樂興焉，頌聲乃作」。覆燾（dào），覆被，施恩加惠；載，承載。

「十八篇」即今本《民勞》之前《文王》至《卷阿》者；「十六」即《六月》之前《鹿鳴》至《菁菁（jīng）者莪（é）》者。

〔註 33〕《弔屈原賦》作於漢文帝四年（前 176 年）「俟罪長沙」的路上「及渡湘水」時。七年後，同樣「痛哭」「流涕」「長太息」的賈誼因梁懷王墜馬死而「自傷爲傅無狀，哭泣歲餘，亦死」。

賈誼隔空屈原一百多年，時歷七雄爭霸、秦統一六國、陳吳起義、楚漢戰爭、劉邦稱帝，「漢興」已三十多年，已是所謂「文景之治」時。無論楚懷王還是漢文帝、武帝，他們其實都是儒家帝王政治理論的踐行者。屈原、賈誼忠而被貶，卻又「冀幸君之一悟」；史遷晚生賈誼五十多年，值西漢政權最強盛時期，「余讀《離騷》、《天問》、《招魂》、《哀郢（yǐng）》，悲其志。適長沙，觀屈原所自沉淵，未嘗不垂涕……」（《屈原賈生列傳》）

一部中國政權史，被多少屈原、賈誼、史遷們交匯流淌著的眼淚浸濕。國君、皇帝們泰然處之，一以貫之，歷久彌堅。

〔註 34〕《左傳・昭公七年》「封略之內，何非君土？食土之毛，誰非君臣？」臣皆屬君，臣下之「民」自然也屬君。「民」是「齊等之民」，不存在有自由意志的個體。

「齊民」思想是儒家於專制與極權政治的最大貢獻之一，源自西周之「封土授民」。不但畫地「編戶」，「統一教化（思想）」、「武裝頭腦」又使眾「民」永無

獨立思考和判斷之緣。愚之則愚，惡之則惡——某種誘因下又會成為泛集體「惡的化身」而罔顧天理良知。或正中集權操縱者之意，或超乎其料想。甚至到近世「義和團」和20世紀下半葉中國大陸某些更為駭人聽聞的極端群團亦可證之。

〔註35〕《小雅‧天保》「民之質矣，日用飲食」，《詩經》之「民」並不等同於後世之「人民」，但即便認為「人君之於天下不能以獨治也」而提出「眾治」主張的明末清初的顧炎武，仍以「質樸」解「質」：

「夫使機智日生，而姦偽萌起，上下且不相安，神奚自而降福乎？有『起信險膚』（按：《尚書‧盤庚上》，起，興起；信，通伸，伸說；險，險偽；膚，浮言）之族，則『高后崇降弗祥』（《盤庚中》），有『譸張（欺詿，譸音 zhōu）偽幻』之民，則嗣王『罔或克壽』（《周書‧無逸》）。是故有道之世，人醇（純）工庞（庞樸和厚），商樸女童（純眞）（《淮南子‧氾論訓》），上下皆有嘉德，而至治馨香感於神明矣。然則祈天永命之實，必在於觀民。而斲雕為樸，其道何由？則必以厚生為本。」（《日知錄》卷三）雖言「厚生」，卻是手段之設想，目的還是要將民「斲雕為樸」。

「民德歸厚」的背後是民眾相關權利的被徹底剝奪。周之後兩千多年的「封建」和什麼社會裏，因為不存在法治，自然也就沒有所謂「民主」、「平等」、「自由」——這是儒家政治之大忌，以至整個民族心理漸漸形成以隱忍和迴避為常態；而公平的社會競爭機制始終缺失又使「厚黑保身」大行其道。也由於沒有法治的支撐和保證，以及身、「心」為政權所控制——在一個無視基本人權的社會制度中，在恐懼與屈辱之中，所謂活力與創造精神，便也無從談起。

一九〇一年《國民報》第一期無名氏《二十世紀之中國》：「嬴秦暴興以降，獨夫民賊無代不作，率皆敝屣公理，私土地、人民為己有，使天下之人，知有朝廷不知有國家；又恐其民之秀傑者，不滿於己之所為，乃施以種種牢籠、束縛、壓制、威脅之術，以便其私圖。故夫學術者，所以智民也，而民賊愚之。取古先儒言論之最便於己者，作一姓機關之學術；利於民者，辟之為邪說；專以柔順為教，養成奴隸之性質，以便供己軛束役使之用。是故中國之學術，為一人矣，而中國無學術。政治者，國民公共之機捩（按：捩本作柂，音 lì。機柂，設有機件而能制動之器，指機關）也，而民賊專之。舉一切用人行政之大權，悉出於一人之喜怒愛憎，其喜且愛者，不計國民之利害而妄行之，其怒且憎者，不計國民之利害而擅廢之；於其喜且愛之人，則可加以非常之寵榮，其怒且惡之人，則可處以無名之殺戮。是故中國之政治，為一人矣，而中國無政治。法

律者，國民之公器，稱之曰國法，非一家之法也，而民賊私之……是故中國之法律，爲一人也，而中國無法律。夫學術也，政治也，法律也，其顯然易見者也，他如種種不可思議之弊政，乃至不可以枚舉。而中國之民，馴伏柔順，安之若素……中國兩千年之學術、政治、法律及一切，一人一家之私教養成之者也。此爲自取之遠因。」（《辛亥革命前十年間時論選集》，三聯書店，1960年，第一卷上冊，p67、p68）

梁啓超《〈西學書目表〉後序》：「當知歷代制度，皆爲保王者一家而設，非爲保天下而設……三代以後，君權日益尊，民權日益衰，爲中國致弱之根源。」（《飲冰室合集》一，文集之一，p128）

連極端鼓吹儒家文化價值、主張保存纏足、辮子、納妾、皇帝的辜鴻銘在《中國人的精神》中也說：「必須承認，就中國人的智力發展而言，在一定程度上被人爲地限制了。眾所周知，在有些領域中國人只取得很少甚至根本沒有什麼進步。這不僅有自然方面的，也有純粹抽象科學方面的，諸如數學、邏輯學、形而上學。實際上歐洲語言中的『科學』與『邏輯』二字，是無法在中文裏找到完全對等的詞加以表達的。」（《中國人的精神》，黃興濤、宋小慶譯，海南出版社，1996年，p36、p37）

顧準《要確立科學與民主，必須徹底批判中國的傳統思想》：「中國的傳統思想，沒有產生出科學與民主。如果探索一下中國文化的淵源與根據，也可以斷定，中國產生不出科學與民主來。不僅如此，直到現在，中國的傳統思想還是中國人身上的歷史重擔。」「『君天也，天不可逃也』……中國，除了倫常禮教，沒有學問，專心知識、探究宇宙秘密不是出路。要逃避王權，只好走老莊禪佛一路。」「中國思想只有道德訓條。中國沒有邏輯學，沒有哲學。有《周髀算經》，然而登不上臺盤。猶如中國有許多好工藝，卻發展不到精密科學一樣。中國沒有唯理主義。……中國有不成系統的經驗主義，一種知其然不知其所以然的技藝傳統，這成不了『主義』，只成了傳統的因襲。中國有原始的辯證法，然而中國人太聰明，懶得窮根究底，所以發展不出什麼有系統的辯證法來——何況，辯證法還必需要有眞正的宗教精神才發展得出來，黑格爾可以爲證。」（《顧準文集》，p304、p307、p308。文章寫於1973年3月，一年後這位命途多舛、1957年、1965年兩次被戴上「右派」帽子、在苦難和暴虐中堅持獨立思考、「拆下自己肋骨當作火把用以照亮黑暗」、「挽回了這個民族的思想界在那個可恥年代的集體名譽」的人去世了）

張維迎《捍衛自由是每一個關心中國命運的人的責任》：「在過去500年，

中國在發明創造方面乏善可陳。……根據英國科學博物館的學者 Jack Challoner 的統計，從舊石器時代（250 萬年前）到公元 2008 年之間產生了 1001 項改變世界的重大發明，其中中國有 30 項，占 3%。這 30 項全部出現在 1500 年之前，占 1500 年前全球 163 項重大發明的 18.4%，其中最後一項是 1498 年發明的牙刷，這也是明代唯一的一項重大發明。在 1500 年之後 500 多年全世界 838 項重大發明中，沒有一項來自中國。……中國在過去 500 年沒有做出一項可以載入史冊的發明創造，意味著我們對人類進步的貢獻幾乎為零！……中國人口是美國人口的 4 倍，日本的 10 倍，英國的 20 倍，瑞士的 165 倍。按照知識創造的指數縮放法則，中國的發明創造應該是美國的 5.6 倍，日本的 17.8 倍，英國的 42.3 倍，瑞士的 591 倍。但實際情況是，近代 500 年裏，中國在發明創新方面對世界的貢獻幾乎為零，不要說與美國、英國比，我們甚至連瑞士的一個零頭也達不到。……問題顯然出在我們的體制和制度。創造力依賴於自由！思想的自由和行動的自由。中國體制的基本特點是限制人的自由，扼殺人的創造性，扼殺企業家精神。中國人最具創造力的時代是春秋戰國時期和宋代，這不是偶然的。這兩個時代也是中國人最自由的時代。

公元 1500 年之前，西方不亮，東方昏暗。公元 1500 年之後，西方一些國家經過宗教改革和啟蒙運動，逐步走向自由和法治，我們卻反其道而行之。自由是一個不可分割的整體，當心靈不自由的時候，行動不可能自由；當言論不自由的時候，思想不可能自由。只有自由，才有創造。……」（2017 年 7 月 1 日在北京大學國家發展研究院 2017 屆畢業典禮上的演講，自網絡。題目引者摘自演講。參見傑克·查羅納〔Jack Challoner〕《改變世界的 1001 項發明》，張芳芳曲雯雯譯，中央編譯出版社，2014 年）

除「教化」外，世代不乏的是壓抑、苦悶、積鬱、悲憤、幽怨、哀傷、頹廢、絕望等「苦情」類文學及其相關作品，又總要被無數次地「賞析」。有「萬古高風」、「輕生死」、「冷眼看穿」的莊子，有「長太息以掩涕兮」的屈原，有亦癲亦狂、放浪形骸、「胸中壘塊須酒澆之」的阮籍和「率然玄遠」的嵇康，有「獨愴然而涕下」的陳子昂，有將「眼淚擦在她最末的花瓣上」的「瘦的詩人」，也有「願秋天薄暮，吐半口血，兩個侍兒扶著，懨懨的到階前去看秋海棠」的「雅人」，以及無數「到了秋天便會感傷」者和他們「幽咽而舒服的聲調」；更有——「自己明知道是奴隸」，卻「從奴隸生活中尋出『美』來，讚歎，撫摩，陶醉」的「使自己和別人永遠安住於這生活」的「萬劫不復的奴才」……

「這是一溝絕望的死水！」一個始終在被控訴的社會注定是扭曲的，而在眼淚、感傷、猖狂中獲得快慰的控訴也是病態的——以《紅樓夢》和二十世紀上半期的諸多「癆病小說」為例，在展示悲劇和表現社會病症的同時，取材視角和彌漫其間的「陰柔之美」本身也嫌是一種症狀——創作和閱讀審美同樣與王權和專制政治相關聯；而多少不同門類「形」之於「態」者，「超脫」之下，是作品人內心無盡的苦痛。

中國所特有的「隱士」現象和「隱士文化」，則是另一個層面上於專制政治的反應。「士」不屬於平民，但當其思想和精神意志一樣受到阻滯時，「遁世」、「遁棲」成為其一種存在的方式；而如「磷火一般的眼光」的宴之敖者（魯迅《鑄劍》）之義士俠客，關山飛度、飛簷走壁和一招一式之「武藝」裏，又總能讀出許多的鬱憤與不平，淒涼與無奈。

〔註36〕魯迅《在現代中國的孔夫子》：「孔夫子之在中國，是權勢者們捧起來的，是那些權勢者或想做權勢者們的聖人，和一般的民眾並無什麼關係。然而對於聖廟，那些權勢者也不過一時的熱心。因為尊孔的時候已經懷著別樣的目的，所以目的一達，這器具就無用，如果不達呢，那可更加無用了。在三四十年以前，凡有企圖獲得權勢的人，就是希望做官的人，都是讀『四書』和『五經』，做『八股』，別一些人就將這些書籍和文章，統名之為「敲門磚」。這就是說，文官考試一及第，這些東西也就同時被忘卻，恰如敲門時所用的磚頭一樣，門一開，這磚頭也就被拋掉了。孔子這人，其實是自從死了以後，也總是當著『敲門磚』的差使的。」（《且介亭雜文二集》。文章作於一九三五年）

多數的時候入仕升遷與其個人真正的才能、學識、品質無關，而是一種在錯綜複雜的政治利益關係（政治譜系化、家族化、江湖化、利益集團化等）中的廁身與博弈。血統出身和政治根系網絡的固化性存在，使所謂「寒門出貴子」、「學而優則仕」，即便在科舉、考試時代也只是一個美麗的傳說。

對於已「入局」者（包括被「徵辟」者）來說，摧志屈道「同乎流俗，合乎污世」（《孟子·盡心下》）是唯一的選擇；「既干進而務入兮，又何芳之能祗？」（《離騷》）你甚至沒有沉默的自由和潔身自好的權利。當你出現「蘇世獨立，橫而不流兮」、「秉德無私，參天地兮」（《橘頌》）或偏介之跡象時，對不起，屈原之外沒有多少人能有其「嫻於辭令」、「憂愁幽思」和長歌當哭的能耐——而況他又是「帝高陽之苗裔兮」的「貴族」，也就絕無流放的資格，而是——除之！其途徑和方法的多種多樣，挑戰你的想像極限。

　　當然，也有一時混出了模樣的，是「行且誦書」而終於「列於九卿」的朱買臣者流。買臣買臣，還「字翁子」，真是個貼切的名字！（《漢書·朱買臣傳》）而至於《禮記·儒行》「爵位相先也，患難相死也，久相待也，遠相致也」（鄭玄注：「相先，猶相讓也。『久相待』，謂其友久在下位不升，己則待之乃進也。『遠相致』者，謂己得明君而仕，友在小國不得志，則相致遠也」），那是政治傾軋之下漢儒託「孔子」做的官夢。

　　〔註37〕在《〈詩經〉在春秋戰國間的地位》序言中，先生說：「我做這篇文字的動機，最早是感受漢儒《詩》學的刺戟，覺得這種的附會委實要不得。後來看到宋儒清儒的《詩》學，覺得裏邊也有危險。我久想做一篇文字，說明《詩經》在歷來儒者手裏玩弄，好久蒙著真相，並且屢屢碰到危險的『厄運』，和雖是一重重的經歷險境，到底流轉到現在，有真相大明於世的希望的『幸運』。我關於這個問題，聚的材料已經不少了，但我心中覺得不滿足，自己問道：歷來的經學家為什麼定要把《詩經》弄壞呢？他們少數人鬧，為什麼大家不出來反對，反而滅沒了自己的理性去盲從他們呢？我因為要解答這一類問題，就想把《詩經》在它的發生時代——周代——中的位置考察一下，看出：沒有《詩經》以前，這些詩是怎麼樣的？那時人對於它們的態度是怎麼樣的？漢代經學家的荒謬思想的來源是在何處？為什麼會有這種荒謬思想的來源？」（《史古辨》三，上海古籍出版社，1982年，p310）

　　文章原題《〈詩經〉的厄運與幸運》，連載於1923年《小說月報》第三、四、五期。先生「把春秋戰國時關於『詩』與『樂』的記載抄出了多少條，比較看來，果然得一近理的解釋」，但「做這件工作時最感困難的，便是取材的膽怯。因為除了《詩經》本身以外，凡要取來證成《詩經》的差不多沒有一部書籍完全可靠。」

　　〔註38〕高亨先生將《召南·羔羊》中的「委蛇（yí）」解為「毒蛇」，將《王風·兔爰》「我生之初，尚無為。我生之後，逢此百罹，尚寐無吪（é）」，理解為大領主「回憶以往所過的不勞而食的寄生生活，悲傷現在的災難，而願意睡到死」；將《陳風·月出》注釋為：「陳國的兇暴統治者，殺害了一位英俊人物，此詩作者目睹這幕慘劇，唱出這首短歌，來悲悼被害者，作者可能是勞動人民，被害者可能是作者的夥伴，他的被害可能是由於反抗統治階級甚至起義。這首短歌揭露了封建統治階級的兇暴殘忍，反映出被壓迫的人們的犧牲流血，充滿著作者的悲悼情緒，而這種情緒本質是對統治者的強烈憎恨。這首短歌刻畫在月色慘白之下，一位英俊的人兒身上五花大綁走進殺人場，鋼刀一舉，人頭落地，火光一起，屍

首成灰。殺人場旁邊的老橡樹，枝幹盤曲，被風吹動，吼叫顫搖，增加了陰森氣象，作者們的心靈在悲苦，在跳動，在傷悼。這種極形象的刻畫，足以使人感動落淚。」上世紀六十年代高先生曾將自己的幾種「新箋」、「今注」等寄給毛澤東，毛回信說：「高文典冊，我很愛讀。」高先生先秦學術文化研究成就斐然，但他於《詩經》的一些特別的注解和「引論」，在當時就引出了很不同的意見。

見高亨《詩經引論》（《文史哲》1956 年第 5 期），《詩經選注》（五十年代出版社，1956 年），《詩經研究論文集》（人民文學出版社，1959 年），《高亨著作集林》第三卷、第四卷、第十卷（清華大學出版社，2004 年）。

〔註 39〕「義」爲「立義以明尊卑之分」；「禮」爲「序尊卑、貴賤、大小之位，而差外內、遠近、新故之級者」；「智」是儒家價值觀下的「是非之心」；「信」是「竭愚寫情，不飾其過」，董仲舒爲言人臣者「奉職應對」——實質性的問題和錯誤是絕不能指出、反駁的；而民眾倘敢說真話，則更是要被殺頭的。（《春秋繁露・盟會要》、《奉本》、《天地之行》、《孟子・公孫丑上》）

〔註 40〕嚴復翻譯孟德斯鳩《The Spirit of Laws》（《論法的精神》）時痛言：「中國自秦以來，無所謂天下也，無所謂國也，皆家而已。一姓之興，則億兆爲之臣妾。其興也，此一家之興也，其亡也，此一家之亡也。天子之一身，兼憲法、國家、王者三大物，其家亡，則一切與之俱亡，而民人特奴婢之易主耳……顧其所利害者，亦利害於一家而已，未嘗爲天下計也。」（《法意》，北京時代華文書局，2014 年，p73）

那個近代中國的政治怪物、晚清王朝的實際統治者——慈禧，她和她的「家臣」們，是要將「天下」寧予「友邦」而不予「家奴」，她「量中華之物力，結與國之歡心」而《辛丑條約》，往幾年前是《馬關條約》（當然，之前也有眾多的《南京條約》、《北京條約》等等）。所以近世那場「萬事俱備只欠東風」之「預備立憲」被辛亥革命取代是必然的——「改革」不會使慈禧和滿清皇室放手「天下」（「天下」也不具備「改革」的社會條件）。革命是革命黨人的自覺，革命的原由在於清王朝——「新政」、「立憲」、「革命」諸事錯綜複雜，但終究是以權益爲焦點，所謂責任內閣實際是「皇族內閣」，十三名成員中九名滿人不說，皇族佔了七名，行政、軍事大權依然集中於皇室之手——「天下」還是滿清皇室的。「變法」不成，也就只剩革命的路了，正所謂「假立憲必成真革命」；而怙權弄法，當皇權（能夠）操弄並凌駕於「憲法」之上，「憲法」成爲其專制、獨裁之「法」時，無可預料其形式的「革命」又將是注定的。（參見梁啓超《戊戌政變記》，《飲冰室合集》六，

專集之一;《清末籌備立憲檔案史料》,中華書局,1977 年;《辛亥革命前十年間時論選集》)

「資產階級」領導的那場革命,終結了中國的千年「封建」帝制。而於最大多數的「家奴」,清王朝原本是不用擔心其有什麼非分之想的。夏瑜對管牢的紅眼睛阿義說「這大清的天下是我們大家的」,因為「這是人話麼?」,「一手好拳棒」的義哥「便給他兩個嘴巴!」夏瑜的砍頭讓康大叔、駝背、花白鬍子、「二十多歲的人」和無數的「頸項都伸得很長」的「看客」們,是怎樣的歡欣,怎樣的快活!「咳,好看。殺革命黨。唉,好看好看……」從城裏歸來的阿 Q 是怎樣的神采飛揚,「而聽的人又都悚然而且欣然了」。(魯迅《藥》、《阿 Q 正傳》)

「無產階級」的他們──並不革命,他們革革命者的命。而由「帝國」到「民國」,帝王政治又轉為軍閥專制政權,「民主」,像冬夜黎明前的一個依稀的夢。

〔註 41〕2011 年 1 月 11 日,北京天安門廣場東側中國國家博物館門前兀然豎起了高達九米五的巨型孔子雕像,至 4 月 20 日,雕像又在夜色中被匆匆拆除。也許只是一個毫無意義的數字巧合和一件相關部門未作周全考慮的平常事,無需過度解讀。但在中國「封建」社會依皇權和專制與極權政治所需而推出的「聖人」,距那場令人扼腕長歎的「百日維新」運動一百一十三年後,又莫名其妙以「九五至尊」之寓意和具象的形式,在一個世所矚目的場所出現在公眾視野裏,恰好又整整是一百天。

「聖人」可以在歷史裏「燭照」,但在現實中的彰顯已受到質疑而不再暢行。「文化」之名義很難再成其為某種理由。

〔註 42〕據說連麻將也要恢復「國粹」地位,也有「天罡地煞」「陰陽」等「文化」在內。差不多九十年前,胡適《漫遊的感想‧麻將》:「我們走遍世界,可曾看見那(哪)一個長進的民族,文明的國家,肯這樣荒時廢業的嗎?一個留學日本朋友對我說:『日本人的勤苦真不可及!到了晚上,登高一望,家家板屋裏都是燈光;燈光之下,不是少年人跳著讀書,便是老年人跪著翻書,或是老婦人跪著做活計。到了天明,滿街上,滿電車上都是上學去的兒童……』(引者省)

其實何止日本?凡是長進的民族都是這樣的……(引者省)

從前的革新家說中國有三害:鴉片,八股,小腳。鴉片雖然沒禁絕,總算是犯法的了。雖然還有做『洋八股』與更時髦的『黨八股』的,但八股的四書文是過去的了。小腳也差不多沒有了。只有這第四害,麻將,還是日興月盛,沒有一點衰歇的樣子,沒有人說它是可以亡國的大害。新近麻將先生居然大搖大擺地跑

到西洋去招搖一次，幾乎做了鴉片與楊梅瘡的還敬禮物。但如今它仍舊縮回來了，仍舊回來做東方精神文明的國家的國粹，國戲！」（《胡適文存三集》卷一，外文出版社，2013 年，p70、p71）

〔註43〕資中筠《中國知識分子對道統的承載與失落——建設新文化任重而道遠》：「進入 21 世紀以來，或者更早，各種版本的極端國家主義思潮大行其道。有的表現為『國學熱』，有的表現為直接排外、仇外，有的借近幾年經濟增長之力自大狂，真以為中國可以拯救世界；有的重新肯定古今一切『傳統』（例如所謂三個傳統——儒家、〔1949 年以後〕前三十年、後三十年——一併繼承，就是不提1840 年以後那一百年），有的公然倡導『政教合一』，還有赤裸裸地恢復已經被拉下神壇的領袖的神話和崇拜，大造神像，等等。極端國家主義否定了百年來灑滿無數先烈鮮血的謀求民族振興的道路，甚至否定近三十年的改革。所有這些論調，殊途同歸，把『社會主義』嫁接到專制皇朝，通過美化古之帝王（包括暴君），頌今之『盛世』。

百年近代史上，每逢改革到一定程度，需要向民主、憲政的道路轉型的關鍵時刻，總有以『國粹』抵制『西化』的思潮出現，以『愛國』為名，反對社會進步，行禍國之實。」（《士人風骨》，廣西師範大學出版社，2011 年，p21）

趙世超《夾縫中的自由——論戰國時期的百家爭鳴運動》：「既然自由和專制代表著不同文化的前進方向，那麼，當弘揚中國傳統文化的口號響徹雲天的時候，各自所企盼的究竟是復興諸子時代的思想自由，並以思想創新為基礎，構建創新型社會，還是修補束縛了中國兩千多年的綱常倫理和等級秩序，每個人都必須接受良心的拷問。自先秦到明清，自由消而專制長，萬馬齊暗。辛亥革命推翻了帝制，實現了共和，《中華民國臨時約法》規定：『中華民國人民一律平等』，人民享有人身、居住、財產、言論、出版、結社、通訊、信仰等自由，從而敲響了專制主義的喪鐘，開啟了自由長而專制消的新時代。到五四新文化運動興起，更迎來了思想空前活躍，大家層出不窮的喜人局面。作為生活在二十一世紀、正盡情享受著新文化運動一切積極成果的知識分子，本應繼往開來，在民主和法制的軌道上，努力創建新文化，使諸子時代的自由精神在更高層次上獲得新生，為人從對整體的依賴性形態，經由相對獨立性形態，過渡到個人與社會相一致的自由個性形態做貢獻。但是，有些人既不研究自由的歷史，也不關注自由的未來，卻熱衷於通過對新文化運動的否定振興『國學』，並要用國學『築起中華民族的精神長城』，拒各種異質文化於境外；有些人硬說儒學的核

心是禮，而不是仁，並絞盡腦汁挖掘禮的精義，為現實生活中殘存的等級特權尋找依據；更有甚者，居然把自由民主與和諧穩定相對立，將自由民主妖魔化，公開宣稱：『民主化是一個禍國殃民的選擇』，『中國應該拒絕民主化』，接受『儒化』，『在上層，儒化共產黨，在基層儒化社會』，『建立儒教國』。聽到這些言論，不僅令人驚詫莫名，同時也感到反對專制主義、爭取享有完整自由的道路必將曲折而漫長。」（《中西早期歷史比較研究》，p46、p47）

〔註44〕趙世超《夾縫中的自由──論戰國時期的百家爭鳴運動》：「專制制度和專制主義思想既是歷史的產物，自然有其一定的歷史合理性。如儒家鼓吹綱常倫理，主張移孝作忠，就是與個人『像單個蜜蜂離不開蜂房一樣』的小農社會及血緣宗法制家庭相適應的；而秦的焚書坑儒和漢的罷黜百家、獨尊儒術也起到過鞏固統一、穩定社會、實現文化融合、規範文字等作用。……但是，承認惡曾在歷史進步中充當過『不自覺的工具』，不等於要放棄對惡性本質的揭露和譴責，更不能顛倒黑白，混淆是非，視癰疽為至寶。馬克思在評論『不列顛在印度的統治』時，一方面肯定正是這種統治破壞了『小小的半野蠻半文明的公社』，從而摧毀了『東方專制制度的牢固基礎』，『在亞洲造成了一場最大的，老實說也是亞洲歷來僅有的一次社會革命』；另一方面又尖銳地指出：『英國在印度斯坦造成的社會革命完全是被極卑鄙的利益驅使的……』……這樣，馬克思就在如何運用二律背反定律研究歷史問題方面為我們樹立了一個光輝的典範。從馬克思主義的立場、觀點、方法出發，看待中國古代的專制制度和專制主義，對其『惡的歷史作用』固然不能一筆抹殺，對它所產生的諸如殘害人性、毀滅文化、壓制自由、阻礙進步等種種罪惡，恐怕更不能置之不問……」（《中西早期歷史比較研究》，p45、p46）

〔註45〕趙世超《夾縫中的自由──論戰國時期的百家爭鳴運動》：「關注個體、容忍差異是自由的靈魂，也是民族走向強大的法寶。因為『真理是偉大的，如果聽其自然，它終將占上風』，真理還『是錯誤的有力反對者，對鬥爭毫不畏懼』，『如果允許人們自由地駁斥錯誤，錯誤也就沒有什麼危險』。所以，允許思想和言論自由，提倡不同觀點之間的自由辯論，不僅對政治真理的發現和傳播是必不可少的，對科學真理的發現和傳播也是必不可少的。只有實現了真正的思想、言論自由，謬誤才能受到徹底批判，妨礙社會進步的愚昧、落後、腐朽的東西才能被廓清，人的創造力才能競相迸發，民族和國家才能充滿活力，才能自立於世界民族之林，並走在世界的前列。」（《中西早期歷史比較研究》，

p44、p45）

〔註 46〕魯迅《燈下漫筆》：「我們不必恭讀《欽定二十四史》，或者入研究室，審察精神文明的高超。只要一翻孩子所讀的《鑑略》，——還嫌煩重，則看《歷代紀元編》，就知道『三千餘年古國古』的中華……『時日曷喪，予及汝偕亡！』憤言而已，決心實行的不多見。實際上大概是群盜如麻，紛亂至極之後，就有一個較強，或較聰明，或較狡滑，或是外族的人物出來，較有秩序地收拾了天下。釐定規則：怎樣服役，怎樣納糧，怎樣磕頭，怎樣頌聖……於是便『萬姓臚歡』了；用成語來說，就叫作『天下太平』。」於民眾而言便是「暫時做穩了奴隸的時代」。（《墳》。文章作於一九二五年。《鑑略》、《歷代紀元編》為舊學初級歷史讀物；黃遵憲《出軍歌》開首有「四千餘歲古國古，是我完全土」句）

小雅‧鹿鳴

　　《詩經》時代有修辭但沒有修辭學，所謂「賦、比、興」是後人歸納。詩歌的國度必有無數的詩論。《春官‧大師》「六詩」者，《詩大序》以「六義」作表述，孔穎達疏：「風、雅、頌者，詩篇之異體；賦、比、興者，詩文之異辭耳，大小不同而得並為六義者，賦、比、興是詩之所用，風、雅、頌是詩之成形，用彼三事，成此三事，是故同稱為『義』。」

　　東漢末年的鄭玄注《周禮》引鄭眾「比者，比方於物也。興者，託事於物」（《詩大序》孔穎達疏又引「鄭司農」：「諸言如者，皆比辭也」「取譬引類，起發己心，詩文諸舉草木鳥獸以見意者，皆興辭也」），而他自己則以為「賦之言鋪，直鋪陳今之政教善惡。比，見今之失，不敢斥言，取比類以言之。興，見今之美，嫌於媚諛，取善事以喻勸之」。〔註1〕

　　之後西晉摯虞《文章流別論》（《藝文類聚》卷五十六）、南朝（梁）劉勰《文心雕龍》、鍾嶸《詩品》、北宋歐陽修《詩本義》、南宋鄭樵《詩辨妄》、朱熹《詩集傳》、明代李夢陽《詩集自序》、清代周濟《介存齋論詞雜著》、陳沆《詩比興箋》、姚際恒《詩經通論》等皆論「賦、比、興」，以鍾嶸「文已盡而意有餘，興也；因物喻志，比也；直書其事，寓言寫物，賦也」、朱熹「賦者，敷陳其事而直言之者也」、「比者，以彼物比此物也」、「興者，先言他物以引所詠之辭也」最具影響。但朱熹也是站在高處俯視《詩經》觀量其表徵，他沒有、也並無意去真正走進《詩經》作者的內心世界——與之前漢代眾多的經學家一樣，他也是利用現成的文獻通過對其注解而發展先秦之儒家思想，只不過是以「理學」的名義和方法對接政治和意識形態，詩作者們的真實心境對他來說並不重要。〔註2〕

　　比較而言，摯虞「興者，有感之辭也」、南宋李仲蒙「敘物以言情謂之賦，情盡物者也；索物以託情謂之比，情附物者也；觸物以起情謂之興，物動情者也」（胡寅《斐然集》卷十八《致李叔易書》引）倒是有深入詩人內心之意圖，但終究還是沒有將話說透徹。奪得「天下」政權的周人顯得欣喜而又不安——是什麼樣的心理使他們本能地「敘物以言情」、「索物以託情」、「觸物以起情」呢？三百零五篇所言、所託、所起又都是些什麼樣的「情」呢？

　　假定《鹿鳴》寫的就是周天子「燕群臣嘉賓」（《毛序》），或者朝覲之禮中的一幕，那麼是其真實的行為記錄呢，還是理想希冀之場景？作者如果不是周天子，又是何等層面上的人物呢？他何以不用第三人稱而以第一人稱設言周天子而曰？「人之好我，示我周行」是周天子廣開言路善納群言之「民主」表現，還是「群臣嘉賓」釋放出有所訴求的委婉信號？「我有嘉賓，德音孔昭。視民不恌，君子是則是傚」是發自內心的誇讚賞識呢，還是心事浩茫連廣宇的周天子萬千憂思中，於「群臣嘉賓」的殷殷期許？

　　「德音」（德言）之「德」並不是「道德」之「德」，而是於事關王朝生死存亡之「禮」的遵循和踐履〔註3〕——周人設想通過種種儀式，以為在不斷的重複和溫習中，時刻擔憂著的政治秩序也就隨之穩定了。但「君臣共樂」的背後其實早已潛伏著巨大的隱患與危機——當孔穎達奉命正義「五經」言《鹿鳴》「上隆下報，君臣盡誠，所以為政之美也」（《毛詩正義》）時，〔註4〕西周王朝已滅亡一千四百年……

　　遍野群鹿呦呦引頸長鳴，雖《毛詩故訓傳》「以興嘉樂賓客，當有懇誠相招呼以成禮也」，但聽去竟也有幾分悲情和不祥。周人託於草木鳥獸蟲魚，其內心深處的情緒是複雜的，只在「象徵」和「意象」的概念與維度上，我們很難真正將其理解到位。

呦呦鹿鳴，食野之苹。

　　呦呦（yōu）：鹿鳴聲。《毛傳》：「呦呦然鳴而相呼，懇誠發乎中。」野：以居於「國」者之視角言，指郊牧之外廣闊遼遠的地帶。《爾雅·釋地》：「邑外謂之郊，郊外謂之牧，牧外謂之野，野外謂之林，林外謂之坰（jiōng）。」苹：陸璣《毛詩草木鳥獸蟲魚疏》：「葉青白色，莖似箸而輕脆，始生香，可生食，又可蒸食。」《爾雅·釋草》：「苹，藾蕭。」

我有嘉賓，鼓瑟吹笙。吹笙鼓簧，承筐是將。

> 承：《鄭箋》：「猶奉也。」一說承，受。筐：《毛傳》：「所以行幣帛也。」
> 是：復指前置賓語。將：進獻。《序》「既飲食之，又實幣帛筐篚（fěi），
> 以將其厚意，然後忠臣嘉賓得盡其心矣」，《鄭箋》：「飲之而有幣，酬幣
> 也。食之而有幣，侑（yòu）幣也。」幣帛，用作禮物之絲織品。侑，回，
> 報。《儀禮・公食大夫禮》有「公受宰夫束帛以侑」句。

人之好我，示我周行。

> 示：指示。周行（háng）：大道。《毛傳》：「周，至。行，道也。」朱熹
> 《集傳》：「古者於旅也語，故欲於此聞其言也。此燕饗賓客之詩也。蓋
> 君臣之分，以嚴爲主；朝廷之禮，以敬爲主。然一於嚴敬，則情或不通，
> 而無以盡其忠告之益，故先王因其飲食聚會，而制爲燕饗之禮，以通上
> 下之情。而其樂歌又以鹿鳴起興，而言其禮意之厚如此，庶乎人之好我，
> 而示我以大道也。《記》曰：『私惠不歸德，君子不自留焉。』蓋其所望
> 於群臣嘉賓者，唯在於示我以大道，則必不以私惠爲德而自留矣。嗚呼！
> 此其所以和樂而不淫也與（歟）？」見《禮記・緇衣》。旅，旅酬，賓主
> 酬、酢（zuò）互敬，見《儀禮・燕禮》。姚際恒《通論》：「周行，大路
> 也。⋯⋯猶云指我途路耳。」

呦呦鹿鳴，食野之蒿。

> 蒿：即青蒿，香蒿。

我有嘉賓，德音孔昭。

> 德音：德言。嚴粲《詩緝》：「嘉賓教益於我，皆有德之言，甚昭明也。」
> 〔註5〕昭：《鄭箋》：「明也。」

視民不恌，君子是則是傚。

> 視：《鄭箋》：「古示字也⋯⋯嘉賓之語先王德教甚明，可以示天下之民，
> 使之不愉於禮義。是乃君子所法傚，言其賢也。」〔註6〕愉通「逾」。
> 恌（tiāo）：同佻，輕淺，輕薄。朱熹《集傳》：「恌，偷薄也。⋯⋯言
> 嘉賓之德音甚明，足以示民使不偷薄，而君子所當則傚，則亦不待言
> 語之間，而其所以示我者深矣。」偷薄，澆薄。是：乃，於是。則：
> 以爲法則。《毛傳》：「言可法傚也。」傚同「效」。

我有旨酒，嘉賓式燕以敖。

> 旨，味美。式：助詞。一說式，用。燕：通「宴」，宴飲。《孔疏》：「我有旨美之酒，與此嘉賓用之燕飲以敖遊也。」一說燕，安。余培林《詩經正詁》：「燕，此處當訓安。『式……以……』為《詩經》中常見的套語，其用法與『既……且……』相似，其下二字多為形容詞。且意甚相近。《南有嘉魚》『式燕以樂』、『式燕以衎』，《車舝》『式燕且喜』、『式燕且譽』，可以為證。」衎音 kàn。敖：《毛傳》：「遊也。」又馬瑞辰《通釋》：「《爾雅》舍人注云：『敖，意舒也。』凡人樂則意舒，是知敖有樂意。」

呦呦鹿鳴，食野之芩。

> 芩（qín）：蔓葦草。《陸疏》：「莖如釵股，葉如竹，蔓生澤中下地鹹處，……牛馬皆喜食之。」

我有嘉賓，鼓瑟鼓琴。鼓瑟鼓琴，和樂且湛。

> 湛（dān）：陸德明《經典釋文》：「湛，字又作耽。」《毛傳》：「湛，樂之久。」

我有旨酒，以燕樂嘉賓之心。

> 《毛傳》：「燕，安也。夫不能致其樂，則不能得其志，不能得其志，則嘉賓不能竭其力。」

〔註 1〕見《春官·大師》注。關於鄭玄，其「廝役之吏」（李賢注：「廝，賤也」）出身，曾做過大約相當於鄉長或副鄉長級別的「鄉佐」（即「鄉嗇夫」，《漢書·百官公卿表》「大率十里一亭，亭有長。十亭一鄉，鄉有三老、有秩、嗇夫、游徼。三老掌教化，嗇夫職聽訟，收賦稅。游徼徼循禁賊盜」，《後漢書·百官志五》「鄉置有秩、三老、游徼。本注曰：有秩，郡所署，秩百石，掌一鄉人；其鄉小者，縣置嗇夫一人」）。北海相杜密（此人為時任「司徒」的中央官員胡廣所辟）「行春」至高密，發現嗜學勤勉的鄭玄是個人才，「即召署郡職，遂遣就學」。（《百官志五》「凡郡國皆掌治民，進賢勸功，決訟檢奸。常以春行所主縣，勸民農桑，振救乏絕」。實際上國相太守於春月間的視察調研任務還有很多）

在「太學」學習深造時，鄭玄也應該是一個（反宦官擅政）活躍的「清議」

分子（想必也曾面對警告或誡勉談話），所以在靈帝時也受累於「黨錮之禍」（熹平元年「四出逐捕，及太學遊生，繫者千餘人」。而桓帝時已徵召朝廷歷任尚書令、河南尹、太僕的杜密，則成為黨事中的數百死難者之一）。之後既受限於「黨錮」和時局，也出於自己的意願，仕進之路絕，終其一生遍注群「經」。

鄭玄的人生中除杜密外，還有一個人應該提到，即袁紹。袁紹「累世臺司」，其七世祖袁良「習《孟氏易》，平帝時舉明經，為太子舍人」；祖父袁湯曾任司空、司徒、太尉，父親袁成做過五官中郎將——祖上「明經」而啟袁氏一門仕宦，所以袁紹對「儒者」還是比較尊重的。

袁紹總兵冀州時會賓客有邀鄭玄（當年「太學生」的他其實也就書生意氣一番，而中軍校尉袁紹在中平六年可是「閉北宮門，勒兵捕宦者，無少長皆殺之。或有無須而誤死者，至自發露然後得免」，轉任司隸校尉後不用說），「客多豪俊，並有才說」，似乎都有些瞧他不起。「競設異端，百家互起」，鄭玄「依方辯對，咸出問表」，雖則「得所未聞，莫不嗟服」，但其內心是否真認可他的學問還兩說。

「舉玄茂才，表為左中郎將」，袁紹也就隨口這麼一說，鄭玄自然「皆不就」——「茂才」是個名號，倘若做了官，也以縣令居多，非其所志。「左中郎將」是左署皇帝侍衛統領，袁紹割據政權而表薦之，皇帝不會要，也沒人敢去；東漢群雄之統兵將領也多有稱「中郎將」者，其職位、品秩、權力差別很大。無論做朝中禁衛統領還是去統兵作戰，還是在袁紹軍中做個兼顧文書與宿衛護從的老「後勤部長」（鄭玄長袁紹二十五歲），鄭玄皆不能堪其所不願（之前如果袁隗〔wěi〕真表其為侍中，真有公卿在董卓遷都長安時舉其為趙相，「父喪不行」、「道斷不至」是藉口，他恐懼亂世政治），也不能堪其所不能，他勝任不了——當年應何進之辟而「一宿逃去」，但孔融要高密縣「異賢」而將鄭玄所在鄉更名為「鄭公鄉」，鄭玄欣然接受了。他做不了官。

至於公車署徵鄭玄為「大司農」，「給安車一乘，所過長吏送迎」，則也是一句玩笑話——袁紹初平元年（公元 190 年）於勃海起兵，幾年後強取冀州，其時鄭玄已是六十好幾的人了，汲古窮經幾十年，一個曾經「弟子河內趙商等自遠方至者數千」的經學家，又做得什麼「大司農」呢？（倒是百年前明帝時有個「鄭司農」）建安五年（公元 200 年）春，袁紹與曹操兩軍對峙官渡，令其子袁譚遣使逼七十四歲的鄭玄隨軍。不管出於什麼用意，垂垂老矣的鄭玄已遭罪不少，載病到元城縣便疾篤不進，幾個月後就去世了。

鄭玄之「辭訓」，在當時就被「通人」們「頗譏其繁」。但他狠下工夫，幾乎

是以決絕的姿態執著「念述先聖之元意，思整百家之不齊」，針對「異端紛紜，互相詭激」「經有數家，家有數說」而「定義乖」，「括囊大典，網羅眾家，刪裁繁誣，刊改漏失」——所注「群經」者，除《毛詩》、《周禮》、《儀禮》、《禮記》等外，「賈（逵）馬（融）許鄭」中的「五經無雙許叔重（慎）」曾以「五經傳說臧否不同」而作《五經異義》，刊正各經，鄭玄盯住不放又為《駁五經異義》。他所以成為「純儒」，為「官學」所器重並影響後世者，蓋其所說始終圍繞君權、等級迎合著儒家政治意識形態所需，是東漢時期「經學」領域最具代表性人物之一。

〔註2〕朱熹於《詩經》的「貢獻」是「廢序」。元人吳澄對其作過評價：「由漢以來，說三百篇之義者，一本《詩序》。《詩序》不知始於何人，後人從而增之。鄭氏謂《序》自為一編，毛公分以置諸篇之首。夫其初之自為一編也，《詩》自《詩》，《序》自《序》，《序》之非經本旨者，學者猶可考見。及其分以置篇之首，則未讀經文，先讀《詩序》，《序》乃有似詩人所命之題，而《詩》文反若因《序》而作，於是讀者必索《詩》於《序》之中，而誰復敢索《詩》於《序》之外哉！宋儒頗有覺其非者，而莫能斷也。至朱子始深斥其失而去之，然後足以洗千載之謬。嘗因是捨《序》而讀《詩》，則雖不煩訓詁而意自明；又嘗為之強《詩》以合《序》，則雖曲生巧說而義愈晦，是則《序》之有害於《詩》為多，而朱子之有功於《詩》為甚大也。今因朱子所定，去各篇之《序》，使不淆亂乎《詩》之正文，學者因得以《詩》求《詩》，而不為《序》說所惑。」（《草廬學案》）

但實際上朱熹對《詩序》有廢有從。他於《詩經》的解讀雖不同於漢儒，卻依是以其「理學」思維借題鞏固和維護君權（「存天理」）而禁錮民眾思想，泯滅其精神意志（「滅人欲」）；其「理學」之所以成為統治階級的官方哲學，是因為儒家的神權而王權之思想又有了新的理論依據——雖然在邏輯上繞得遠了些。如果說董仲舒是儒說的「神化」者，朱熹則是儒說「理化」的集大成者。他眼瞅著《國風》中的「情詩」，左右無法使之入其「理」，便一律以「淫詩」斷之。

（本書所引其「集傳」，為以《四部叢刊三編》本之底本參宋刻明印本者。參王華寶整理《詩集傳》，鳳凰出版社，2007年）

〔註3〕孟旦（DonaldJ・munro）《通往特權之路》：「在西周，表示決定理想行為的法則的通常術語是『彝』。（按：「彝」本宗廟之常器，引申為常法、常規。《大雅・烝民》一章有「民之秉彝，好是懿德」句）『德』可被定義為對待這種準則的恒常態度，他是通過尊從或違反準則的慣常行為中得以體現。『德』

字在使用時，有時應理解爲『對準則的態度』，而有時則應理解爲『慣常出現的行爲』；但是，行爲（由態度所轉變成的）的概念必定與『德』的含義密切相關。更深一層的區別也是必要的。有時『德』本身指明確符合法則（即指『德性』傾向和行爲）的態度和慣常行爲。」「當『德』被使用在具體和純粹的行爲方面時，它是一個包含實際行爲的修飾語。」「稍晚的文獻證明在整個周代，『德』一直指在恒常行爲中體現的恒常態度——至少在儒家著作中是這樣的。」（《早期中國「人」的觀念》，丁棟、張興東譯，北京大學出版社，2009 年，p106～p109）

〔註 4〕孔穎達，舊、新《唐書》有傳。出身官宦，「八歲就學，誦記日千餘言，暗記《三禮義宗》。及長，明服（虔）氏《春秋傳》、鄭（玄）氏《尚書》、《詩》、《禮記》、王（弼）氏《易》，善屬文，通步曆（曆算之學）。嘗造同郡劉焯，焯名重海內，初不之禮，及請質所疑，遂大畏服。隋大業初，舉明經高第，授河內郡博士……」入唐，李世民「武定禍亂」後「文治太平」，設文學館招「以本官兼文學館學士」的「十八學士」，孔爲其一（另十七人爲杜如晦、房玄齡、于志寧、蘇世長、姚思廉、薛收、褚亮、陸德明、李玄道、李守素、虞世南、蔡允恭、顏相時、許敬宗、薛元敬、蓋文達、蘇勖）。武德九年（公元 626 年）「玄武門之變」，李世民率兵殺四弟李元吉、長兄（皇儲）李建成及諸子——在立李世民爲太子的前後「務虛」與實施過程中，「十八學士」頗有付出，皆加官進爵，孔穎達遷國子博士。「貞觀初，封曲阜縣男，轉給事中。時帝新即位，穎達數以忠言進……帝稱善。除國子司業，歲餘，以太子右庶子兼司業。與諸儒議曆及明堂事，多從其說。以論撰勞，加散騎常侍，爵爲子。」皇太子令撰《孝經章句》，因文以盡箴諷，太宗賜其黃金一斤，絹百匹。之後又拜爲國子祭酒，在東宮充任侍講。他與顏師古、司馬才章、王恭、王琰諸儒受詔撰定《五經》義訓（即《五經正義》），凡一百八十卷，太宗詔曰其「符聖人之幽旨，實爲不朽」，付國子監施行，又賜孔穎達絹帛三百段。《五經正義》雖包貫異家而詳博，但也不無謬冗；有太學博士馬嘉運者駁正其失，「至相譏詆」。太宗曾詔令詳定，但似乎沒有完成。在孔穎達去世兩年後的永徽二年（公元 651 年），高宗李治詔令中書門下與國子三館博士、弘文館學士考正之，尙書左僕射于志寧、右僕射張行成、侍中高季輔就加增損，書遂頒行。

本書中的《詩經》文本，以及所引「詩譜序」「詩譜」「詩大序」「毛序」「毛傳」「鄭箋」「孔疏」，均採以清嘉慶二十一年阮元校刻《十三經注疏》爲底本者《毛詩正義》。（李學勤主編，北京大學出版社，1999 年）

〔註 5〕「德音」爲數見於《詩》之成語，意不盡相同。《大雅‧假樂》三章「威儀抑抑，德音秩秩」，嚴粲《詩緝》：「音，聲也。德音，有德之聲音也。言語、教令、聲名皆可稱德音。此詩『德音秩秩』，可以爲言語、教令，不可以爲聲名；《皇矣》『貊其德音』，可以爲教令、聲名，不可以爲言語。《南山有臺》『德音不已』『德音是茂』，及《有女同車》『德音不忘』，《車舝》『德音來括』，皆聲名也；《小戎》『秩秩德音』，《鹿鳴》『德音孔昭』，《日月》『德音無良』，邶《谷風》『德音是違』，皆言語也。」

又《邶風‧谷風》一章「德音莫違，及爾同死」，陳啟源《毛詩稽古編》：「『德音無量』、『德音莫違』，此二德音謂夫婦間晤語之言也。『德音』屢見《詩》，或指名譽，或指號令，或指語言，各有攸當。」攸，所。又于省吾《澤螺居詩經新證》：「《詩經》中的『德音』本應作『德言』，『德言』二字應該平列，和德音之音與『德』字爲主從關係者判然有別。」意「德言」內而德性、外而言語。（中華書局，2003 年，p131）

〔註 6〕儒家將「賢者」與「小人」對應作爲要素構成其「道德」邏輯，貫穿說經之始終，以圖解釋西周政治的盛衰興亡。實際上周人是沒有「賢良」、「賢能」、「賢哲」、「賢明」這些概念的。《詩經》中僅兩處出現的「賢」字，也並非「賢」者；《尚書‧周書》「今文」者無「賢」，《武成》、《旅獒》、《微子之命》、《周官》、《畢命》等涉「賢」，皆梅賾所獻僞「古文」，戰國以後的東西。

小雅・四牡

　　周代天子、諸侯、卿、大夫「貴族」體系所乘馬車，比當今大小官員所乘各色車輛要顯擺得多。一如排量大小以及標配、高配、豪華配之區別，乘輿之裝置蓋飾和駕馬數量的不同，正是周代「等級臣僚形態」的表現之一。但《周禮》除《春官・典命》（掌諸侯之五儀，諸臣之五等之命）明確其不同級等的「國家、宮室、車旗、衣服、禮儀」之「節」和《巾車》（掌公車之政令，辨其用與旗物而等敘之）規定各種「路車」的配飾外，似乎沒有具體說明究竟一車有幾馬之不同（《後漢書・輿服志》據漢制有紀）。以《鄘風・干旄》二章「素絲組之，良馬五之」孔穎達疏考，能夠乘四馬之車者，當是大夫以上之級別。

　　企圖考證《雅》詩每一首作品的具體寫作時間是徒勞的。但疾馳的「嘽嘽（tān）駱馬」之喘息聲，使人想起成、康兩世和西周早期的擴張階段。後期除「宣王中興」，卿、大夫們大抵不會有如此之心勁——那「中興」之「王事」，也主要集中在幾次力挽危局的戰事和改封等。〔註1〕

　　既處於極盛時期，卿大夫怨而不殆，勤勞王事，卻又「我心悲傷」——何以有解不開的心結？一、二、五章「敘物以言情」而三、四章「觸物以起情」，將「悲傷」的心情表現得很真實——心隨翩翩者雛（zhuī）載飛載下，噠噠的馬蹄聲中，他莫非已感覺到了自己是王朝的匆匆「過客」而非「歸人」？某種隱憂深在其中。

四牡騑騑，周道倭遲。

　　牡：指公馬。《邶風・匏有苦葉》「濟盈不濡軌，雉鳴求其牡」，《毛傳》：

「飛曰雌雄，走曰牝（pìn）牡。」騑騑（fēi）：《毛傳》：「行不止貌。」
周道：大路。一說「岐周之道」。《孔疏》：「騑騑然行而不止，在於岐周
之道，倭（wēi）遲然歷此長遠之路，甚疲勞矣。」倭：《毛傳》：「歷遠
之貌。」

豈不懷歸？王事靡盬，我心傷悲。

王事：王命之事。《禮記・喪大記》「君言王事，不言國事」，孫希旦集解：
「王事，謂朝聘、會盟、征伐之事。」靡盬（gǔ）：靡，無。王引之《經
義述聞》：「盬者，息也……《爾雅》曰：『棲、遲、憩、休、苦、息也。』
苦讀與靡盬之『盬』同。王事靡盬者，王事靡有止息也。」《詩》中「靡
盬」當從王說。又《毛傳》：「盬，不堅固也。思歸者，私恩也。靡盬者，
公義也。傷悲者，情思也。」

四牡騑騑，嘽嘽駱馬。

嘽嘽：《毛傳》：「喘息之貌，馬勞則喘息。」駱：《毛傳》：「白馬黑鬣（liè）
曰駱。」王引之《述聞・爾雅下》：「駱馬，白馬也。駱者，白色之名。
……《月令》秋乘白駱。猶赤騮（liú 騮，赤馬黑鬣）之騮爲赤色，驖
（tiě）驪之驪爲黑色也。」

豈不懷歸？王事靡盬，不遑啟處。

遑（huáng）：暇。啟、處：《毛傳》：「啟，跪。處，居也。」居即坐，周
人多席地而坐。啟、處意指休息安坐。〔註2〕

翩翩者鵻，載飛載下，集于苞栩。

鵻：鴿一類的鳥，一說即鵓鴣。載：則。苞：叢生貌。栩（xǔ）：即櫟
（lì）樹，一稱柞樹。

王事靡盬，不遑將父。

將：《毛傳》：「養也。」將訓「養」爲引申義。「將」本祭祀，象形左爲
呈肉之俎，右手（寸）執肉。

翩翩者鵻，載飛載止，集于苞杞。

止：息。杞：即枸杞。

王事靡盬，不遑將母。

駕彼四駱，載驟駸駸。

> 驟：馬疾馳。駸駸（qīn）：《毛傳》：「驟貌。」

豈不懷歸？是用作歌，將母來諗。

> 是用：是以，因此。來：王引之《經傳釋詞》：「來，詞之『是』也。……
> 『將母來諗』，言我惟養母是念也。」是，指代詞，復指前置賓語。諗
> （shěn）：《毛傳》：「念也。」

〔註1〕《毛序》認為《小雅・六月》至《無羊》十四篇，《大雅・雲漢》至
《常武》六篇皆言宣王。《大雅》者除《雲漢》不能十分確切外，其餘五篇從內容
人事到寫作，其特徵相對明顯。

〔註2〕「不遑」句除本詩外，另有《采薇》「不遑起居」、「不遑起處」、「豈
敢定居」，《出車》「不遑起居」，《小弁》「不遑假寐」等。「王事靡盬」，唯有「盡
瘁事國」！

到春秋，依是「莫敢或遑」、「莫敢或息」、「莫或遑處」（《召南・殷其靁》），
「肅肅宵征，夙夜在公」、「肅肅宵征，抱衾與裯（chóu）」（《小星》），「東方未
明……自公召之。東方未晞……自公令之」、「不能辰夜，不夙則莫（暮）」（《齊
風・東方未明》）……始終處於「不遑」之中。騷動而勃發的時代，身不由己的
「振振君子」們裏挾於政治，別無選擇。

小雅・皇皇者華

　　《伯矩鼎》（成王）「伯矩乍（作）寶彝，用言（歆）王出內（入）事（使）人」，郭沫若認爲「言」假爲「燕」，燕飲（《甲骨文字研究・釋和言》），唐蘭認爲「言」爲「音」，讀爲「歆」，饗（《西周青銅器銘文分代史徵》），伯矩宴享招待了周王的使者；《盂爵》（成、康）「王令盂寧登（鄧）伯」，寧者，「問」也，周王派盂去慰問鄧國國君；《衛鼎》（昭王）「乃用鄉（饗）王出入事（使）人……」〔註1〕朝廷適諸侯而諸侯朝覲，這是周人政治智慧之所在。〔註2〕

　　「駒」、「騏（qí）」、「駱」、「駰（yīn）」並六轡「如濡」、「如絲」、「沃若」，朝廷規格。《秋官・大行人》「……間問以諭諸侯之志，歸脤以交諸侯之福，賀慶以贊諸侯之喜，致檜以補諸侯之災」（脤，祭肉。檜，集財貨以濟），但實際上天子派卿大夫到諸侯國去的用意是很複雜的。那麼，這位大夫率其「征夫」——漢人爲圓「君遣使臣」之說將「征夫」解爲「行人」，要去何方？是慰問還是嘉獎，還是探察？

　　更多的應該是宣威，宣天子和朝廷之威。至於「求善道」，〔註3〕金文中沒有看到以此爲目的出使記載，也不符西周朝廷政治。〔註4〕

皇皇者華，于彼原隰。

　　《毛傳》：「皇皇，猶煌煌也。高平曰原，下濕曰隰（xí）。」《爾雅・釋地》：「大野曰平，廣平曰原。」《公羊傳・昭公元年》：「原者何？上平曰原，下平曰隰。」華：花。

駪駪征夫，每懷靡及。

　　《毛傳》：「駪駪（shēn），眾多之貌。征夫，行人也。每，雖。」朱熹
　　《集傳》：「駪駪，眾多疾行之貌。征夫，使臣與其屬也。懷，思也。」
　　《魯》、《韓》分別作「侁侁（shēn）」、「莘莘」。靡及：不能顧及。

我馬維駒，六轡如濡。

　　維：助語氣。駒：馬高六尺爲駒，此指少壯的馬。六轡：《秦風‧駟驖》
　　一章「駟驖孔阜，六轡在手」，《孔疏》：「每馬有二轡，四馬當八轡矣，
　　諸文皆言六轡者，以驂馬內轡納之於觖（jué 軱），故在手者唯六轡耳。」
　　軱同「鑣（jué）」，有舌的環，環舌用以穿過皮帶使之固定。濡：《鄭
　　箋》：「言鮮澤也。」

載馳載驅，周爰咨諏。

　　載：則，乃。周：遍。《毛傳》：「訪問於善爲諮，諮事爲諏（zōu）。」《鄭
　　箋》：「爰，於也。大夫出使，馳驅而行，見忠信之賢人，則於之訪問，
　　求善道也。」朱熹《集傳》：「咨諏，訪問也。」

我馬維騏，六轡如絲。

　　騏：有青黑色紋理的馬。如絲：意指六轡柔韌、勻稱。

載馳載驅，周爰咨謀。

　　《毛傳》：「諮事之難易爲謀。」朱熹《集傳》：「謀，猶謀也。」

我馬維駱，六轡沃若。

　　駱：見《四牡》二章「四牡騑騑，嘽嘽駱馬」注。《廣雅》白馬朱鬣亦謂
　　之駱。沃若：朱熹《集傳》：「猶如濡也。」

載馳載驅，周爰咨度。

　　度：《毛傳》：「諮禮義所宜爲度。」朱熹《集傳》：「度，猶諏也。變文以
　　協韻耳。」

我馬維駰，六轡既均。

　　駰：《毛傳》：「陰白雜毛曰駰。」《爾雅‧釋畜》邢昺疏：「陰，淺黑色；

毛淺黑而白兼雜毛者名騏。」均：整齊協調。

載馳載驅，周爰咨詢。

詢：《毛傳》：「親戚之謀爲詢。」親戚，本指父系和母系血緣關係者，此
或指同姓宗族和異姓姻戚。朱熹《集傳》：「詢，猶度也。」

〔註1〕《殷周金文集成》第二冊p1236、p1405，第六冊p4839。

〔註2〕最初是「天子」的「巡狩」。孟子謂「巡狩者，巡（「諸侯」）所守也」
（《梁惠王下》）。《今本竹書紀年》於成王、康王之「巡狩」皆有紀；更有穆王十
七年「王西征崑崙丘，見西王母。其年西王母來朝……」既是外交，也是征服。

所謂「巡狩」，實際是武力加祭祀（山川大地）的「圈地運動」。周人在擴張
勢力、擁占「天下」的過程中，其祭祀之文化行爲的作用不可忽視。被征服方國
在實力不足的同時，也表現出了文化上的不自信——沒有人能夠在理論上對周人
「天命」「上帝」說提出質疑和反對。

後來的《尚書》、《史記》故事，「舜帝」往見四方部落首領，其「儀式」極
具威懾感：

《虞書·舜典》「正月上日，受終於文祖（僞孔傳：「上日，朔日也。終謂
堯終帝位之事。文祖者堯文德之祖廟」）。在璇璣（xuánjī）玉衡，以齊七政（傳：
「在，察也。璿，美玉。璣、衡，王者正天文之器，可運轉者。七政，日月五
星各異政。舜察天文，齊七政，以審己〔攝位〕當天心與否」）。肆類於上帝（傳：
「肆，遂也。孔穎達疏：「《王制》云『天子將出類乎上帝』，所言『類』者皆
是祭天之事，言以事類而祭也」），禋於六宗（傳：「精意以享謂之禋。宗，尊也。
所尊祭者，其祀有六，謂四時也、寒暑也、日也、月也、星也、水旱也」），望
於山川，遍於群神……」

《五帝本紀》「（堯）命舜攝行天子之政……（舜）揖五瑞，擇吉月日，見四
嶽諸牧，班（頒）瑞（馬融：「揖，斂也。五瑞，公侯伯子男所執，以爲瑞信也」）。
歲二月，東巡狩，至於岱宗，紫（焚柴祭天告至），望秩於山川（東嶽「諸侯」境
內名山大川如其秩次望祭之）。遂見東方君長……」

〔註3〕在《魯語下》中，儒家借魯大夫叔孫穆子之口：「《皇皇者華》，君教
使臣曰『每懷靡及，諏、謀、度、詢，必諮於周。』敢不拜教。臣聞之曰：『懷和
爲每懷，咨才爲諏，咨事爲謀，咨義爲度，咨親爲詢，忠信爲周。』」（《左傳·襄

公四年》襲）

〔註4〕「咨諏」或相關「宗盟」。巴新生《西周「宗盟」初探》:「『宗盟』並非普通的宗族聯盟，而是周天子爲了構築天下一統的宗法等級秩序，以宗法制爲範式，以同姓貴族和異姓貴族爲對象的政權組織形式。其實質是姬姓宗法制組織原則的擴大。『宗盟』是血緣、宗族社會組織形式不斷擴展和完善的產物，也是周人面臨克殷踐奄後的社會、政治新問題，借鑒以往分封教訓的積極創舉。『賜姓、胙土、命氏』是其形成的主要方式和途徑，『異姓爲後』是其重要的組織原則。」(《東北師範大學學報》哲社版，1997 年第 2 期）也有學者不認爲「宗盟」等同於「賜姓、胙土、命氏」。參見《左傳》隱公八年、十一年。

小雅・常棣

　　「兄弟」、「朋友」、「婚姻」、「親戚」之「邦人諸友」者，與「諸侯」、「大夫」、「士」之身份疊合。他們是「天子」之下最重要的政治鏈接，也是《雅》詩敘事中的主群體。朱鳳瀚《西周中、晚期貴族家族私家勢力的發展與周王朝的衰敗》：「《常棣》所詠之『凡今之人，莫如兄弟』，實際上即是強調同族人親密無間的關係，以期依靠此種關係同舟共濟，從而渡過西周後期動盪不安的艱難時世。」〔註1〕

　　較之《鹿鳴》之深遠、《四牡》之勃發和《皇皇者華》之炫煌顯耀，《常棣（tángdì）》的氣息已明顯衰弱。雖有「喪亂既平，既安且寧」時（多也是願望），總是寧息與勸慰之口氣；緊張而懇切的反覆勸誠背後，事實上王朝早已是一派式微和頹傾之勢──來自外部的壓力不說，宗法政治之基本也因各種原因在不同的層面開始動搖、變化。鶺鴒（jílíng）不知「家」「國」事，春來啁啾繞樹飛──西周末世遍野的那一片片棠棣之花，開得何其鮮盛，又何其淒豔！

常棣之華，鄂不韡韡。

　　常棣：即棠棣。鄂不：于省吾《新證》：「鄂不猶言胡不、遐不，《詩》言胡不、遐不者習見。……『胡不韡韡』係反詰語，正言其韡韡。」（p78）胡、遐，何。韡韡：鮮盛貌。《鄭箋》：「韡韡然盛。興者，喻弟以敬事兄，兄以榮覆弟，恩義之顯亦韡韡然……韡，韋鬼反。」

凡今之人，莫如兄弟。

　　兄弟：指宗族兄弟。〔註2〕《孔疏》：「兄弟者，共父之親。推而廣之，同姓宗族皆是也。故經云：『兄弟既具，和樂且孺。』則遠及九族宗親，

非獨燕同懷兄弟也。」《儀禮・喪服》「大夫之子於兄弟，降一等」，鄭玄
注：「兄弟，猶言族親也。」

死喪之威，兄弟孔懷。

《毛傳》：「威，畏。懷，思也。」《鄭箋》：「死喪可畏怖之事，維兄弟之
親甚相思念。」

原隰裒矣，兄弟求矣。

裒（póu）：《毛傳》：「聚也。」黃焯《毛詩鄭箋平議》：「『原隰裒矣』句
與上文『死喪之威』連屬言之，意謂人當群聚於郊野之時，遇生死患難
之可畏，則甚思求兄之相助也。」一說裒，減少，引爲變遷。方玉潤《詩
經原始》：「蓋原隰者，陵谷也，裒爲損少，則變遷之意。上言死喪，乃
人事之變；下言原隰，乃山川之變。總以見勢當變亂，始覺兄弟情親，
起下『急難』『外侮』。」求：尋找。

脊令在原，兄弟急難。

脊令：即「鶺鴒」。《鄭箋》：」脊令……水鳥，而今在原，失其常處，
則飛則鳴，求其類，天性也。猶兄弟之於急難。」陳奐《詩毛氏傳疏》：
「脊令喻兄弟，脊令言飛行不捨。」原：《爾雅・釋地》「可食者曰原」，
郭璞注：「可種穀給食。」參見《皇皇者華》一章「皇皇者華，于彼原
隰」注。

每有良朋，況也永歎。

每：雖。朋：朋友，對親族成員之稱。〔註3〕況：《毛傳》：「茲。」戴
震《考證》：「茲，今通用滋。……言（朋友）不能如兄弟相救，空滋
之長歎而已。」胡承珙《毛詩後箋》：「古書中凡言而況者，爲更進之
詞。又『貺（kuàng）賜』之『貺』，古字止作『況』，皆『滋益』義之
引申也。」（《彤弓》一章「我有嘉賓，中心貺之」，《孔疏》：「我有嘉
善之賓，中心至誠而貺賜之以鐘鼓。」）永：長。

兄弟鬩于牆，外御其務。

鬩（xì）：朱熹《集傳》：「鬥狠也。」務：《毛傳》：「侮也。」《鄭箋》：

「兄弟雖內鬩而外禦侮也。」《左傳·僖公二十四年》引作「外禦其侮」。
又于省吾《新證》：「鬩從門兒聲。《說文》：『鬥，兩士相對，兵杖在後。』
務，金文作孜。『兄弟鬩于牆，外御其務』，二句相成為義。言兄弟同
戰於牆，以禦外務也。」（p17）

每有良朋，烝也無戎。

烝：朱熹《集傳》：「發語聲。……言兄弟設有不幸鬥狠於內，然有外侮，
則同心御之矣。雖有良朋，豈能有所助乎？富辰曰：『兄弟雖有小忿
（fèn），不廢懿親。』」富辰語又見《周語中》「富辰諫襄王以狄伐鄭及
以狄女為后」，《左傳》因之。戎：相助。《爾雅·釋言》「戎，相也」，郭
璞注：「相佐助。」

喪亂既平，既安且寧。雖有兄弟，不如友生。

友生：也指親族者，關係當遠於「兄弟」。朱熹《集傳》：「上章言患難之
時，兄弟相救，非朋友可比。此章遂言安寧之後，乃有視兄弟不如友生
者，悖理之甚也。」按：《說文》：「同志為友，從二又（手），相交也。」
《晉語四》：「異姓則異德，異德則異類；異類雖近，男女相及，以生民
也。同姓則同德，同德則同心，同心則同志；同志雖遠，男女不相及，
畏黷敬也。」韋昭注：「畏褻黷其類。」

儐爾籩豆，飲酒之飫。

儐（bīn）：《毛傳》：「陳。」陳列。籩（biān）：祭祀或燕飲時盛果脯的
竹器。豆：盛肉、菜的木製食器，也有陶、銅製者。飫（yù）：豐飲足
食。朱熹《集傳》：「飫，饜（yàn）。……言陳籩豆以醉飽。」饜，飽，
滿足。

兄弟既具，和樂且孺。

《毛傳》：「九族會曰和。孺，屬也。」《鄭箋》：「九族，從己上至高祖、
下及玄孫之親也。屬者，以昭穆相次序。」具：俱。又俞樾《群經平議》：
「孺當讀為愉。……既言和樂，而又言愉，猶『和樂且湛』，既言和樂，
而又言湛，湛亦樂也。」

妻子好合，如鼓瑟琴。兄弟既翕，和樂且湛。

　　翕（xī）：合。湛（dān）：見《鹿鳴》三章「鼓瑟鼓琴，和樂且湛」注。

宜爾室家，樂爾妻帑。

　　宜：安享。帑（nú）：通「孥」。《毛傳》：「帑，子也。」

是究是圖，亶其然乎？

　　《毛傳》：「究，深。圖，謀。亶，信也。」是：乃，於是。亶，副詞，
　　誠然。《鄭箋》：「女深謀之，信其如是。」《孔疏》：「王親宗族而與之燕，
　　族人化王，莫不和睦，則宗族同心，人無侵侮，然後宜汝之室家，保樂
　　汝之妻子矣。若族人不和，忿鬩自起，外見侵侮，內不相救，則不能保
　　其大小，家室危焉。汝於是深思之，於是善謀之，信其然者否乎？既宗
　　族須和若是，不可不親焉，王所以燕之也。」

〔註1〕《商周家族形態研究》，天津古籍出版社，2004年，p408。

〔註2〕《雅》詩12首凡24處言及「兄弟」、「兄」。除《大雅・皇矣》三章
「維此王季，因心則友，則友其兄」之「兄」或指其胞長兄太伯外，此詩及《伐
木》三章「兄弟無遠」、《蓼蕭》三章「宜兄宜弟」、《沔水》一章「嗟我兄弟」、《黃
鳥》二章「復我諸兄」、《斯干》一章「兄及弟矣」、《楚茨》五章「諸父兄弟」、《頍
弁》一章「兄弟匪他」、二章「兄弟具來」、三章「兄弟甥舅」、《角弓》一章「兄
弟昏姻」、三章「此令兄弟」、「不令兄弟」、《大雅・思齊》二章「至于兄」、《皇
矣》七章「同爾兄弟」、《行葦》一章「戚戚兄弟」等，皆當指宗族兄弟言。

朱鳳瀚《西周貴族家族的規模與組織結構》：「所言雖是兄弟，而實際意思是
要敦睦親族……據《左傳》僖公二十四年所記，是『召穆公思周德之不類，故糾
合宗族於成周』所作之詩，故此詩所極力歌頌兄弟和睦之道，實即是作者所要強
調的宗族情誼，這裡是以兄弟關係來象徵同宗族的族人關係。兄弟關係可代表宗
族關係，是由於宗族內的宗族秩序、宗法關係主要體現在作為宗族長的宗子與諸
弟（以及庶兄）的關係上，正如《白虎通》卷三下《宗族》所言：『大宗能率小宗，
小宗能率群弟，通其有無，所以紀理族人者也。』宗子作為嫡長子對其胞弟與庶
兄弟是為大宗，其弟之長子對己之胞弟與庶兄弟又各為宗子，所以同一宗族內兄
弟關係籠罩著宗法關係。……詩篇中強調宴兄弟，實際上都是講宴饗整個家族的

族人，當然這種家族聚宴參加者不是一般家族成員，而是指家族內的上層，宗子爲首，下及於小宗。」（《商周家族形態研究》，p298）

「宗族社會」是學者們在中國古代史體系認識上突破「五階段論」的重要貢獻。臧振《宗族社會初論》：「宗族社會進入了文明時代，因而不同於原始人類；它不存在土地的私人所有制，不能將人劃分爲階級，因而也不是階級社會。它以血緣關係爲紐帶，依血緣親疏形成多等級的階梯；宗族是社會的基本單位，例如《左傳·定公四年》所謂『殷民七族』、『懷姓九宗』，『帥其宗氏，輯其分族』即是。這種社會形態在幾乎所有民族的歷史上都存在過，而且延續時間往往長達數千年，因而它應當是一種基本的社會形態。在中國，它產生於五帝時期，到西周時發展爲典型形態，春秋戰國時期走向衰落；然其餘緒不絕如縷，縱貫數千年，成爲中國古代文化一大特色。」（《陝西師範大學學報》哲社版，2001 年第 3 期）

斯維至《釋宗族》：「商周時期的宗族就是父家長家庭，也就是父家長家庭公社。」「《左傳·昭公三年》，晉叔向感歎他的宗族的沒落時說：『肸（叔向）之宗十一族，唯羊舌氏而已。』我以爲不是『宗』以下包括『族』，而是『宗』指大宗，『族』指小宗，宗族下面則是『室』。因此，商周時期的家庭公社可能包括若干宗族，即若干父家長家庭，每個父家長家庭又包括若干室，即若干小家庭。應該注意的是室還沒有脫離父家長大家庭而獨立爲個體家庭。」肸音 xī。（《斯維至史學文集》，陝西師範大學出版社，2009 年，p95～p98）

田昌五《中國歷史體系新論》：「採集農業的作物是自然生長的，鋤農業階段則選擇地塊實行撒種……在採集農業階段，氏族組織仍然是人們賴以生存的基本保證。但到鋤農業階段，家族就成了社會組織的基本單位了。這是因爲，耕地要按家族分成大塊，實行集體勞動，共同生活……一些近親家族組成爲宗族，共同佔有一定的地域……形成了一種家庭、家族、宗族三位一體的社會結構，邁進文明社會。」「不僅如此，宗族還聯結爲姓族。所謂姓族，就是出自同一始祖的宗族群體。」

「中國古代國家從一開始就是以宗族城邦的形式出現的。」「中國古代社會的歷史，可以稱爲族邦時代……族邦時代大體可以分爲四個階段，即：1、萬邦時期，約當於前 3000 年至前 2000 年。2、族邦聯盟時期，約當於夏代（前 21世紀至前 17 世紀）。3、族邦體系建立和發展時期，約當於商代和西周（前 17世紀至前 8 世紀初）。所謂族邦體系，即由中央邦和地方邦、地方大邦和小邦構成的體系。例如，周人稱商爲大邦而自稱小邦，但對密須則又自稱大邦。中央族邦的宗君具有天下共主的特點，即所有地方族邦的共同君主。地方大邦帶有

一方盟主的特點，即後人所說方伯也。4、族邦體系瓦解和衰亡階段，約當於東周或春秋時期（公元前 8 世紀至前 5 世紀）。其特點是：王室衰微，大國爭霸，諸侯兼併，由大分裂走向大一統。

中國古代社會可以統稱爲宗族社會，即以宗族爲基本單元構成的社會，但在每個發展階段上又有不同的表現形式……周代的宗族可分爲四級，即：王族、公族、宗族、家族，構成一個完備的宗族社會體系。」（《中國歷史體系新論》，山東大學出版社，2009 年，p22～p27）公族，當指諸侯或國君之同族。《周南・麟之趾》三章「麟之趾，振振公族」，《毛傳》：「公族，公同祖也。」《孔疏》：「謂與公同高祖，有廟屬之親。」《魏風・汾沮洳（jùrù）》三章「美如玉，殊異乎公族」，《毛傳》：「公族，公屬。」《鄭箋》：「公族，主君同姓昭穆也。」

田文「宗族」之產生說當成立，但「中國古代社會的發展過程也是奴隸制的發展過程……中國古代的奴隸制在其最發達的情況下，是以王室、公室、宗室、家室的形態出現的」（p28），以及同書前文《建立新時代的馬克思主義歷史學》「中國的古代社會（即奴隸社會），大約始於公元前 3000 年，至戰國時期的社會大變革而結束，前後經歷了約 2700 年左右」（p9），則又似乎難圓其說；「奴隸制」與「宗族社會」相悖。

讀《詩》離不開西周的社會形態，對其社會性質的認識又至爲重要。以「宗族社會」言說西周是恰當的。

〔註 3〕 《師訇簋》、《趞曹鼎》、《善夫克盨（xǔ）》、《杜伯盨》、《王孫遺者鍾》、《許子鍾》等兩周青銅器銘文中的「友」、「朋友」，童書業認爲「皆族人之義」；《左傳・桓公二年》「士有隸子弟」，《襄公十四年》作「士有朋友」，童先生認爲「朋友」即士之宗族成員，「朋友」即「隸子弟」。（《春秋左傳研究》校訂本，中華書局，2006 年，p111）

朱鳳瀚《西周貴族家族的規模與組織結構》：「西周青銅器銘中所見『朋友』、『友』是對親族成員的稱謂，其義不同於現代漢語詞彙中的朋友。其實即使在東周文獻中，『朋友』一詞有時仍用來指稱本家族的親屬……銘文中或言『朋友』，或單言『友』，卻不單稱『朋』，說明『朋友』一詞中重點在『友』，『友』是一種具體身份。『朋』在典籍中，有類、群、輩、黨等義，『朋友』連言，實是『友輩』、『友類』之義。」（《商周家族形態研究》，p293、p296）

李宗侗《希臘羅馬古代社會研究序》：「古代凡祭必分送肉，君祭則賜胙歸脤，臣祭則歸胙歸脤。……最初分肉只能在同姓人內，或同邦人內。但周初大

事封建以後，幾乎將各邦皆變成同姓，或變成親戚，界限擴充無限，所以分肉亦不只限於同姓。……《左傳》莊十八年：虢公、晉侯朝王，王饗醴，命之宥。皆賜玉五瑴，馬三匹。又僖廿五年：晉侯朝王，王饗醴，命之宥。又僖廿八年：晉侯獻楚俘於王，王饗醴，命晉侯宥。又《國語》卷十，《晉語》：王饗醴，命公胙宥。（此與《左傳》記同年的事）……宥就是祭後分祭肉，所以《國語》說命公胙宥。胙宥連文，尤為明瞭。有當是宥、侑最初的字。金文中皆從手（又）執肉。……享是古代一種極隆重的請客禮。先祭神後與客分食神餘。因為享是祭神，所以這種禮亦曰享。祭後同分食祭肉，或者亦同飲祭酒，就是宥。若不同祭祀，祭後送肉至家者，則曰歸胙，因參加祭祀或否而名稱不同。因為同食祭肉，與神共感，故亦稱其人曰友，即朋友字的起因。」（《中國古代社會新研　歷史的剖面》，中華書局，2010 年，p22～p24）李說符合周代宗族社會之情形。所言「朋友字的起因」甚是。胙、脤分別指祭宗廟的肉和祭社稷的肉。瑴音 jué，玉名，或指雙玉。宥音 Yòu。

小雅・伐木

「昔者《小雅》詩人，閔宗周危亂，發憤而作，始之以流水之朝宗于海，而終之以邦人諸友，誰無父母！」（見《沔水》）這是章太炎《訄（qiú）書・解辮髮》中的話。章氏以「被戎狄之服」和滿清長辮子文化與政治爲罪恥，支持變法革命的同時又嚮往儒服束髮，希望「他日得端委以治周禮」（《左傳・昭公元年》杜預注：「端委，禮衣。」孔穎達引服虔：「禮衣端正無殺，故曰端。文德之衣尙褎長，故曰委」）——似乎對「傳統」感情很深，所以作比以歎之。

「宗周」既已危亂，「發憤」也不過一時之排遣，正如「禮樂」不能挽救周王朝的傾塌一樣，作詩言志同樣顯得蒼白無力。其實，「流水之朝宗于海」、「誰無父母」這些道理，「邦人諸友」們心裏是很清楚的。但秩序已經亂了套，心事自是各異。任憑你如何語重心長，推心置腹，如何肥牡醿（shī）酒「陳饋八簋」，有誰還願意再捨棄自己的一方利益而顧及同族和親、戚之名義呢？

首句完成起興後，「出自幽谷」句的出現絕非無意——「遷于喬木」的情況一言難盡。但還是宗法制，「家天下」的架構還在，還是「一家人」。荒寒裏群鳥尚「求其友聲」，況「諸父」、「諸舅」乎？「友生」、「兄弟」乎？詩人相信，希望總歸還是會有的。

伐木丁丁，鳥鳴嚶嚶。
　　丁丁：伐木聲。以《呂氏春秋・仲冬》和《禮記・月令》、《逸周書・時訓解》等所紀，十一月「日短至，則伐林木」。嚶嚶：鳥和鳴聲。

出自幽谷，遷于喬木。

　　《鄭箋》：「謂鄉時之鳥，出從深谷，今移處高木。」鄉通「向」。

嚶其鳴矣，求其友聲。相彼鳥矣，猶求友聲。矧伊人矣，不求友生？

　　矧：《毛傳》：「況也。」《鄭箋》：「相，視也。鳥尚知居高木呼其友，況是人乎，可不求之？相，息亮反。矧，尸忍反。」伊：指代詞。友生：友人。參見《常棣》三章「每有良朋，況也永歎」、五章「雖有兄弟，不如友生」注。

神之聽之，終和且平。

　　神，馬瑞辰《通釋》：「《釋詁》：『神，愼也。』『愼，誠也。』神之即愼之也。」終：既。

伐木許許，釃酒有藇。

　　許許（hǔ）：朱熹《集傳》：「眾人共力之聲。《淮南子》曰：『舉木大者呼邪許，蓋舉重勸力之歌也。』」釃：朱熹《集傳》：「釃酒者，或以筐，或以草，泲之而去其糟也。」泲（jǐ）：滲濾。藇（xù）：《毛傳》：「美貌。」意酒味醇美。有藇，即藇藇。

既有肥羜，以速諸父。

　　羜（zhù）：指幾個月大的羊。速：招請。諸父：指眾親族之父輩者。《毛傳》：「天子謂同姓諸侯，諸侯謂同姓大夫，皆曰父。異姓則稱舅。」《禮記‧曲禮下》「天子同姓謂之『伯父』，異姓謂之『伯舅』。」又朱熹《集傳》「諸父，朋友之同姓而尊者也」。諸：眾。〔註1〕

寧適不來，微我弗顧。

　　《毛傳》：「微，無也。」于省吾《新證》：「適、敵古通……《爾雅‧釋詁》：『敵，當也。』……『寧適不來』，言寧當不來也。」（p8）林義光《詩經通解》：「我弗顧，弗顧我也。豈其適不來乎？得非弗顧我乎？此因所速之客不來而揣測之詞辭。」速，邀。

於粲洒埽，陳饋八簋。

　　於：歎詞。粲：鮮明潔淨。埽（sǎo）：同「掃」。簋：宴享和祭祀用食器，多置熟食，與鼎相配使用。朱熹《集傳》：「八簋，器之盛也。」〔註2〕

既有肥牡，以速諸舅。

牡：指公的小羊。諸舅：又朱熹《集傳》：「朋友之異姓而尊者也。先諸父而後諸舅，親疏之殺也。」殺，差別。

寧適不來，微我有咎。

《毛傳》：「咎，過也。」

伐木于阪，釃酒有衍。

阪（bǎn）：同坂，山坡。衍：陳奐《傳疏》：「謂多溢之美也。」有衍，既衍衍。

籩豆有踐，兄弟無遠。

踐：陳列。有踐，即踐踐。兄弟：指宗族兄弟。參見《常棣》一章「凡今之人，莫如兄弟」注。又《鄭箋》：「兄弟，父之黨，母之黨。」《孔疏》：「諸父為父黨，則諸舅為母黨。……禮有同姓、異姓、庶姓。同姓，王之同宗，是父之黨也。異姓，王舅之親。庶姓，與王無親者。天子於諸侯非同姓，皆曰舅，不由有親無親，則舅父又以兼庶姓矣。其中容有舅甥之親，故通言母之黨也。父黨、母黨得同曰兄弟者，兄弟是相親之辭，因推而廣之，異姓亦得言之，故《釋親》云：『父之黨為宗族，母與妻之黨為兄弟。』是母黨為兄弟之文也。」《地官·大司徒》「三曰聯兄弟」，鄭玄注：「兄弟，昏姻嫁娶也。」孫詒讓正義：「謂異姓兄弟也。」遠：疏離。

民之失德，乾餱以愆。

民：泛指其遠屬族人，其社會階層和地位最初當高於被征服土地上的外族土著居民和受封土地上的「庸」，也別之於「殷民」，周詩小、大《雅》中的「民」應多指此而言；也有泛指周族之民者，如《大雅·生民》「厥初生民」。但也不排除不同時期將包括「國人」在內的下層眾民合稱為「民」的情況。〔註3〕餱（hóu）：《毛傳》：「食也。」朱熹《集傳》：「餱，食之薄也。」失德：《鄭箋》：「謂見謗訕也。」愆（qiān）：朱熹《集傳》：「過也。」引為怨恨、交惡。嚴粲《詩緝》：「民之失德者，不能厚朋友故舊之禮。或因乾餱之食，不分於人，以獲愆過。」〔註4〕

有酒湑我，無酒酤我。

湑（xǔ）：濾酒。陸德明《釋文》：「謂以茅沛之而去其糟也。」湑我，

「我湑」之倒文，下同。酤（gū）：同「沽」，買。

坎坎鼓我，蹲蹲舞我。

蹲蹲：《毛傳》：「舞貌。」

迨我暇矣，飲此湑矣。

迨：及，趁。湑：指濾去了酒糟的酒，即清酒。朱熹《集傳》：「言人之所以至於失朋友之義者，非必有大故，或但以乾餱之薄，不以分人，而至於有愆耳。故我於朋友，不計有無，但及暇閒，則飲酒以相樂也。」

〔註 1〕裘錫圭《關於商代的宗族組織與貴族和平民兩個階級的初步研究》：「卜辭形容數量多，一般用『多』字，周人則喜歡用『庶』、『諸』、『百』等字。卜辭稱『多方』、『多伯』、『多尹』、『多工』、『多父』、『多兄』，《詩》、《書》則稱『庶邦』、『庶伯』、『庶尹』、『百尹』、『百工』、『諸父』、『諸兄』。」（《古代文史研究新探》，江蘇古籍出版社，1992 年，p318）

對「諸父」、「父兄」、「諸兄」、「兄弟」、「朋友」、「大夫」、「嘉賓」、「賓客」、「諸士」、「庶士」、「庶子」等定期與不定期之宴饗，《曾子仲宣鼎》、《嘉賓鍾》、《王孫遺者鍾》、《余購逐兒鍾》、《徐王子旃鍾》、《沇兒鎛》、《子璋鍾》、《鄦子盥𠂤鎛》、《鼄公牼鍾》、《鼄公華鍾》、《邾公釛鍾》、《配兒鉤鑃（diao）》、《姑馮昏同之子句鑃》等相關銘文表明，東周諸國沿襲了這種政治行爲和舉措。其人物指稱或與西周者作不同理解。

〔註 2〕紀大夫之禮的《儀禮·少牢饋食禮》言用五鼎。《公羊傳·桓公二年》何休注：「禮，祭，天子九鼎，諸侯七，卿大夫五，元士三也。」（元士，天子之士）《穀梁傳·桓公二年》范甯注同，當是根據《儀禮》的推測。

《禮記·郊特牲》「鼎俎奇而籩豆偶」。《玉藻》孔穎達疏：「其祭禮則天子八簋，故《祭統》云『八簋之實』，注云：『天子之祭八簋。』然則諸侯六簋，《祭統》諸侯禮云『四簋黍稷』者，見其遍於廟中，不云六簋，二簋留之，厭故也。大夫祭則當四敦，《少牢禮》是也。士則二敦，《特牲禮》是也。」自商至春秋戰國，不同時期簋的形制變化較大，西周時期以厚重和紋飾精美者著稱。《秦風·權輿》「於我乎，每食四簋」，《毛傳》：「四簋，黍稷稻粱。」《鄭箋》：「內方外圓曰簋，以盛黍稷。」

〔註 3〕《詩經》中最早的作品，所謂「述成功以告神」的「太平德洽之歌」

《周頌》，31 篇中「民」字僅現一處。參見童書業《春秋左傳研究》「釋『民』」、「釋『國人』」。（p119～p133）

〔註 4〕《詩經》中的「德」不同於後世儒家之「道德」，是之於種種「周禮」的規範與自覺。而儒家之「道德」，其主旨也是維護以王權為中心、以等級為基本的政治秩序，但遠達不到《莊子・天地》「故通於天地者，德也；行於萬物者，道也（成玄英：「至理無塞，恣物往來，同行萬物，故曰道也」）」的高度。

（日）福永光司：「天地自然秩序是所有秩序的根本，存在於天地宇宙間的普遍性的秩序，就是『道』。存在於天地萬物中的普遍性的價值，而以『道』為基礎的存在方式為『德』。」（陳鼓應《莊子今注今譯》，商務印書館，2015 年，p348）

小雅・天保

　　歲月深深，九州茫茫。本該由蒼生共主沉浮，蒼天之下的家園是共同的，〔註1〕大家一起議定規則並明確各自權利與義務……然而這樣的神話早在史前就破滅了——儒家編撰了大量的故事，在《尚書》，在《山海經》、《淮南子》，在《國語》、《左傳》，在《史記》，在先秦文獻和諸多注釋以及各種各樣的「作品」中。部落間總是雙方或多方交戰而不是同生共處，勝利者總是「仁德」、「仁義」，〔註2〕失敗者總是邪惡——《莊子・盜跖》所謂「成者為首，不成者為尾」，黃帝和蚩尤以及國家形成之後的夏桀與商湯、商紂與周武王之類的故事數不勝數；〔註3〕後世政治，起底即便如劉邦者，也得頌其「是以大賢起之，威震海內，德從天下……」（《陳政事疏》。賈誼文帝〔「高祖」四子〕時招為博士，遷太中大夫，「掌議論」的他不頌不行）

　　如此，帝王便先於「人民」而產生了，沒有帝王便沒有「人民」。江山大地與「人民」萬物一併歸帝王和政權所有（以「江山」指稱政權，中國文化語境中最惡劣之詞者一。而「人民」，又成為歷代統治者政治行為中除土地之外，「不惜一切代價」之最主要犧牲品），帝王的寶座也就令人羨慕；儒家曾有過「禪讓」之幻想，但絕沒有產生過「選舉」的主張。他們堅定地認為，帝王應該永遠是帝王，「天下」是帝王的天下而絕不能是天下人的「天下」。

　　不但「天下」是帝王的，「天上」也是帝王的——《呂氏春秋》（又《禮記・月令》、《逸周書・月令解》）立春、立夏、立秋、立冬之日天子親率三公九卿諸侯大夫，「以迎春於東郊。還，乃賞公卿諸侯大夫於朝」、「以迎夏於南郊。還，乃行賞，封侯慶賜，無不欣悅」、「以迎秋於西郊。還，乃賞軍率（帥）武人於朝」、「以迎冬於北郊。還，乃賞死事，恤孤寡……」可以有

多種多樣的「文化」解釋，但要之天子不頒令，天下人是不能隨便享有四季的……

兩千五百年前周人已懂得用第二人稱的「祝頌體」了。而於中後期危機中的西周朝廷和天子來說，如此「天保定爾」、「如山如阜，如崗如陵」和「萬壽無疆」之急切禱頌的背後，實則已是一種巨大的、無邊無際的焦慮。〔註4〕

天保定爾，亦孔之固。

保定：《鄭箋》：「保，安。……天之安定女亦甚堅固。」爾：《鄭箋》：「女（汝）也。女，王也。」

俾爾單厚，何福不除？

俾（bǐ）：使。單厚：王符《潛夫論・愼微》引作「亶厚。」馬瑞辰《通釋》：「單者，亶之假借。……單、厚同義，皆爲大也。」除（zhù）：予。《毛傳》：「除，開也。」《鄭箋》：「何福而不開？皆開出以予之。」又于省吾《新證》：「除、余、餘古音近義通。……『何福不余』者，何福不多也。下云『俾爾多益，以莫不庶』，正申述單厚有餘之意也。此章云『降爾遐福，維日不足』，五章云『詒爾多福』，意皆相若也。」（p18）

俾爾多益，以莫不庶。

庶：眾，多，引爲富庶。嚴粲《詩緝》：「使爾多行利益，則民物無不蕃庶也。」

天保定爾，俾爾戩穀。

《毛傳》：「戩（jiǎn），福。穀（gǔ），祿。」

罄無不宜，受天百祿。

罄：盡。

降爾遐福，維日不足。

遐：馬瑞辰《通釋》：「遐與嘏（jiǎ）聲近而義同。《爾雅》：『嘏，大也。』《說文》：『嘏，大遠也。』」嘏又音 gǔ，大，大福。維：助語氣。日：每日。不足：意享用不盡。

天保定爾，以莫不興。

《鄭箋》：「無不盛者，使萬物皆盛，草木暢茂，禽獸碩大。」

如山如阜，如岡如陵。

阜：《毛傳》：「言廣厚也。高平曰陸，大陸曰阜，大阜曰陵。」本《爾雅》。
嚴粲《詩緝》：「如山之高矣，又復如山脊之崗，則愈高矣。如阜之大矣，
又復如大阜之陵，則愈大矣。」《鄭箋》：「此言其福祿委積高大也。」

如川之方至，以莫不增。

《鄭箋》：「川之方至，謂其水縱長之時也，萬物之收皆增多也。」朱熹
《集傳》：「言其盛長之未可量也。」

吉蠲為饎，是用孝享。

吉蠲：《毛傳》：「吉，善。蠲，潔也。」《儀禮・士虞禮》鄭玄注引《詩》
作「吉圭為饎」，王先謙《詩三家義集疏》三家詩「蠲」亦作「圭」。
圭為玉器，周人祭祀時或呈或埋或焚以為神靈之食。「『吉圭為饎』，說
的是用美好吉祥的玉圭作為食品獻給祖先。」〔註5〕饎（chì）：《毛傳》：
「酒食也。」饎又音 xī。是用：是以。孝享：《毛傳》：「享，獻也。」《鄭
箋》：「謂將祭祀也。」馬瑞辰《通釋》：「《爾雅》：『享，孝也。』……
是孝、享二字同義，故享祀亦曰孝祀。」

禴祠烝嘗，于公先王。

禴（yuè）祠烝嘗：周代指不同季節的祭祀。《毛傳》：「春曰祠，夏曰
禴，秋曰嘗，冬曰烝。」《爾雅・釋天》「四季之祭曰祠、礿、嘗、烝」，
郭璞注：「祠之言食。新菜可礿。嘗新穀。進物品也。」礿（yuè），同
「禴」。汋（yuè），通「瀹（yuè）」，煮。烝，進獻。四季之祭名又見
《公羊傳・桓公八年》及何休注。公、先王：朱熹《集傳》：「公，先
公也，謂后稷以下至公叔祖類也。先王，太王以下也。」太王，指古
公亶父，公叔祖類子，周文王之祖父。〔註6〕

君曰卜爾，萬壽無疆。

君：《毛傳》：「先君也。尸所以象神。」尸，祭祀時代祖先或神靈的受
祭者，通常由孫以下晚輩扮充。主祭者通過尸實現與祖先或神靈的溝
通交流。《儀禮・士虞禮》鄭玄注：「尸，主也。孝子之祭，不見親之

形象，心無所繫，立尸而主意也。」孫可以充當祭祖時的尸，子不可以充當祭父時的尸。爲國君充當尸的人，大夫、士見之則要下車行禮，國君聞之也要下車致敬，尸則憑軾回敬。又見《特牲饋食禮》、《少牢饋食禮》、《有司徹》及鄭注、賈疏；《禮記・曲禮》、《祭統》及鄭注、孔疏。卜：賜、予。

神之弔矣，詒爾多福。

弔：《毛傳》：「至也。」弔本義淑、善，引爲體恤。《傳》訓爲「至」，即謂神靈降至。詒：通「貽」。

民之質矣，日用飲食。

民：與下「群黎」並列，或指無爵之「貴族」，即「宗族長」的遠屬。質：馬瑞辰《通釋》：「《廣雅》：『常，質也。』此詩質即爲常。」

群黎百姓，徧爲爾德。

《毛傳》：「百姓，百官族姓也。」《鄭箋》：「黎，眾也。群眾百姓，遍爲女之德。言則而象之。」顧炎武：「『群黎』，庶人也。『百姓』，百官也。『民之質矣』，兼百官與庶人而言，猶曰『人之生也直』（按：《論語・雍也》）也。」（《日知錄》卷三）陳奐《傳疏》：「古者功臣世官，則受之以姓，其支子爲庶。姓，則分之以族。百官族姓，謂百官各有其族，亦各有其姓也。」〔註7〕爲：馬瑞辰《通釋》：「『徧爲爾德』，言遍化爾德也。爲與化，古皆讀若訛，故爲、訛、化，古並通用。」

如月之恒，如日之昇。

恒：《鄭箋》：「月上弦而就盈。」

如南山之壽，不騫不崩。

騫（qiān）：虧，損。

如松柏之茂，無不爾或承。

或：《鄭箋》：「或之言有也。」承：朱熹《集傳》：「承，繼也。言舊葉將落而新葉已生，相繼而長茂也。」

〔註 1〕《莊子・馬蹄》:「夫至德之世,同與禽獸居,族與萬物並,惡(wū
烏,何)乎知君子小人哉!同乎無知,其德不離;同乎無欲,是謂素樸。素樸而
民性得矣。及至聖人,蹩躠(bié xiè)為仁,踶跂(zhìqǐ)為義,而天下始疑矣;
澶(dàn)漫為樂,摘僻為禮,而天下始分矣。」「至德之世」是莊子認為的本真
世界,「聖人」非聖。蹩躠、踶跂,皆用心為「仁義」之貌。澶漫,縱逸、氾濫。
摘僻,繁瑣。

〔註 2〕莊子在《胠篋(qūqiè)》、《盜跖》中譏諷「彼竊鉤者誅,竊國者為
諸侯」、「小盜者拘,大盜者為諸侯」,「諸侯之門而仁義存焉」。「隱忍就功名」的
史遷也似乎意識到了這一點,《史記・遊俠列傳》中直呼「非虛言也!」

〔註 3〕雖與秦漢後中央集權專制主義有別,但兩千多年來中國政治語境中
此起彼伏、綿延不絕的「頌聖」,是從西周古典專制主義政權開始的,以《周頌・
清廟》、《維天之命》、《維清》、《烈文》、《昊天有成命》、《我將》、《執競》、《雝》、
《武》、《桓》、《賚》等和《雅》詩中的相關篇什為例。

〔註 4〕李峰《西周的滅亡——中國早期國家的地理和政治危機》指出「結
構性衝突和政治對抗」,表現在地方封國游離和貴族力量與王權對抗、王室派系
政治鬥爭,以及與獫狁不斷發生戰爭等。(徐峰譯,湯惠生校,上海古籍出版社,
2007 年,第二、三、四章)

〔註 5〕「玉為神靈食品」說詳臧振《古玉功能擿辨》(載楊伯達主編《中國
玉文化玉學論叢》續編,紫禁城出版社,2004 年)、臧振、潘守永《玉文化興盛
的原因》、《璧功能研究》(《中國古玉文化》,中國書店,2001 年,p203~p218)。

〔註 6〕西周之世序自后稷至公叔祖類為:后稷→不窋→鞠→公劉→慶節→
皇僕→差弗→毀隃(yú)→公非→高圉→亞圉→公叔祖類,以上有「史」無考,《史
記》敘寫而已。古公亶父至平王世序為:古公亶父→季歷(公季、王季)→文王
(姬昌)→武王(姬發)→成王(姬誦)→康王(姬釗)→昭王(姬瑕)→穆王
(姬滿)→共王(姬繄扈)→懿王(姬囏 jiān)→共王弟姬辟方立,孝王→懿王
子姬燮立,夷王→厲王(姬胡)→召公、周公「共和」→厲王子姬靜(靖)立,
宣王→幽王(姬宮湦 shēng)→平王(姬宜臼),東周始。

〔註 7〕戴震《毛鄭詩考證》:「韋昭注《國語》云:『百姓,百官也。官有
世功受氏姓也。』凡經傳言百姓,皆此義。」見《周語中》「富辰諫襄王以狄伐
鄭及以狄女為后」。《周語中》「襄王拒晉文公請隧」,韋昭注:「百姓,百官有世

功者。」《楚語下》「民之徹官百。王公之子弟之質能言能聽徹其官者，而物賜之姓，以監其官，是爲百姓」，韋昭注：「徹，達也。自以名達於上者，有百官也。質，有賢質。能言，能言其官職也。物，事也，以功事賜之姓。官有世功，則有官族。」

《虞書・堯典》「平章百姓」，僞孔傳：「百姓，百官。」《周書・酒誥》「越在內服，百僚、庶尹、惟亞、惟服、宗工，越百姓里居」，孫星衍疏：「《釋詁》云：『僚，官也。』『庶，眾也。』《釋言》云：『尹，正也。』『亞，次也。』『服，事也。』惟亞，謂正官之倅。惟服，謂任事者，其士與？宗工，謂宗人。百姓里居，謂百官致仕家居者。」宗工，即做官的宗人；百姓里居，當統指百官宗室。一說「里居」當依王國維、郭沫若校爲「里君」，此不論。

《禮記・郊特牲》「獻命庫門之內，戒百官也；大廟之命，戒百姓也」，鄭玄注：「百官，公卿以下也；百姓，王之親也。」孔穎達疏：「以上有百官之文，故以百姓爲王之親也。王親謂之百姓也者，皇氏云：『姓者，生也，並是王之先祖所生。』」《五帝本紀》「九族既睦，便章百姓」，裴駰集解引鄭玄：「百姓，群臣之父子兄弟。」張亞初、劉雨《西周金文官制研究》言「銘文中的『百姓』似乎都是指各族的貴族而言」。（中華書局，1986 年，p49、p50）

徐中舒《西周的社會性質》：「百姓，是家族公社的殘餘，是屬於統治集團的，他們是王的宗族、姻族。《楚語》云王公之子弟之質能言能聽，是謂百姓。鄭玄云，百姓乃群臣之父兄子弟。總之，百姓是合統治者的宗族姻族在一起的。因此，他和黎民是截然分開的。……民是沒有宗法系統的。但是，後來貴族沒落而黎民上升了，黎民是有宗法的。沒落的貴族仍然保存了原有的宗法，而上升了的黎民也效法貴族制定了宗法，因此宗法遂爲人民共有的上層建築了。」（引者按：「群臣之父兄子弟」或當「群臣、父兄、子弟」）

《在階級社會中的家族公社》：「家族公社是血緣關係的組織，它出現在以地域關係爲基礎的農村公社之前。……百姓是根據血緣關係組織起來的，這是屬於統治階級的組織。與百姓對稱的萬民或黎民他們都是被統治階級。百姓是貴族，蔡邕《獨斷》說『百乘之家曰百姓』，這至少是大夫以上的階層。《國語》韋昭注：『百姓即百官』，《荀子・王制篇》稱爲『百宗』，因爲百姓才有宗法，所以又稱爲百宗。這都是統制集團的組織。

……由姓到宗是一個發展。『姓』解釋作『生』。《左傳》昭四年叔孫豹對從前他『所宿庚宗之婦人』，『問其姓』，那婦人回答的是『余子長矣』，注謂『問有子否；「問其姓」，女生曰姓，姓謂子也。』可見『問其姓』就是問她所生的

孩子，姓就是出生的血緣關係。這種出生的血緣關係最初是以母系計算，後來發展到以男系爲計算標準時就出現了『宗』。『宗』甲骨文作『𾒽』，就是祭祀祖先的廟主，是以男系計算血緣關係的。因此姓和宗的區別：姓是母系血緣關係，發展到以父系計算血緣關係後還包括了父系的血緣，而宗則完全是父系的血緣關係。『百姓』就是包括母系和父系的血緣關係。

　　……按毛傳講凡同姓是同祖的（引者按：《唐風・杕杜》「獨行睘睘〔qióng〕，豈無他人？不如我同姓」，《毛傳》：「睘睘，無所依也。同姓，同祖也」），周以後百世不遷就有了固定的姓。但這以前姓是不能當作男系的姓，周初開國時同姓就是包括父系和母系的血緣關係的貴族，他們同樣是王室的統治支柱。」（《徐中舒先秦史講義》，天津古籍出版社，2008 年，p113，p149～p151）

　　又裘錫圭《關於商代的宗族組織與貴族和平民兩個階級的初步研究》：「『百姓』在西周、春秋金文裏都作『百生』，本是對族人的一種稱呼，跟姓氏並無關係。在宗法制度下，整個統治階級基本上就由大小統治者們的宗族構成。所以『百姓』同時又成爲統治階級的通稱。」「在宗法制度下，統治者可以把全國各宗族的人都看作自己的親屬……『百姓』一稱既可以指本族族人，也可以泛指全國各宗族的族人，也就是整個統治階級。」

　　「根據一些可靠的史料來看，商代的統治階級也是稱爲百姓的。這說明在在商代，商族和異姓貴族各宗族的族人，基本上也都屬於統治階級。（按：引《商書・盤庚》、《周書・酒誥》、《君奭》、《逸周書・商誓》之「百姓」、卜辭之「多生」）……從以上所說的可以知道，商代和西周、春秋時代的百姓的地位大致相同；在商代，跟在西周、春秋時代一樣，各大小統治者的宗族的族人，基本上也都應該屬於統治階級。」「武王克商後，把商邑統治階級稱爲百姓。這意味著他不想完全打亂他們的宗族組織，仍然在一定程度上承認他們的貴族地位。這跟成王分封魯、衛時對殷民六族、七族的處理，以及上引《多士》所記周公對待殷士及其小子的態度，其精神是一致的。」（《古代文史研究新探》，p312，p314～p319）見《左傳・定公四年》。

　　朱鳳瀚在《緒論》中據楊希枚《姓字古義析證》「探其文之長而參以拙見」認爲：「『姓』本義是女子所生的子女」；「『姓』既是子女，子女相爲親，相組爲族，所以廣其義，姓可作族屬、族人解，亦可以進一步將之理解爲泛稱的『族』的意思，如殷墟卜辭中之『多生』，西周春秋金文中之『百生』……西周金文中的『百生』，從銘文內容看，可以用來稱本族族人，也可以泛指沒有親族關係的其他族的族人。至於東周文獻中所見的『百姓』，則不僅可以有以上『百生』之

義，而且有的含義更廣泛，幾乎近於今日所說之百姓，即民眾。舊解或將『百姓』釋爲『百官』，其說不可信」；「『姓』本義既爲女子所生子嗣，則同一女子所生子嗣組成的親族也可以稱爲『姓』，以表示其同出於一個女性始祖的這種特殊的親屬關係。這是『姓』的另一引申義」；「『姓』在東周文獻中有時是指姓族之名號，如《國語・周語下》言『賜姓曰姜』之『姓』，即應理解爲所賜姓族之名號即姜」。（《商周家族形態研究》，p12～p15）

林澐《「百姓」古義新解——兼論中國早期國家的社會基礎》認爲百姓就是「百官族姓」，「『百姓，王之親也』，其實是東漢時才出現的」，「『官』的本義並不是統治者，而有社會公共職責的意思。所以『世官』也不只是世代相傳的官位，而有世代承襲的服務於社會的專門技能的意思。」「恢復百姓的本來意義，即『百官族姓』的本義，對正確理解中國早期國家的形成，也就是理解中國古代文明的形成過程，是有很重要意義的。」（《吉林大學社會科學學報》，2005 年第 4 期）

其後裘錫圭又通過對獄簋蓋銘文中的「茲百生（姓）」之釋堅持了自己的百姓爲「族人」之說，「西周青銅器善鼎銘文『余其用各（格）我宗子雩（義同「與」）百生』的『百生』，只能當族人講」。（《獄簋銘補釋》，《安徽大學學報》哲社版，2008 年第 4 期）

凡此，「百姓」皆不同於《孟子・滕文公上》「鄉里同井，出入相友，守望相助，疾病相扶持，則百姓親睦」之「百姓」，「百姓」被用爲平民通稱當在戰國之後。以周人分封「天下」的宗法政治和宗族社會之史實看，其「百姓」當指與周室王族共存的眾同姓、異姓各層級「貴族」。「百姓」之「百官」、「族人」之統治階級屬性是一致的。

小雅・采薇

　　「玁狁（xiǎnyǔn）」與「中國」的糾葛和戰事絕非自周人才開始，《周易》，今、古本《竹書紀年》，《史記・五帝本紀》、《周本紀》、《秦本紀》、《匈奴列傳》，《國語》，《左傳》，《漢書・匈奴傳》，《後漢書・西羌傳》等均見相關之紀。《今本竹書紀年》（本書所引均爲王國維疏證本）堯七十六年「司空伐曹魏之戎，克之」，「歷史」時間大概在公元前 22 世紀左右，已是久遠的冤仇。

　　《西羌傳》「成湯既興，伐而攘之。及殷室中衰，諸夷皆叛。至於武丁，征西戎、鬼方，三年乃克……及武乙暴虐，犬戎寇邊，周古公逾梁山而避於岐下。及子季歷，遂伐西落鬼戎。太丁之時，季歷復伐燕京之戎，戎人大敗周師……及文王爲西伯，西有昆夷之患，北有玁狁之難，遂攘戎狄而戍之，莫不賓服。乃率西戎，征殷之叛國以事紂……」〔註 1〕《歷代戰爭年表》中以殷商名義與諸戎較大的戰爭，自武丁至帝辛至少十二次以上。

　　及周，「戎狄不貢」。《小盂鼎》紀康王二十五年（前 1054 年，一說穆王時期），「王令盂以□□伐城（鬼）方，□□□馘□，執嘼（酋）三人，獲馘四千八百又二馘，俘人萬三千八十一人，俘馬□□匹，俘車卅兩（輛），俘牛三百五十五牛，羊卅八羊，盂或（又）告曰：□□□□，乎蔑我征，執嘼（酋）一人，獲馘二百卅七馘，俘人□□人，俘馬百四匹，俘車百□兩（輛）……」〔註 2〕《今本竹書紀年》紀穆王十二年（前 990 年）「毛公班、井公利、逢公固帥師從王伐犬戎」，「冬十月，王北巡守，遂征犬戎」，十三年「春，祭公帥師從王西征」，「秋七月，西戎來賓」，十五年「春正月，留昆氏來賓」，十七年「王西征崑崙丘，見西王母。其年西王母來朝」，「秋八

月，遷戎於太原」（《西羌傳》「王乃西征犬戎，獲其五王……遂遷戎於太原」）；懿王七年（前 928 年）「西戎侵鎬」（《匈奴傳》「懿王時，王室遂衰，戎狄交侵，暴虐中國」），十三年「翟人侵岐」，二十一年（前 915 年）「虢公帥師北伐犬戎，敗逋」；孝王元年（前 909 年）「命申侯伐西戎」，五年「西戎來獻馬」；夷王七年（前 888 年）「虢公帥師伐太原之戎，至於俞泉，獲馬千匹……」

戰爭有勝有負，但多以周人對獫狁的主動出擊爲主。

將周人與「獫狁」數十次戰事製成一個座標曲線圖，至周厲王時是一個拐點。《多友鼎》紀這一年十月的一天，「獫狁」洶湧著直朝京畿攻來，一場慘烈之戰後，雖然退回，但其性質卻是「獫狁」對周人大規模的主動進攻；《今本竹書紀年》厲王十一年（前 868 年）「西戎入於犬丘」，十四年「玁狁侵宗周西鄙」，戰火就要燒到了周原——周人曾經的革命根據地。

宣王時形勢更加嚴峻。《今本竹書紀年》三年（前 825 年）「王命大夫仲伐西戎」，五年「夏六月，尹吉甫帥師伐玁狁，至於太原」——《兮甲盤》和《小雅・六月》並紀那場宣王親征的戰爭，六年「西戎殺秦仲」，三十三年（前 795 年）「王師伐太原之戎，不克」，三十八年「王師及晉穆侯伐條戎、奔戎，王師敗逋」，三十九年「王師伐姜戎，戰於千畝，王師敗逋」，四十年，「戎人滅姜邑」，「晉人敗北戎於汾隰」，四十一年「王師敗於申」……（又見《不娶簋》、《四十二年逨鼎》、《虢季子白盤》等）

周宣王，這位「國人暴動」中召穆公以犧牲自己的兒子爲代價保住的西周晚期「天子」，在位 46 年，北方的「獫狁」始終在威脅和擠迫著他——他們頑強而執著，他們有馬匹，有轔轔戰車，強大的勢力使他們於「天下」同樣十分嚮往。所謂「中興」的局面所以沒有能夠支撐更長時間，「獫狁」是主要因素之一。

《采薇》被認爲是宣王時期的作品——《匈奴傳》「中國被其苦，詩人始作，疾而歌之……」〔註3〕在文學的意義上，任何於「昔我往矣，楊柳依依。今我來思，雨雪霏霏」的「賞析」都是多餘的——心與物間相互映像的條件不同，語境迥異，個中滋味，只有事中人知得。〔註4〕

采薇采薇，薇亦作止。

薇：一種野菜。多解「野豌豆」。作：朱熹《集傳》：「生出地也。」止：語助詞，下同。

曰歸曰歸，歲亦莫止。

　　曰：助詞。莫：陸德明《釋文》：「本或作暮。」

靡室靡家，玁狁之故。

　　靡：無。玁狁（xiǎnyǔn 玁狁）：《毛傳》：「玁狁，北狄也。」《鄭箋》：「北狄，今匈奴也。」〔註5〕

不遑啟居，玁狁之故。

　　不遑啓居：見《四牡》二章注。

采薇采薇，薇亦柔止。

　　柔：朱熹《集傳》：「始生而弱也。」

曰歸曰歸，心亦憂止。憂心烈烈，載飢載渴。

　　朱熹《集傳》：「烈烈，憂貌。載，則也。」

我戍未定，靡使歸聘。

　　聘：《毛傳》：「問也。」《孔疏》：「言我方戍於北狄，未得止定，無使人歸問家安否，所以憂也。」

采薇采薇，薇亦剛止。

　　剛：朱熹《集傳》：「既成而剛也。」

曰歸曰歸，歲亦陽止。

　　陽：《鄭箋》：「十月爲陽。」

王事靡盬，不遑啟處。

　　見《四牡》一、二章注。

憂心孔疚，我行不來。

　　疚：痛。行：指行役。來：《鄭箋》：「猶反也。」反即「返」。

彼爾維何？維常之華。

　　《毛傳》：「爾，華盛貌。常，常棣也。」維：助語氣。後「維」助判斷。
　　《鄭箋》：「此言彼爾者乃常棣之華，以興將率（帥）車馬服飾之盛。」
　　《常棣》一章有「常棣之華，鄂不韡韡」句。

彼路斯何？君子之車。

斯：助詞，維。路：胡承珙《後箋》：「『彼爾』爲華盛之貌，而非即華名，則『彼路』亦當車大之貌，而非即車名可知。《釋詁》：『路，大也。』」路車即天子、諸侯之車。《大雅・韓奕》三章「其贈維何？乘馬路車」，《鄭箋》：「人君之車曰路車，所駕之馬曰乘馬。」《左傳・桓公二年》「大路越席」，孔穎達疏：「路訓大也，君之所在，以大爲號，門曰路門，寢曰路寢，車曰路車，故人君之車通以路爲名也。《周禮・巾車》『掌王之五路』，鄭玄云：『王在焉曰路。』彼解天子之車，故云王在耳。其實諸侯之車亦稱爲路。大路，路之最大者，《巾車》五路，玉路爲大。」參見《春官・巾車》、《典路》。

戎車既駕，四牡業業。

戎車：兵車。業業：《毛傳》：「業業然壯也。」

豈敢定居，一月三捷。

駕彼四牡，四牡騤騤。

騤騤（kuí）：《毛傳》：「強也。」《說文》：「騤，馬行威儀也。」

君子所依，小人所腓。

依：朱熹《集傳》：「依，猶乘也。」陳奐《傳疏》：「謂依於車中者也。依猶倚也。」腓（féi）：庇護。《鄭箋》：「腓，當作芘（bì 庇）。此言戎車者，將率（帥）之所依乘，戍役之所芘倚。」朱熹《集傳》引程子曰：「腓，隨動也。如足之腓，足動則隨而動也。」

四牡翼翼，象弭魚服。

翼翼：朱熹《集傳》：「行列整治之狀。」象弭（mǐ）：朱熹《集傳》：「以象骨飾弓弰也。」弰（shāo），弓的末端。魚服（箙 fú）：用某種「魚」皮做的箭囊。《鄭箋》：「服，矢服也。」《孔疏》引陸璣云：「魚服，魚獸之皮也。魚獸似豬，東海有之，其皮背上斑文，腹下純青，今以爲弓鞬（音 jiān，馬上盛弓矢之具）步叉者也。」步叉，《釋名・釋兵》：「步叉，人所帶，以箭叉於其中也。」步叉即「鞴靫（bèichá）」，步、鞴一聲之轉，靫即叉之俗體。

豈不日戒，玁狁孔棘。

　　《漢書・匈奴傳》引作「豈不日戒，玁允（狁）孔棘」，顏師古注：「棘，急也。言征役踰（逾）時，靡有室家夫婦之道者，以有玁允之難故也。豈不日日相警戒乎？玁允之難甚急。」朱熹本同。

昔我往矣，楊柳依依。今我來思，雨雪霏霏。

　　《毛傳》：「楊柳，蒲柳也。霏霏，甚也。」思：語助詞。雨：或名詞，或用為動詞。《鄭箋》：「我來戍止，而謂始反（返）時也。上三章言戍役，次二章言將率（帥）之行，故此章重序（敍）其往反之時，極言其苦以說之。」

行道遲遲，載渴載飢。

　　載：乃，則。

我心傷悲，莫知我哀。

　　〔註1〕對於殷商政權來說，「紂」命姬昌為「西伯」既失策也「失察」。「文王」被囚，因「諸侯皆從之囚」（這是「歷史」謊言），「紂」王感到害怕便將其放了回去，「可謂愛之」；更糟糕的是他為「美女奇物善馬」和一塊「洛西之地」（本來就屬於商王朝）而「賜命西伯，得專征伐」（《周本紀》，《左傳・襄公三十一年》襲）——西戎北狄既然於姬昌「莫不賓服」（《今本竹書紀年》、《逸周書・程寤解》紀西伯被釋「諸侯逆〔迎〕西伯歸於程」），他率西北各方國，名為「帥殷之叛國以事紂」（《左傳・襄公四年》），手中掌控的武裝力量卻一天天地壯大起來，接下的事情已可想而知。

　　除《大雅・皇矣》「密人不恭，敢拒大邦，侵阮徂共」外，沒有證據可以證明「文王」所伐密須、耆（黎）、邘、崇等國怎樣「叛殷」（《文王世子》孔穎達疏和《左傳・襄公三十一年》所引《尚書大傳》所紀甚至不同）。姬昌作為朝廷任命的「西伯」，如果說平服「犬戎」甚至北部的「鬼方」是盡其方伯之責，那麼他攻打遠東的黎、邘等國就超出了職責範圍，實際是要開始包剿殷商中心地區了。黎、邘等國無辜遭受「文王」殘酷的大屠殺——周人後來不無得意地編造了那篇肆意羞辱商王朝和「紂」王的「商書」——《西伯戡黎》。

　　武王滅商後，奪取政權成功，周人和其後的儒家便說了無以數計的「德」。

武力征服爲言「德化」，征服了的地方爲言「親被文王之化以成德……」鄭玄《詩譜序》「文、武之德，光熙前緒，以集大命於厥身，遂爲天下父母，使民有政有居」，孔穎達疏：「《泰誓》說武王伐紂，眾咸曰孜孜無怠，天將有立父母，民之有政有居。言民得聖人爲父母，必將有明政……」

〔註 2〕《殷周金文集成》第二冊，p1523。馘音 guó，同「聝」。

〔註 3〕《匈奴傳》認爲懿王時。《毛序》、《毛傳》、《鄭箋》、《史記》、《左傳》、《漢書》等漢說和孔穎達奉命於「五經」之「正義」，朱熹《詩集傳》、《今本竹書紀年》以及眾多清儒之說，唯有比照參考，無法俱信之。青銅器文獻雖少，卻彌足珍貴。

〔註 4〕後世唯三國時曹植心得之。《朔風詩》「仰彼朔風，用懷魏都。願騁代馬，倏忽北徂……四氣代謝，懸景運周。別如俯仰，脫若三秋。昔我初遷，朱華未希。今我旋止，素雪雲飛……」《詩經》時代的傷感與悲愴莫名彌漫於其間。山無限，水滔滔，「捐軀赴國難，視死忽如歸」，還是要得「天下」的雄心大志。

〔註 5〕王國維《鬼方昆夷獫狁考》：「我國古時，有一強梁之外族，其族西自汧（按：汧音 qiān，指汧河，源自甘肅六盤山南麓，即後稱千河者）隴（指隴山，即六盤山南段），環中國而北，東及太行常山（即恒山）間，中間或分或合，時入侵暴中國。其俗尚武力，而文化之度不及諸夏遠甚，又本無文字，或雖有而不與中國同，是以中國之稱之也，隨世異名。因地殊號，至於後世，或且以醜名加之，其見於商周間者，曰鬼方，曰混夷，曰獯鬻。其在宗周之季，則曰獫狁。春秋後則始謂之戎，繼號狄。戰國以降，又稱之曰胡，曰匈奴。綜上諸稱觀之，則曰戎曰狄者，皆中國人所加之名，曰鬼方曰混夷曰獯鬻、曰獫狁曰胡曰匈奴者，乃其本名。而鬼方之方、混夷之夷，亦爲中國所附加。當中國呼之爲戎狄之，彼之自稱決非如此，其居邊裔者，尤當仍其舊號。故戰國，中國戎狄既盡。強國闢土，與邊裔接，乃復以其本名呼之，此族春秋以降之事，載籍稍具，而遠古之事，則頗茫然。」（《觀堂集林》卷十三）

《五帝本紀》「（黃帝）北逐葷粥（xūn yù）」，裴駰集解：「《匈奴傳》曰：『唐虞以上有山戎、獫狁、葷粥，居於北蠻。』」司馬貞索隱：「匈奴，別名也。唐虞已上曰山戎，亦曰熏粥，夏曰淳維，殷曰鬼方，周曰獫狁，漢曰匈奴。」陳夢家謂王氏加入了「混夷」，以爲凡此一切都是鬼方。「這種混同，是不對的。獫狁是允姓之戎，和鬼姓是不同的種族。《孟子・梁惠王下》『文王事混夷……大王事獯鬻』，明二者非一。」（《武丁時代的多方》）。《殷墟卜辭綜述》，中華書

局，1988年，p275）。

又沈長雲《獫狁、鬼方、姜氏之戎不同族別考》：「上古時代的蠻、夷、戎、狄只是周人以外各族的混稱，並不能嚴格區別當時各部族集團的族屬；同時，以上各族也並不限居於中原以外的四邊，而是與周人各封國插花般地錯居雜處。」沈文不同意王氏鬼方、獫狁當商周時期犬戎的古稱和日後的匈奴即上述諸族之說，並將犬戎與赤狄鬼方及姜氏之戎作了區分。（《人文雜誌》1983年第3期）按：以《左傳・僖公二十二年》（前638年）「秋，秦、晉遷陸渾之戎於伊川」和2015年「洛陽伊川徐陽東周墓地」考古發現，至少春秋時期是存在過各族「插花」現象的。

李峰《周與獫狁戰爭的歷史》：「獫狁是一個規模相當之大、權力高度集中的部族社會……從當時的地理環境的角度看，獫狁可以在一個大範圍內從不同的方向與周人作戰，這個事實表明獫狁的社會可能是由不同的社會單位或組織構成的，這些單位或組織擁有共同的文化傳統和種族背景，從而為他們相互調和，最終對抗一個共同的敵人奠定了基礎。

從各方面來看，他們可能是生活在寬闊的北方高地，即從河套地區一直延伸到黃河上游地區的土著居民。在很微妙的意義上，他們可能是興盛於商末周初之際的鄂爾多斯青銅文化的文化繼承者。他們或許根本就不是游牧民族；如同所謂的『北方地區複合體』（Northern Zone Complex）中的大多數社會一樣，他們可能是廣泛分佈的農牧民組成的團體（引者按：在解釋「北方地區複合體」時，李文以為是一個文化綜合體，他們有著不同於商周文化的特徵。地理上，「北方地區」由相互穿插的沙漠、草原以及森林地區組成，從東面的吉林、黑龍江到西面的新疆，位於陝西、山西以及河北省的北方）……在文化年代學上，當獫狁在公元前9世紀期間攻擊周人的時候，他們的生活方式並沒有因為北方草原上正流行的向游牧經濟的轉變而發生太大的波動，與當時同樣擁有小規模畜牧經濟的周人相比，並無多大差別。」（《西周的滅亡——中國早期國家的地理和政治危機》，p168、p169）

小雅・出車

　　《爾雅・釋訓》：「朔，北方也。」《尚書・堯典》「申命和叔宅朔方，曰幽都」，蔡沈傳：「朔方，北荒之地。」這是「中國」之視角，「北方」人不認爲他們所處是「北荒之地」，也不承認周王就是「天子」。他們不懂得「五帝」是誰，也不知道夏禹商湯，他們沒有編出屬於自己的「上古的史書」來。但欲望同樣在膨脹的他們堅信自己，一如朔方「孤獨而倔強」之風雪，或渾然沉鬱，或狂湧奔傾，用鐵馬金戈申說著自己的理由。

　　南仲和召穆公、尹吉甫、方叔等一樣，是周宣王軍事上的骨幹人物。他此次帥師「出車」向北，應該在《大雅・常武》東伐徐國之前。詩寫得有些亂，跳躍的時空表明這次軍事行動持續了幾個月之久，除了築城，戰爭也應該是周人勝利了。《匈奴傳》言「興師命將以征伐之，詩人美大其功」，但通篇不見任何歡祝之辭，反之顯得憂心忡忡和多情善感；雖則「出車彭彭（bāng），旐旆（qízhào）央央」，但威武張揚之中又明顯缺少某種堅毅和強大精神力量的支撐。

　　戰爭泯滅了的人性在黃鸝鳥的婉轉鳴唱聲裏被喚醒，春天裏的生機觸動了人們心底的柔軟部分。「春日遲遲，卉木萋萋。倉庚喈喈，采蘩祁祁」，〔註1〕絕不是如歐陽修所言「執訊獲醜而歸，豈不樂哉！」（《詩本義》）他這樣說，就顯得有些低俗了。

　　而「昔我往矣，黍稷方華。今我來思，雨雪載塗」，語同《采薇》「昔我往矣，楊柳依依。今我來思，雨雪霏霏」、《小明》「昔我往矣，日月方除……昔我往矣，日月方奧……」意境是其次的，只屬於《詩經》的特別句式，十分經典地反映了周人於山河歲月、「家」「國」「天下」的複雜心理糾結。

我出我車，于彼牧矣。

于：往。牧：「郊」外謂之牧。見《鹿鳴》一章「呦呦鹿鳴，食野之苹」注。

自天子所，謂我來矣。

所：處所。謂：馬瑞辰《通釋》：「《廣雅》『謂，使也。』『謂我來』即使我來也，下文『謂之載』即使之載也。」

召彼僕夫，謂之載矣。

載：《鄭箋》：「召御夫使裝載物而往。」

王事多難，維其棘矣。

維：助語氣。陳奐《傳疏》：「維，發聲。凡言維其，其也；維以，以也；維此，此也；維彼，彼也；維何，何也。維皆發聲。」棘：通「亟」。《鄭箋》：「棘，急也。」

我出我車，于彼郊矣。設此旐矣，建彼旄矣。

郊：「邑」外謂之郊。見《鹿鳴》一章「呦呦鹿鳴，食野之苹」注。旐：《毛傳》：「龜、蛇曰旐。」即繪有龜、蛇的旗。〔註2〕旄（máo）：《毛傳》：「干旄。」指飾有旄牛尾的旗。

彼旟旐斯，胡不斾斾！

旟（yú）：《毛傳》：「鳥隼曰旟。」即旗上繪鳥隼圖案。斯：語詞。「胡不」句：反詰語，言其旟旐旒（liú）垂之盛。斾斾（pèi）：《毛傳》：「旒垂貌。」

憂心悄悄，僕夫況瘁。

悄悄：愁貌。況：《鄭箋》：「滋也。將率既受命，行而憂，臨事而懼也。御夫則茲益憔悴，憂其馬之不正。」參見《常棣》三章「每有良朋，況也永歎」注。

王命南仲，往城于方。

南仲：周宣王時大臣，曾率軍出征玁狁等部。方：《毛傳》：「朔方，近玁狁之國也。」朔方非國，以「國」表地。《鄭箋》：「王使南仲爲將率，往築城於朔方，爲軍壘以禦北狄之難。」《漢書·古今人表》南仲作「南

中」，列召虎、方叔、中（仲）山父（甫）、申伯、尹吉父（甫）、韓侯、蹶父（guìfǔ）之中。此南仲與《大雅‧常武》之「南仲」當爲同一人。〔註3〕

出車彭彭，旂旐央央。

彭彭：《毛傳》：「四馬貌。」朱熹《集傳》：「彭彭，眾盛貌。」旂：繪有交龍的旗。《鄭箋》：「交龍爲旂，龜蛇爲旐。」央央：《毛傳》：「鮮明也。」

天子命我，城彼朔方。

城：用爲動詞，築城。朔方：《毛傳》：「北方也。」《孔疏》：「但北方大名皆言朔方。《堯典》云：『宅朔方。』《爾雅》云：『朔，北方也。』皆其廣號。」

赫赫南仲，玁狁于襄。

于：助詞，「是」，使賓語置與動詞前。襄：通「攘」。《毛傳》：「襄，除也。」玁狁于襄，即「于襄玁狁」之倒裝。末章「玁狁于夷」同。

昔我往矣，黍稷方華。今我來思，雨雪載塗。

載：充滿。塗：《毛傳》：「凍釋也。」《鄭箋》：「黍稷方華，朔方之地六月時也。以此時始出壘征伐玁狁，因伐西戎，至春凍始釋而來反，其間非有休息。」朱熹《集傳》：「塗，凍釋而泥塗也。」

王事多難，不遑啟居。豈不懷歸？畏此簡書。

簡書：《毛傳》：「戒命也。鄰國有急，以簡書相告，則奔命救之。」

喓喓草蟲，趯趯阜螽。

趯趯（tì）：躍貌。阜螽（zhōng）：即螞蚱。《鄭箋》：「草蟲鳴，阜螽躍而從之，天性也。喻近西戎之諸侯，聞南仲既征玁狁，將伐西戎之命，則跳躍而鄉（向）望之，如阜螽之聞草蟲鳴焉。草蟲鳴，晚秋之時也。此以其時所見而興之。」

未見君子，憂心忡忡。既見君子，我心則降。

《鄭箋》：「君子，斥南仲也。降，下也。」斥，「斥言」，明言，指名而言。此處斥即「不斥」。《孔疏》：「諸侯未見君子南仲之時，憂心忡忡然，以西戎爲患，恐王師不至，故憂也。既見君子南仲，我心之憂

則下矣，因即美之，此赫赫顯盛之南仲，遂薄往伐西戎而平之。」朱
熹《集傳》：「此言將帥之出征也……方往伐西戎而未歸也。」〔註4〕

赫赫南仲，薄伐西戎。

薄：語助詞，含歡勉和欣喜意。又朱熹《集傳》：「薄之爲言，聊也。蓋
不勞餘力矣。」

春日遲遲，卉木萋萋。

萋萋：茂盛貌。

倉庚喈喈，采蘩祁祁。

倉庚：黃鸝鳥。喈喈：朱熹《集傳》：「聲之和也。」祁祁：盛多貌。
一說祁祁指人眾多。《孔疏》：「言季春之日，遲遲然陽氣舒緩之時，草
之與木已萋萋然茂美，倉庚喈喈然和鳴，其在野已有采蘩菜之人，祁
祁然眾多。」

執訊獲醜，薄言還歸。

《鄭箋》：「訊，言。醜，眾也。……執其可言問、所獲之眾以歸者，
當獻之也。」所言即戰爭中的俘虜。又朱熹《集傳》：「訊，其魁首當
訊問者也。醜，眾徒也……歐陽氏曰：『述其歸時，春日暄妍，草木榮
茂，而禽鳥和鳴。於此之時，執訊獲醜而歸，豈不樂哉！』」「歐陽氏」
即指歐陽修。薄、言：皆助詞。按：《周南・芣苢》一章「采采芣苢，
薄言采之」，王夫之《詩經稗疏》：「《方言》：『薄，勉也。』秦、晉曰
薄，南楚之外曰薄努。郭璞注曰：『相勸勉也。』『薄言采之』者，采
者自相勸勉也。『薄送我畿』者，心不欲送而勉送也。『薄言往愬』者，
心知其不可據而勉往也。凡言『薄』者放（仿）此。《毛傳》云：『薄，
辭也。』凡語助詞皆必有意，非漫然加之。」「薄送我畿」爲《邶風・
谷風》句，「薄言往愬」爲《柏舟》句。一說薄，發語辭。清人劉淇《助
詞辨略》卷五：「薄，辭也；言，亦辭也。薄言，重言之也。《詩》凡
云薄言，皆是發語之辭。」

赫赫南仲，玁狁于夷。

夷：《毛傳》：「平也。」平定。

〔註 1〕《豳風・七月》「春日載陽，有鳴倉庚。女執懿筐，遵彼微行（háng），
爰求柔桑。春日遲遲，采蘩祁祁。女心傷悲，殆及公子同歸……」《七月》的寫作
要比《出車》晚得多——豳地作為流淌在周人血脈裏的「故鄉」和「周家立國之
本」，作詩者的情感積澱深遠而複雜。

東、西周作品間的字句雷同現象，很難用作文意義上的抄襲來解釋。於周人
而言，歷史深處有太多難以磨滅的記憶——無論抽象還是具象的，甚至一個季節，
一條小路，一片陽光，一條河流，一處放眼望過去的山野……所謂「那過去了的
就變成親切的懷戀」。

〔註 2〕《春官・司常》：「九旗之物名，各有屬，以待國事。日月為常，交
龍為旂，通帛為旃（zhān），雜帛為物，熊虎為旗，鳥隼為旟，龜蛇為旐，全羽為
旞（suì），析羽為旌。及國之大閱，贊司馬頒旗物：王建大常，諸侯建旂，孤卿
建旃，大夫士建物，師都建旗，州里建旟，縣鄙建旐，道車載旞，斿（liú 旒）車
載旌。皆畫其象焉，官府各象其事，州里各象其名，家各象其號。」鄭玄注：「屬，
謂徽識也。……仲冬教大閱，司馬主其禮。自王以下治民者，旗畫成物之象，王
畫日月，象天明也。諸侯畫交龍，一象其升朝，一象其下復也。孤卿不畫，言奉
王之政教而已。大夫、士雜帛，言以先王正道佐職也。師都，六鄉、六遂大夫也。
謂之師都，都，民所聚也。畫熊虎者，鄉遂出軍賦，象其守猛，莫敢犯也。州里
縣鄙，鄉遂之官，互約言之。鳥隼，象其勇捷也。龜蛇，象其扞難避害也。道車，
象路也，王以朝夕燕出入。斿車，木路也，王以田以鄙。全羽析羽五色，象其文
德也。」贊，助。鄉、遂，周制，「國」以外「郊」以內分設「六鄉」，「郊」以外
和「野」以內分設六遂。鄉、遂居民身份不同，「六鄉」者曰「國人」，「六遂」者
曰「野人」、「野民」或「氓」、「甿」。

參見《地官・大司徒》、《遂人》，楊寬《西周春秋的鄉遂制度和社會結構》。
（《西周史》，上海人民出版社，1999 年，p395～p425）

〔註 3〕《竹書紀年》今、古本均未紀「赫赫南仲，薄伐西戎」事。且不論
《紀年》之可靠程度，但所以未紀，至少說明相關古注和類書中也不曾言及。而
宣王初年（《竹書紀年》今本紀宣王三年，古本及《後漢書・西羌傳》紀四年）命
「秦仲」伐西戎，《詩》又未及。

秦仲為秦國第三位國君秦公伯之子，後為西戎殺（《十二諸侯年表》秦仲盡
宣王六年，前 822 年），其長子莊公即位。《秦本紀》紀宣王召莊公兄弟五人與
兵七千使伐西戎，破之，乃封莊公為西垂大夫，封大駱犬丘之地；《今本竹書紀

年》幽王四年（前 778 年）「秦人伐西戎」，《秦本紀》「莊公生子三人，其長男世父。世父曰：『戎殺我大父仲，我非殺戎王，則不敢入邑。』遂將擊戎，讓其弟襄公」。於周王朝來說，其後平王東遷秦仲之孫秦襄公出兵護駕也是絕不該忘記的。雖至平王時才被封其為諸侯國，但從《秦風》看，秦也該是詩風深遠一方土地。秦人所作出的征戰之功不小，為何小、大《雅》無一提及？難道孔子手定《詩經》時，已認定了「虎狼之秦」而故意淡化他們的先輩？很難說。

孔子出生時，「春秋五霸」之一的西方諸侯之伯秦穆公已死去七十年。但《孔子世家》紀齊景公曾問孔子，秦國小而處僻為何還能夠稱霸？孔子回答說：秦國雖小志向卻很大，處地雖然偏僻但施政得當。秦穆公用五張公羊皮贖來百里奚，授以大夫之爵；將其從囚禁中解救出來，一連談了三天的話，隨後就把執政大權交給他了。如此治理國家，就是統治整個天下也是可能的，當個霸主算是小的了──欣羨的同時，話語中又充滿了對秦國的妒忌和對秦穆公的排斥。

《左傳·文公元年》中西漢儒生附和孔子，又借機讓秦穆公自己貶損了自己一番：「殽之役，晉人既歸秦帥，秦大夫及左右皆言於秦伯曰：『是敗也，孟明之罪也，必殺之。』秦伯曰：『是孤之罪也。周芮良夫之詩曰：「大風有隧，貪人敗類。聽言則對，誦言如醉。匪用其良，覆俾我悖。」是貪故也，孤之謂矣。』」而在《秦風·黃鳥》中，秦穆公又恰是以一個「以人從死」的惡之形象出現的。

〔註4〕《召南·草蟲》一章「喓喓草蟲，趯趯阜螽。未見君子，憂心忡忡。亦既見止，亦既覯（gòu）止，我心則降」，《毛傳》：「卿大夫之妻，待禮而行，隨從君子。婦人雖適人，有歸宗之義。覯，遇。降，下也。」《鄭箋》：「草蟲鳴，阜螽躍而從之，異種同類，猶男女嘉時（《孔疏》：「仲春之月也」）以禮相求呼。『未見君子』者，謂在塗（途）時也。在塗而憂，憂不當君子，無以寧父母，故心忡忡然。是其不自絕於其族之情。『既見』，謂已同牢而食也（按：指新婚夫婦共食一牲之儀式）。『既覯』，謂已昏（婚）也。始者憂於不當，今君子待己以禮，庶自此可以寧父母，故心下也。」

比較而言，西漢的毛氏比東漢末的鄭玄要有學術操守──相同文本既然在《草蟲》裏已有話，那麼在《出車》中也就不再說什麼了。而鄭玄卻完全不顧彼此，可以為作任何不同的解釋。朱熹雖前綴「南國被文王之化」，但「諸侯、大夫行役在外，其妻獨居，感時物之變而思其君子如此」之釋，還是比較得體的。以《出車》者言，「其室家感時物之變而念之，以為未見而憂之如此，必既見然後心可降耳。然此南仲今何在乎？」（《詩集傳》）

　　此種情感在《國風》中變得不再掩飾。烽火連天，表現在詩歌創作上卻風雲氣少，兒女情多——從民族文化心理言，多情比「英雄」和「道德」克制要高貴得多。從西周到春秋，「喓喓草蟲，趯趯阜螽」，跳動的是無數顆熱愛生命之心。

小雅・杕杜

　　《鹽鐵論・繇役》「古者無過年之繇，無逾時之役。今近者數千里，遠者過萬里，歷二期。長子不還，父母愁憂，妻子詠歎，憤懣之恨發動於心，慕思之積，痛於骨髓。此《杕（dì）杜》、《采薇》之所爲作也」，不用說也能看出是「文學」一方的話。周公三年東征，《豳風・東山》「我徂東山，慆慆不歸……自我不見，於今三年」，如何「古者無過年之繇，無逾時之役」？

　　征婦之怨本不足爲怪，但只憑她們又哪裏能哭倒「長城」？一如後世無數征婦詩其實是出自男性文人之手一樣，〔註1〕《杕杜》自也自是出自西周男性「貴族」之手。以《三禮》及眾多文獻所紀，西周婦人的角色定位決定了她們既無機會、也無能力寫出此類作品來。

　　卿大夫者如《杕杜》之性情思想，雖不犯「禮」失「德」，卻與「豈弟（kǎi tì 愷悌）君子」之精神倡導相悖，也不符合《周書》一再強調光大文、武之緒，努力完成先王未竟之大業的精神。「作詩者所以舒心志憤懣……憂愁之志則哀傷起而怨刺生」（《孔疏》）——《小雅》多處出現「王事靡盬」及「我心傷悲」、「哀我征夫」字句，於「王事」厭倦的同時哀怨自身遭際，顯得辭極而意盡。人們的心緒情狀，眞實地反映在了「有杕之杜」一類「無意識」起興中。〔註2〕

有杕之杜，有睆其實。

　　杕：孤生貌。有杕，即杕杕。杜：棠梨樹，也即杜梨。睆（huàn）：狀果實飽滿鮮澤。有睆，即睆睆。《毛傳》：「興也。睆，實貌。杕杜猶得其時蕃滋，役夫勞苦，不得盡其天性。」

王事靡盬，繼嗣我日。

嗣：《鄭箋》：「續也。王事無不堅固，我行役續嗣其日。言常勞苦，無休息。」參見《四牡》一章「豈不懷歸，王事靡盬，我心傷悲」注。

日月陽止，女心傷止，征夫遑止。

《鄭箋》：「十月爲陽。遑，暇也。婦人思望其君子，陽月之時已憂傷矣。征夫如今已閑暇且歸也，而尚不得歸，故序其男女之情以說之。陽月而思望之者，以初時云『歲亦莫止』。」朱熹《集傳》：「此勞還役之詩。故追述其未還之時。室家感於時物之變而思之曰：特生之杜，有晥其實，則秋冬之交矣。而征夫以王事出，乃以日繼日，而無休息之期，至於十月，可以歸而猶不至。故女心悲傷，而曰征夫亦可以暇矣，曷爲而不歸哉？」陽：見《采薇》三章「曰歸曰歸，歲亦陽止」注。止：語助詞。下同。

有杕之杜，其葉萋萋。

萋萋：茂盛貌。

王事靡盬，我心傷悲。

《鄭箋》：「傷悲者，念其君子於今勞苦。」

卉木萋止，女心悲止，征夫歸止。

《毛傳》：「室家逾時則思。」陳啓源《稽古編》：「『卉木萋止』，即《出車》之『卉木萋萋』，謂遣戍明年之春暮也。」

陟彼北山，言采其杞。

陟：登。言：助詞。《鄭箋》：「杞非常菜也，而升北山採之，託有事以望君子。」《孔疏》：「杞木本非食菜，而升北山以採之者，是記有事，以望汝也。」

王事靡盬，憂我父母。檀車幝幝，四牡痯痯，征夫不遠。

《毛傳》：「檀車，役車也。幝幝（chǎn），敝貌。痯痯（guǎn），罷（pí）貌。」罷同「疲」。朱熹《集傳》：「檀木堅，宜爲車。」《鄭箋》：「不遠者，言其來，喻路近。」《孔疏》：「征夫之來不遠，當應至也。如何許時不至，使己念之。」

匪載匪來，憂心孔疚。

　　《鄭箋》：「匪，非。疚，病也。君子至期不裝載，意不爲來。我念之，憂心甚病。」

期逝不至，而多為恤。

　　《鄭箋》：「逝，往。恤，憂也。遠行不必如期，室家之情以期望之。」

卜筮偕止，會言近止，征夫邇止。

　　《毛傳》：「卜之筮之，會人占之。邇，近也。」《鄭箋》：「偕，俱。會，合也。或卜之，或筮之，俱占之，合言於繇爲近，征夫如今近耳。」朱熹《集傳》：「言征夫不裝載而來歸，固已使我念之而甚病矣。況歸期已過而猶不至，則使我多爲優恤，宜如何哉？故且卜且筮（shì），相襲俱作，合言於繇（zhòu）而皆曰近矣，則征夫其亦邇而將至矣。范氏曰：『以卜筮終之，言思之切而無所不爲也。』」卜、筮，占卜法，卜用龜，筮用蓍（shī）草。繇，卦兆的占詞。

　　〔註 1〕他們不但寫征婦詩，也寫怨婦詞，寫豔詞；不但寫脂粉，還寫鬢髮趾澤，寫「簪履思」！一個扭曲的社會首先是人的扭曲，人的扭曲必然形成其心理上的扭曲和情感阻滯。當訴諸文字或其他載體獲得某種釋放時，往往表現得異常生動。

　　〔註 2〕《唐風》（即「晉風」）中也有兩首「杕杜」。無法確切其究竟寫於何時，但肯定與周王室「王事靡盬」之時代相去已遠。還是漫野的杜梨，高遠的天空。「天子」還有，但「天下」之格局已從金字塔走向扁平，各方諸侯各領風騷，穿梭往來，活躍異常。有戰場上的廝殺，也有帷幕下的密謀和交易，推杯換盞中的暗算與玄機。「天子」諸侯之間、諸侯之間、甚至諸侯與其大夫之間，是如《左傳》故事般不斷變化升級的矛盾和衝突。「詩」之爲言，「傷悲」後，「有杕之杜」見證的是「新時期」新的政治孤獨，人生苦悶。

　　之一：《杕杜》

　　「有杕之杜（《毛傳》：「杕，特貌」），其葉湑湑（《孔疏》：「其葉湑湑然而盛」）。獨行踽踽（《毛傳》：「無所親也」），豈無他人？不如我同父。嗟行之人，胡不比焉（《鄭箋》：「謂異姓卿大夫也。比，輔也」）？人無兄弟，胡不佽（cì）焉（《毛傳》：「佽，助也」）？

有杕之杜，其葉菁菁（《毛傳》：「葉盛也」）。獨行睘睘（煢煢），豈無他人？不如我同姓。嗟行之人，胡不比焉？人無兄弟，胡不佽焉？」

之二：《有杕之杜》

「有杕之杜，生于道左。彼君子兮，噬肯適我（《毛傳》：「噬，逮也。」及。《鄭箋》：「肯，可。適，之也。彼君子之人，至於此國，皆可求之我君所」）？中心好（hào）之，曷飲食（sì）之？

有杕之杜，生于道周（《毛傳》：「周，曲也」）。彼君子兮，噬肯來遊？中心好之，曷飲食之？」

小雅・魚麗

　　《世本・作篇》:「儀狄始作酒醪變五味……杜康造酒。少康作秫酒。」《戰國策・魏策二》:「昔者,帝女令儀狄作酒而美,進之禹,禹飲而甘之,遂疏儀狄,絕旨酒,曰:『後世必有以酒亡其國者。』」雖是故事,但夏時的確可能已經有了「酒」。

　　《禮記・月令》「乃命大酋:秫(shú)稻必齊(jì,熟成),曲糵必時,湛熾必潔,水泉必香,陶器必良,火齊必得。兼用六物,酒官監之,無有差忒」,表明周代的「酒」已經是以糧食為原料經發酵釀造而成的「清酒」。

　　「豐年多黍多餘,亦有高廩(lǐn),萬億及秭(zǐ)」(《周頌・豐年》),「獲之挃挃(zhì),積之栗栗。其崇如墉(yōng),其比如櫛」(《良耜》),「我黍與與,我稷翼翼。我倉既盈,我庾維億」(《小雅・楚茨》),「疆場(yì)翼翼,黍稷或或(yù)」(《信南山》),「曾孫之稼,如茨如梁。曾孫之庾,如坻(chí)如京。乃求千斯倉,乃求萬斯箱」(《甫田》),「不稼不穡,胡取禾三百廛兮」、「三百億兮」、「三百囷(qūn)兮」(《魏風・碩鼠》)——豐稔的年份為釀酒創造了必備的條件,所以《詩經》中不時有陣陣酒氣撲來,宗廟朝廷者有之,鄉遂間者有之:

　　《周頌・載芟》、《絲衣》,《魯頌・有駜(bì)》、《泮(pàn)水》,《商頌・烈祖》、《大雅・文王》、《旱麓》、《行葦》、《既醉》、《鳧鷖》、《公劉》、《蕩》、《抑》、《桑柔》、《江漢》,《小雅・鹿鳴》、《常棣》、《伐木》、《魚麗》、《南有嘉魚》、《湛露》、《彤弓》、《吉日》、《斯干》、《正月》、《小宛》、《大東》、《北山》、《楚茨》、《信南山》、《桑扈》、《頍弁》、《車舝》、《賓之初筵》、《魚藻》、《縣蠻》、《瓠葉》,《邶風・柏舟》、《泉水》、《鄭風・叔于田》、《唐風・山有

樞》、《有杕之杜》、《秦風‧晨風》、《豳風‧七月》……

　　酒用於祭祖和酒禮，而祭祖和酒禮在於強調權力承續的合理性和等級制，是基於統治需求而爲之，《周禮》中的酒官（天官「酒正」、「酒人」和春官「鬯人」、「司尊彝」等）和《儀禮》、《禮記》中的酒禮可以證明這一點——西周的酒，滿滿是政治之因子。

　　「《魚麗》，美萬物盛多，能備禮也」，《毛序》的這個說法是對的。政權因「禮」而維護和鞏固，「能備禮」者入詩便是很自然的事情。《詩》作爲「禮樂」之詞，或變韻、或同調反覆、或不同曲調交替、或相同副歌——此「君子有酒，旨且多」、「多且旨」、「旨且有」和「物其多矣，維其嘉矣」之反覆句式，祈願的意味十分明顯。

魚麗于罶，鱨鯊。

　　麗：《毛傳》：「歷也。」《爾雅‧釋詁》：「歷，附也。」罶（liǔ）：捕魚的竹簍，魚入而不得出。朱熹《集傳》：「以曲簿爲笱，而承梁上空者也。」梁，以石截於水中，中空而置笱以捕魚。鱨（cháng）：《陸疏》：「今江東呼黃鱨魚，亦名黃頰魚。尾微黃，大者長尺七八寸許。」鯊：朱熹《集傳》：「鮀（tuó）也，魚狹而小，常張口吹沙。」

君子有酒，旨且多。

　　旨：味美。《鄭箋》：「酒美而此魚又多矣。」朱熹《集傳》：「此燕饗通用之樂歌。即燕饗所薦之羞，而極道其美且多，見主人禮意之勤，以優賓也。」羞，同「饈」。

魚麗于罶，魴鱧。

　　魴（fáng）：鯿（biān）魚。鱧（lǐ）：烏鱧，即黑魚。

君子有酒，多且旨。

魚麗于罶，鰋鯉。

　　鰋（yǎn）：《毛傳》：「鯰（nián）也。」即鯰魚。

君子有酒，旨且有。

　　有：朱熹《集傳》：「猶多也。」楊樹達《積微居小學述林》卷六《〈詩〉

『旨且有』解〉:「旨且多,多且旨,旨且有,皆承上句『有酒』爲言。……按《邶風・谷風》云:『何有何亡。』《毛傳》云:『有,謂富也。』《列子・說符篇》云:『羨施氏之有。』張注云:『有猶富也。』是『有』字有富義也。《詩・魯頌・有駜》云:『歲其有。』《毛傳》云:『歲其有,豐年也。』按此毛以年釋歲,以豐釋有也。《桓公三年公羊傳》云:『彼其日大有年,何?大豐年也。』以大豐年釋大有年,亦以豐釋有也。是『有』有豐義也。富豐皆謂多,然則三章之『旨且有』,猶一章之言『旨且多』也。詩人因韻變文,自有義複疊之語耳。以文法言之,且字所連結之字義必相類。」〔註1〕

物其多矣,維其嘉矣。

維:陳奐《傳疏》:「維其二字,確是推本萬物之由。猶言維其如是,所以如是。《裳裳者華》『維其有章矣,是以有慶矣』,『維其有之,是以似之』,凡言『維其』者如此。此詩文法倒裝耳。」或曰助語氣。

物其旨矣,維其偕矣。

《鄭箋》:「魚既美,又齊等。」

物其有矣,維其時矣。

《鄭箋》:「魚既有,又得其時。」或曰時,善,嘉。

〔註1〕殷墟卜辭見有「受有年」、「受年」,如「黍在龍圃,□受有年」、「呼□於唯,受有年」等,可見其受殷商文字之影響。《春秋・宣公十六年》「冬,大有年」,《穀梁傳》:「五穀大熟爲大有年。」

小雅・南有嘉魚

　　「君子有酒」不是飲食生活意義上的炫耀，「嘉賓」自然也有其政治定位。實際上「君子」與諸侯、大夫、士之「嘉賓」是一個利益共同體，他們共同形成了於「天下」擁占之集團，是「天下」各方土地與土地之上「民人」的集體統治者。

　　朝覲、賞賜、祭祀、燕禮、射禮、酒禮等有效地固化了「君子」與各色「嘉賓」的上下等級、左右位置，並以之謀求「天下」的「萬世治安」——至少在成、康、昭、穆、共、懿、孝西周早中期，實施這種方法基本上達到了預期的效果。便是周南水之「嘉魚」、山之「樛（jiū）木」和「翩翩者鵻」，也足以讓熱衷於「新邦頌」的詩人們興奮不已——關於權力的暢想，任何時代都是一件很抒情的事情。〔註1〕

南有嘉魚，烝然罩罩。

　　南：指周之南部江漢之地。《毛傳》：「江漢之間，魚所產也。」烝：眾多。罩罩：魚游貌。

君子有酒，嘉賓式燕以樂。

　　君子：《鄭箋》：「斥時在位者也。」斥，參見《出車》五章「既見君子，我心則降」注。式：助詞。又《鄭箋》：「式，用也。用酒與賢者燕飲而樂也。」燕：通「宴」，宴飲。朱熹《集傳》：「此又燕饗通用之樂。故其辭曰：南有嘉魚，則必烝然而罩罩之矣。君子有酒，則必與嘉賓共之，而式燕以樂矣。此亦因所薦之物，而道達主人樂賓之意也。」

南有嘉魚，烝然汕汕。

　　汕汕：馬瑞辰《通釋》：「罩罩、汕汕蓋皆眾魚游水之貌。」

君子有酒，嘉賓式燕以衎。

　　衎：《毛傳》：「樂也。」參見《鹿鳴》二章「我有旨酒，嘉賓式燕以敖」
　　注。

南有樛木，甘瓠纍之。

　　樛木：枝條彎曲下垂之木。瓠：即瓠瓜。纍：牽繞。《孔疏》：「言南方
　　有樛然下垂之木，甘瓠之草得上而纍蔓之。」

君子有酒，嘉賓式燕綏之。

　　綏：《鄭箋》：「安也。與嘉賓燕飲而安之。《鄉飲酒》曰：『賓以我安。』」

翩翩者鵻，烝然來思。

　　鵻：《毛傳》：「一宿之鳥。」《鄭箋》：「一宿者，一意於其所宿之木也。」
　　喻專一。思：語助詞。

君子有酒，嘉賓式燕又思。

　　又：馬瑞辰《通釋》：「即今之右字。古右與侑、宥並通用。」侑，勸
　　飲。參見《常棣》注引李宗侗說。

　　〔註1〕至於《毛序》「《南有嘉魚》，樂與賢也。太平之君子至誠，樂與賢者
共之也」，是漢儒之於漢王室中央集權政治之偽言。漢初有哪一個因為是「賢者」
而成為王室之「嘉賓」的呢？無論封「功臣異姓而王者八國」（除盧綰外其餘七者
劉邦稱帝之前已是諸侯王）還是劉氏宗室子弟「同姓九王」，孰「賢」孰不「賢」？
而後復又翦滅其異姓者，蓋非「賢」焉？

　　《禮記》比《毛序》要遲得多。《禮運》中的「孔子」，也慨歎「天下為公，
選賢與能，講信修睦」，是「大道之行」時的理想圖景──以其口氣，也當是三代
之前的事了。

小雅・南山有臺

「君子」一詞，《易》之卦辭、爻辭中已現，《周書・無逸》、《召誥》、《秦誓》等也有，說明「君子」一詞不是周人在作「詩」時的新創造。但「君子」在《詩經》中重複出現超過了一百七十次，其中《雅》、《頌》（魯）超過了一百二十次，〔註1〕顯然「君子」一詞的使用在其時成爲了一種政治寫作「時尚」。

首先，周人克商後政權得到了鞏固——以宗法血緣關係爲基礎的分封制使其疆域不斷擴大，被征服土地上的原住民得到了有效的統治。「封建親戚以蕃屏周」的布局和「普天之下莫非王土，率土之濱莫非王臣」的景象使遠近大小「貴族」無不歡欣鼓舞；「天下共主」之下的人們作詩言志動輒「君子」，一時流露出了獲取「天下」之後的無限得意與自豪。「君子」在西周早期是王朝政權中的骨乾和主力，《文公十二年》「不有君子，其能國乎」？

其次，這種時尚由高層向「民間」蔓延擴散、演變——《國風》近五十「君子」中，除《周南・樛木》、《衛風・淇奧（yù）》、《秦風・終南》、《曹風・鳲鳩》之頌諛，《鄘風・載馳》、《魏風・伐檀》之怨恨，《秦風・車鄰》之嘲諷外，「君子」又大多成了一種尊愛之稱：

《周南・汝墳》一章「未見君子，惄（nì）如調饑」、二章「既見君子，不我遐棄」，《召南・殷其靁》一、二、三章「振振君子，歸哉歸哉」，《邶風・雄雉》二章「展矣君子，實勞我心」，《王風・君子于役》一章「君子于役，不知其期」、「君子于役，如之何勿思」、二章「君子于役，不日不月」、「君子于役，苟無饑渴」，《鄭風・風雨》一章「既見君子，云胡不夷」、二章「既見君子，云胡不瘳（chōu）」、三章「既見君子，胡云不喜」，《秦風・晨風》一章「未見君子，憂心欽欽」、二章「未見君子，憂心靡樂」、三章「未見君

子，憂心如醉」……其中《秦風·小戎》一章婦人「言念君子，溫其如玉」，
則將其尊愛之意表達到了極致。這些聲音和現象其實也是統治階層所樂於聽
到和看到的，他們感覺到了「民間」對於「君子」尊崇和認可後的順從與傚
仿。

再次，「君子」往往與「豈弟」、「淑人」、「威儀（令儀）」、「德音（令德）」、
「福祿（福履）（萬福）（祜 hù）」、「萬壽（眉壽）」、「永錫胙胤」等連用，表
現其長久統治願望的同時，周人似乎又覺得情勢並不過於樂觀，感覺到了某
種潛在的危機。於是武王向曾是商紂王大臣的箕子問政，傾聽箕子於其大法
九類中反覆強調「好德」（《洪範》），於是周公誡康叔治理殷民以德政教化爲
主，「明德愼罰」（《康誥》），於是誡勉成王施行德政，「不可不敬德」（《召誥》），
於是強調「奉德」（《多方》）、「敬德」（《無逸》）、「秉德明恤」（《君奭》）、「克
愼明德」（《文侯之命》），等等。這種思想大概逐漸在「士」以上階層中得到
滲透，影響到詩歌的創作上來，便有了以「豈弟」之類修飾「君子」，凡「君
子」多「令儀」「令德」，凡「君子」亦多「樂只」的氾濫。

「德」是於「禮」的遵從和踐行，「禮」的核心是「家天下」的政治秩序。
較之「文王」任商之西部方伯時掌各路諸侯時的驕橫恣肆，較之武王暴動反
叛朝廷的混亂，「德」僅僅是一種趨向於秩序的自律。通過「儀」而履「禮」，
「令儀」便「令德」，便是「君子」、「淑人」──曾經的邊鄙小邦革命成功掌
管了「天下」，萬事待舉，還有哪些比「君子」更能成爲西周王朝所希望的主
流人群呢？

南山有臺，北山有萊。

臺：通「薹（tái）」，非「苔」。《孔疏》引陸璣云：「莎草也，可爲蓑笠。」

萊：即藜，一年生草本植物。《鄭箋》：「興者，山之有草木，以自覆蓋，
成其高大，喻人君有賢臣，以自尊顯。」

樂只君子，邦家之基。樂只君子，萬壽無期。

君子：《鄭箋》謂「賢者」，《孔疏》謂「有德之君子」。邦家：分言之
「邦」爲受封之國，「家」爲受封之國卿大夫的采邑，合言之「邦家」
即泛指諸侯國。〔註2〕基：《毛傳》：「本也。」萬壽無期：指「邦家」
言。朱熹《集傳》：「此亦燕饗通用之樂。故其辭曰：南山則有臺矣，
北山則有萊矣。樂只君子，則邦家之基矣。樂只君子，則萬壽無期矣。

所以道（導）達主人尊賓之意，美其德而祝其壽也。」樂：和樂。只：陳奐《傳疏》：「凡只，或在句中，或在句末，皆爲語詞。」

南山有桑，北山有楊。樂只君子，邦家之光。

光：《鄭箋》：「明也。政教明，有榮曜（yào）。」

樂只君子，萬壽無疆。

「君子」或指天子，或指諸侯、卿大夫，或指其他「貴族」男子。〔註3〕參曰《蓼蕭》三章「既見君子，孔燕豈弟」、《湛露》四章「豈弟君子，莫不令儀」、《賓之初筵》四章「醉而不出，是謂伐德。飲酒孔嘉，維其令儀」。

南山有杞，北山有李。樂只君子，民之父母。〔註4〕**樂只君子，德音不已。**

德音：指有德之聲名。參見《鹿鳴》二章「我有嘉賓，德音孔昭」注。

南山有栲，北山有杻。

栲（kǎo）：《毛傳》：「山樗。」杻（niǔ）：《毛傳》：「檍（yì）也。」檍，一種材質堅韌的樹。《考工記・弓人》：「凡取幹之道七：柘爲上，檍次之……」

樂只君子，遐不眉壽！

遐：通「胡」，何。眉壽：《毛傳》：「秀眉也。」指豪眉，古以豪眉爲壽相。

樂只君子，德音是茂。

茂：于省吾《新證》：「懋、茂古今字。《尚書》懋多訓爲勉。……懋、莫、勉古同聲……德音是茂者，德音是勉也。」（p19）「『德音是茂』係詩人頌揚統治者『君子』之詞……欲其保有『令聞』，故以『德音』勸勉之。」（p134）又《鄭箋》：「茂，盛也。」是：指代詞，復指前置賓語「德音」。

南山有枸，北山有楰。

> 枸（jǔ）：《毛傳》：「枳（zhǐ）枸。」《孔疏》引陸璣：「枸樹高大似白楊，有子著枝端，大如指，長數寸，啖之甘美如飴。八月熟。今官園種之，謂之木蜜。」楰（yú）：《毛傳》：「鼠梓。」《孔疏》引陸璣云：「其樹葉木理如楸，山楸之異者，今人謂之苦楸（qiū）是也。」

樂只君子，遐不黃耇。

> 黃耇（gǒu）：《毛傳》：「黃，黃髮也。耇，老。」指長壽。

樂只君子，保艾爾後。

> 《毛傳》：「艾，養。保，安也。」

〔註 1〕《周頌》中沒有「君子」。所以「頌」者，政權初建，是一個頌聲四起的時期，周人的危機還沒有到來。而較之《魯頌》，《商頌》五篇皆沒有出現「君子」——「君子」是屬於周人的一個詞語。以《魯語下》閔馬父（魯國大夫）語「昔正考父（按：宋國大夫）校商之名頌十二篇於周太師，以《那》為首……」，是否「宋頌」不論，《商頌》至少是經過宋人之手的。

而宋，那實際是周人治下的殷商之「遺國」。《周頌·有客》毛序「微子來見祖廟也」，《鄭箋》：「成王既黜殷命，殺武庚，命微子（按：「紂」同母庶兄）代殷後。既受命，來朝而見也。」朱熹《詩集傳》：「客，微子也。周既滅商，封微子於宋，以祀其先王，而以客禮待之，不敢臣也。」《左傳·僖公二十四年》「宋，先代之後也，於周為客」，《昭公二十五年》宋人樂大心也說「我於周為客」。

「武王已平殷亂，天下宗周，而伯夷、叔齊恥之，義不食周粟，隱於首陽山，采薇而食之。及餓且死，作歌。其辭曰：『登彼西山兮，采其薇矣。以暴易暴兮（司馬貞索隱：「謂以武王之暴臣易殷紂之暴主，而不自知其非矣」），不知其非矣。神農、虞、夏忽焉沒兮（索隱：「言羲、農、虞、夏敦樸禪讓之道，超忽久矣，終沒矣」），我安適歸矣？于嗟徂兮，命之衰矣！』遂餓死於首陽山……」如果說《伯夷列傳》還是故事，那麼春秋時期殷商的後裔們在「商頌」中迴避了「周語」的使用則「有詩為證」——從不食周粟到不用「周語」，穿透三百年的「堅守」。（參俞平伯《論商頌的年代》並「顧剛按」，《古史辨》三）

〔註 2〕《雅》、《頌》中本詩及《六月》五章「萬邦為憲」、《采芑》四章「大

邦爲讎」、《沔水》一章「邦人諸友」、《黃鳥》一章「此邦之人」、「復我邦族」、
二章、三章「此邦之人」、《我行其野》一章「復我邦家」、《節南山》十章「以
畜萬邦」、《瞻彼洛矣》三章「保其家邦」、《桑扈》二章「萬邦之屏」，《大雅・
文王》一章「周雖舊邦」、《大明》四章、五章「大邦有子」、《思齊》二章「以
御于家邦」、《皇矣》三章「帝作邦作對」、四章「王此大邦」、五章「敢距大邦」、
六章「萬邦之方」、《崧高》二章「登是南邦」、三章「式是南邦、七章「周邦咸
喜」、八章「揉此萬邦」、《召旻》二章「實靖夷我邦」、四章「我相此邦」，《周
頌・烈文》「無封靡於爾邦」、《時邁》「時邁其邦」、《載芟》「邦家之光」、《桓》
「綏萬邦」；《魯頌・閟宮》四章「魯邦是常」、六章、七章「魯邦所詹」、「至于
海邦」、八章「邦國是有」……「家邦（邦家）」、「邦」、「邦國」凡三十六處，
在具體的詩句中當作不同語境下的理解，或指幫族，或指佔領地，或指受天子
之封的諸侯國。從家邦（邦族）到天下共主之大國家的演進，形成了周代宗法
社會之形態，也是中國後世長期「家天下」專制之源頭——歷代帝王君主總是
把「天下」看作是自家的、一個屬於自家的集團的。

劉澤華、汪茂和、王蘭仲《君主獨裁政體的形成》：「血緣宗法關係和宗族
機構，曾長期存在於我國的階級社會中，這是眾所周知的事實。在古代中國，
當階級矛盾日益尖銳、從而使國家成爲一種社會需要時，以前的原始氏族組織、
機構卻仍未瓦解，它只是在功能上適應了新的需求，開始以原氏族的機構履行
國家職能，即原氏族的機構變成了國家機器。例如商代，當商人進入階級社會
後，其統治部族內部尚保留著氏族組織。據今人研究：在商王國內，社會組織
內部與社會組織之間的血緣紐帶並沒有切斷，當時支撐商王朝的社會支柱就是
商族內的諸商人宗族，特別是同姓宗族，商王國的社會組織結構在一定程度上
與商族共同體內的親族組織是相統一的。（朱鳳瀚《論商人諸宗族與商王朝的關
係》）

周人的情況則更爲典型。周王朝社會政治制度的形式是所謂宗法分封制。
在這一制度下，周王子自爲大宗，分封出去的各諸侯則爲小宗；諸侯分封之後，
又在其所轄封域內冊封其子弟、親屬、功臣（引者按：功臣大多也非外族）爲
卿大夫；受封之卿大夫又依法炮製，建立『側室』或『分族』。這也就是師服所
說的『天子建國，諸侯立家，卿置側室，大夫有貳宗，（《左傳・桓公二年》）在
這裡，卿大夫以邑爲家，諸侯以國爲家，天子以天下爲家。周天子與諸侯、諸
侯與卿大夫、卿大夫與士的關係，一方面固然是政治關係，另一方面也是血緣
宗法關係。作爲政治上的統治者來說，周王是君主；而作爲族的統率者來說，

周王則是宗主。每個在血緣關係中處於不同等差地位的家族，同時也是國家政治結構的不同環節。由此可見，血緣宗族關係在古代中國國家形成過程中並沒有受到破壞，而是和政治關係繫在一起，政權與族權、君統與宗統結合到一起了。」（《專制權力與中國社會》，天津古籍出版社，2005 年，p4、p5）

〔註 3〕杜正勝《國人與野人身份地位之異差》：「周人以少數民族散駐全國要衝，在殷人、殷同盟或其他古國之上鋪建一層新統治階級，名為『君子』，以別於原來國人的『小人』。周人初為天下共主，也承認同盟及古國的獨立。」（《周代城邦》，臺北聯經出版事業股份有限公司，1979 年，p76）

〔註 4〕《大雅·泂酌》一章「豈弟君子，民之父母」，說明兩詩寫作時間相去未遠。《雅》詩「民之父母」與孟子「為民父母」說（《梁惠王上》），使漢儒於「君子」是「民之父母」的提法頗感興趣。

《禮記·大學》「民之所好好之，民之所惡惡之，此之謂民之父母」；《表記》：「君子之所謂仁者，其難乎？《詩》云：『凱弟君子，民之父母。』凱以強教之，弟以說（悅）安之。樂而毋荒，有禮而親，威莊而安，孝慈而敬。使民有父之尊，有母之親。如此而後可以為民父母矣。非至德其孰能如此乎？」

但只是儒家「故事」的一部分。「三年清知府十萬雪花銀」者，於「大學之道，在明明德，在親民，在止於至善」和孟子的「施仁政」，皆十分熟悉。

小雅・蓼蕭

　　如果說「君子」一詞在《詩經》中是一種「時尚」的話，那麼「豈弟」一詞則是周人在《詩經》中的首創，金文與《易》、《書》等先秦較早的文獻中均未見到。

　　「豈弟」集中在六首《雅》詩中凡現十八次，是西周文化語境中的一個熱詞：《蓼（lù）蕭》三章「既見君子，孔燕豈弟」，《湛露》四章「豈弟君子，莫不令儀」，《青蠅》一章「豈弟君子，無信讒言」，《大雅・旱麓》一章「豈弟君子，干祿豈弟」、二章「豈弟君子，福祿攸降」、三章「豈弟君子，遐不作人」、五章「豈弟君子，神所勞矣」、六章「豈弟君子，求福不回」，《泂酌》一章「豈弟君子，民之父母」、二章「豈弟君子，民之攸歸」、三章「豈弟君子，民之攸墍（xì）」，《卷阿》一章「豈弟君子，來游來歌，以矢其音」、二章「豈弟君子，俾爾彌爾性，似先公遒矣」、三章「豈弟君子，俾爾彌爾性，百神爾主矣」、四章「豈弟君子，俾爾彌爾性，純嘏爾常矣」、五章「豈弟君子，四方為則」、六章「豈弟君子，四方為綱」。

　　「豈弟」即「愷悌」，《鄭箋》云「豈」本亦作「愷」，「弟」本亦作「悌」，毛、鄭多解為「樂易」。《禮記・孔子閒居》引《詩》鄭玄注：「凱弟，樂易也。」《左傳・僖公十二年》「《詩》曰：『愷悌君子，神所勞矣』」，杜預注：「愷，樂也；悌，易也。」

　　《爾雅・釋詁》：「愷，樂也。」《說文》：「愷，康也。」康樂。悌，字從心，善待，引為付出，奉獻。《說文》：「悌，善兄弟也。」〔註 1〕這些解釋，都是於儒家思想的推行和申說——源自荀子《榮辱》中的一段話：「榮辱之大分，安危利害之常體：先義而後利者榮，先利而後義者辱；榮者常通，辱者

常窮；通者常制人，窮者常制於人：是榮辱之大分也。材愨（音 què，謹慎）者常安利，蕩悍者常危害；安利者常樂易，危害者常憂險；樂易者常壽長，憂險者常夭折：是安危利害之常體也。」

唯《泂酌》一章者，《毛傳》：「樂以強敎之。」《孔疏》：「當自強以敎之。」《禮記・表記》引釋同。以「強」釋「豈」，較爲接近本義。回到西周早中期時代，「愷悌」當理解爲「堅強樂觀」、「堅信未來」、「精誠奉獻」、「黽勉進取」，而不應視爲「樂怡寬仁、慈和平易」──整個《詩經》時代，周人無暇顧及於此。〔註2〕

以「豈弟」塑造、鞭策、要求、勉勵和冀望「君子」，「君子」以「威儀（令儀）」顯其「德（德音）」，「德」與「福祿（萬福、遐福、景福）」、「壽（眉壽、萬壽、萬年）」、「永賜祚胤」連屬，這個邏輯反映了周人在克商後於某個歷史時段對「家天下」永據其有的深度思考。無論最後的結局如何，「其興也勃」，這一時期周人對未來充滿了期待。〔註3〕

蓼彼蕭斯，零露湑兮。

蓼：《毛傳》：「長（cháng）大貌。」蕭：香蒿。斯：語助詞。下同。
零：零落。湑：《毛傳》：「湑湑然蕭上露貌。」露水多貌。

既見君子，我心寫兮。

寫（xiè）：通瀉，舒心，暢意。《毛傳》：「寫，輸寫其心也。」《鄭箋》：「既見君子者，遠國之君朝見於天子也。我心寫者，舒其情意，無留恨也。」

燕笑語兮，是以有譽處兮。

燕：通「宴」，宴飲。《鄭箋》：「天子與之燕而笑語。」或曰燕，安。
譽：朱熹《集傳》：「譽，善聲也。處，安樂也。蘇氏曰：『譽、豫古通。凡《詩》之譽，皆言樂也。』亦通。諸侯朝於天子，天子與之燕以示慈惠，故歌此詩。言蓼彼蕭斯，則零露湑然矣。既見君子，則我心輸寫而無留恨矣。是以燕笑語而有譽處也。其曰既見，蓋於其初燕而歌之也。」又王引之《述聞》：「《爾雅》曰：『豫，樂也；豫，安也。』則譽處，安處也。」又于省吾《新證》：「譽、與（与）古通……言相見之後，情孚意愜，無寂寞之憂，故云是以有與處兮。」（p19、p20）
譽，譽。

蓼彼蕭斯，零露瀼瀼。

> 瀼瀼（ráng）：露水盛多貌。

既見君子，為龍為光。

> 《毛傳》：「龍（chǒng），寵也。」《鄭箋》：「爲寵爲光，言天子恩澤光耀，被及己也。」《孔疏》：「言遠國之君，蒙王恩澤，今皆來朝。既得見君子之王者，爲君所寵遇，爲君所光榮，得其恩意，又燕見笑語，使四海稱頌之不忘也。」〔註4〕

其德不爽，壽考不忘。

> 爽：《毛傳》：「差也。」呂祖謙《呂氏家塾讀詩記》：「四海諸侯，遠近大小親疏，亦不齊矣。而王者德施之普，各稱其分，莫不滿足，所謂其德不爽也。」忘：已，止。

蓼彼蕭斯，零露泥泥。

> 泥泥：《毛傳》：「沾濡也。」

既見君子，孔燕豈弟。

> 燕：《鄭箋》：「安也。」豈弟：《毛傳》：「豈，樂。弟，易也。」《爾雅・釋詁》同。《孔疏》：「遠國之君既朝見君子，爲君子所接遇，故皆甚安，而情又喜樂以怡易也。」參曰《南山有臺》二章「樂只君子，萬壽無疆」、《湛露》四章「豈弟君子，莫不令儀」、《賓之初筵》四章「醉而不出，是謂伐德。飲酒孔嘉，維其令儀」。

宜兄宜弟，令德壽豈。

> 《毛傳》：「爲兄亦宜，爲弟亦宜。」《孔疏》：「君子既接，遠國得所，而又燕見，以盡其歡，是君子爲人之能，宜爲人兄，宜爲人弟。隨其所爲，皆得其宜，故能有善德之譽，壽凱樂之福也。」朱熹《集傳》：「宜兄宜弟，猶曰宜其家人。」「家」即家族、家邦之家。兄、弟：指宗族兄、弟。參見《常棣》一章「凡今之人，莫如兄弟」注。令德：美德。壽豈（kǎi 愷）：朱熹《集傳》：「壽豈，壽而且樂也。」

蓼彼蕭斯，零露濃濃。既見君子，儵革沖沖。

> 儵（tiáo）革：《毛傳》：「儵，轡也。革，轡首也。」即指馬的轡繩籠

頭。革，疑為「勒」之借。又陳啓源《稽古編》：「鞗革，轡也。以絲
曰轡，以革曰鞗。鞗之有餘而下垂者曰革。《爾雅》『轡首謂之革』郭
云『轡把勒』是也。革末以金飾之，狀如烏蟻（yì），名曰金厄，《韓奕》
所言是也。」《大雅·韓奕》二章有「鞹鞃（kuòhóng）淺幭（miè），
鞗革金厄」句。蟻，俗稱海腸子。生活在海底泥沙中，無脊椎動物的
一綱。沖沖：《毛傳》：「垂飾貌。」

和鸞雝雝，萬福攸同。

> 和、鸞：皆車鈴。《毛傳》：「在軾曰和，在鑣（biāo）曰鸞。」軾，車
> 前橫木。鑣：馬銜鐵。和、鸞為諸侯車馬之飾。雝雝（yōng）：意聲音
> 和諧。攸：所。同：聚合。《孔疏》：「言遠國之君，既見君子之王者，
> 又蒙垂意燕見於己，說（悅）其燕見之車飾。君子所乘燕見之車，鞗
> 皮以為轡首之革，垂之沖沖然。其在軾之和鈴，與衡鑣之八鸞，其聲
> 雝雝然。乘是車服，屈己之尊，降接卑賤，恩遇若是，是王為主得所，
> 故宜為萬福之所同，皆得歸聚之。」

〔註1〕「悌」為其後所謂「八行」之一，另七行為孝、睦、姻、任、恤、
忠、和。源《地官·大司徒》「以鄉三物教萬民而賓興之（鄭玄注：「物猶事也，
興猶舉也。民三事教成，鄉大夫舉其賢者能者，以飲酒之禮賓客之」）：一曰六
德，知、仁、聖、義、忠、和；二曰六行，孝、友、睦、姻、任、恤；三曰六
藝，禮、樂、射、御、書、數」。專制政治下漢儒之附會。

〔註2〕《國風》中，只《齊風·載驅》出現一處「魯道有蕩，齊子豈弟」，
還是一個與「發夕」（《毛傳》「自夕發至旦」）、「翱翔」、「游敖」並列、帶有誇
飾性的歌謠之詞。於周王朝來說，春秋時期的政治關鍵詞中不會再有「豈弟」，
也無再談「豈弟」之必要。

（鄭玄云「此豈弟猶言發夕也」，意初夜即行，與「愷悌」之義毫不相干，
是典型的「以意逆志」和「隨文而釋」；《爾雅·釋言》「愷悌，發也」，也是因襲
鄭玄之說）

〔註3〕而於「豈弟」的理解和踐行，周人似乎更偏重於前一個字，於是凡
詩又多喜「樂」字：《小雅·南山有臺》一章「樂只君子，邦家之基。樂只君子，
萬壽無期」、二章「樂只君子，邦家之光。樂只君子，萬壽無疆」、三章「樂只

君子，民之父母。樂只君子，德音不已」，《菁菁者莪》一章「既見君子，樂且有儀」，《桑扈》一章「君子樂胥，受天之祜」、二章「君子樂胥，萬邦之屏」，《采菽》三章「樂只君子，天子命之。樂只君子，福祿申之」、四章「樂只君子，殿天子之邦。樂只君子，萬福攸同」、五章「樂只君子，天子葵之。樂只君子，福祿膍（pí）之」，《周南・樛木》一章「樂只君子，福履綏之」、二章「樂只君子，福履將之」、三章「樂只君子，福履成之……」至《大雅・假樂》首句即曰「假樂君子，顯顯令德」，《毛傳》：「假，嘉也。」如此激勵鼓動，顯現出了周人克商後的強烈危機感──「天下」雖然已得，但革命尚未成功，「君子」仍須努力。

〔註 4〕《毛序》：「《蓼蕭》，澤及四海也。」《孔疏》：「謂時王者恩澤被及四海之國也……四海諸侯朝王而得燕慶。」這的確是周人所希望之情景。但僅《雅》詩所紀荊蠻、淮夷、獫狁事，也足以說明「四海」者（鄭玄謂「九夷、八狄、七戎、六蠻……國在九州之外」）並不願意被「王者恩澤」。他們但有力量便翻山越嶺，投鞭渡江──「中國」的吸引力是巨大的。

《左傳・昭公十二年》故事「為賦《蓼蕭》」，杜預注：「義取燕笑語兮……」此類文字，儒者喜見，「王者」從來不相信。

小雅・湛露

奪得「天下」，欣喜而又惶然。依然嚴峻的形勢迫使周人尋求「萬世治安之大計」。以王國維《殷周制度論》說，周人制度之大異於商者爲「立子立嫡」和「廟數」以及「同姓不婚」。前者又生宗法及喪服之制，並由是而有封建子弟之制，君天子臣諸侯之制——如果天子諸侯間出了問題，「天下」之願景便無從談起。

爲尋找滅商的正當性理由，周人曾創立了「天命」說。湯滅夏是天命，周滅商也是天命。夏、商違天命，湯、周承天命而使其亡，這是《尚書》中的邏輯。但周人心裏十分清楚「天命靡常」——既以武力得了「天下」，再言「天命」就沒什麼意思了。

於是在依然「念天威」的同時，改口「天命不易，天難諶（chén）」（《周書・君奭》）、「皇天無親，惟德是輔」（僞《蔡仲之命》）……「德」具化爲維護與規範政治秩序的「禮」，「禮」通過「儀」來體現，那麼，「令儀」、「威儀」便是「良德」或「良德」之行爲反映。「德」遍「天下」，周人以爲「萬世治安」也就有了內在的基礎〔註1〕——是周人的智慧和「文明」取向，還是分封後朝廷力量惜乎止於此？

那麼，作爲「詩」，《雅》《頌》中出現眾多「儀」、「令儀」、「威儀」也就盡在情理之中。《周頌・執競》「降福簡簡，威儀反反」；《小雅・湛露》四章「豈弟君子，莫不令儀」，《菁菁者莪》一章「既見君子，樂且有儀」，《小宛》二章「各敬爾儀，天命不又」，《賓之初筵》三章「其未醉止，威儀反反。曰既醉止，威儀幡幡」、「其未醉止，威儀抑抑。曰既醉止，威儀怭怭（bì）」、四章「飲酒孔嘉，維其令儀」；《大雅・既醉》四章「朋友攸攝，攝以威儀」、

五章「威儀孔時，君子有孝子」，《板》五章「威儀卒迷，善人載尸」，《抑》二章「敬慎威儀，維民之則」、五章「慎爾出話，敬爾威儀」、八章「淑慎爾止，不愆于儀」，《烝民》二章「令儀令色，小心翼翼。古訓是式，威儀是力」，《瞻卬》五章「不弔不祥，威儀不類……」

「德」、「儀」（威儀）同言者：《大雅・假樂》三章「威儀抑抑，德音秩秩」，《民勞》三章「敬慎威儀，以近有德」，《抑》一章「抑抑威儀，維德之隅」、八章「辟爾為德，俾臧俾嘉」、九章「溫溫恭人，維德之基」，《崧高》八章「申伯之德，柔惠且直」，《烝民》二章「仲山甫之德，柔嘉維則……」（「溫溫」、「柔惠」、「直」、「柔嘉」屬「儀」之表現形態）凡此，周人又幾多信心，幾多不安？

湛湛露斯，匪陽不晞。

> 湛湛：露水濃盛貌。斯：語助詞。晞（xī）：《毛傳》：「乾也，露雖湛湛然，見陽則乾。」

厭厭夜飲，不醉無歸。

> 厭：通「饜」，飽。夜飲：《鄭箋》：「燕飲之禮，宵則兩階及庭門皆設大燭焉。」朱熹《集傳》：「此亦天子燕諸侯之詩。言湛湛露斯，非日則不晞。以興厭厭夜飲，不醉則不歸。蓋於其夜飲之終而歌之也。」

湛湛露斯，在彼豐草。厭厭夜飲，在宗載考。

> 《毛傳》：「豐，茂也。夜飲必於宗室。」《孔疏》：「湛湛然者，彼露斯也。此露在彼豐草之上，豐草得露則湛湛然，柯葉低垂，以興王之燕飲於彼同姓諸侯，此同姓諸侯得王燕飲，則威儀寬縱也。王與歡酬，至於厭厭安閒之夜，留之私飲，雖則辭讓，以其宗室之故，則留之而成飲，不許其讓，以崇親厚焉。」于省吾《新證》：「金文考、孝二字通用。……『在』猶於也。『在宗載考』即載孝於宗，倒文以韻草。」
> （p20）又胡承珙《後箋》：「在者，於也，在宗，猶言於同姓也。……於者，於其人，非於其地中。」載：則。考：通「孝」，祭享，指祭享祖宗。

湛湛露斯，在彼杞棘。顯允君子，莫不令德。

《鄭箋》：「杞也棘也異類，喻庶姓諸侯也。令，善也。無不善其德，言飲酒不至於醉。」《孔疏》：「湛湛然者，露斯。此露在此杞棘之木，此杞棘之木得露則湛湛然，柯葉低垂，以興王之燕飲在彼庶姓之諸侯，此庶姓諸侯得王燕飲，皆威儀寬縱也。此庶姓明信之君子，雖得王之燕禮，飲酒不至於醉，莫不皆善其德，使之無過差。」朱熹《集傳》：「顯，明；允，信也。君子，諸侯為賓者也。令，善也。令德，謂其飲多而不亂，德足以將之也。」又于省吾《新證》：「『允』應讀作駿，訓大，《爾雅·釋詁》謂『駿，大也』……『顯駿』應訓作顯赫駿偉。」（p78）

其桐其椅，其實離離。

椅：一種落葉喬木，類桐。《鄘風·定之方中》寫周人於宮室外圍多「樹之榛栗，椅桐梓漆」等。離離：《毛傳》：「垂也。」

豈弟君子，莫不令儀。

豈弟：同「愷悌」。見《蓼蕭》讀注。令儀：良好的威儀。朱熹《集傳》：「言醉而不喪其威儀也。」《孔疏》：「飲酒不至於醉，莫不善其威儀。」〔註2〕參曰《南山有臺》二章「樂只君子，萬壽無疆」、《蓼蕭》三章「既見君子，孔燕豈弟」、《賓之初筵》四章「醉而不出，是謂伐德。飲酒孔嘉，維其令儀」。

〔註1〕阮元《性命古訓》：「古人但說威儀而威儀乃為性命所關，乃包言行在內，言行即德之所以修也，於此《詩》可見其概……聖人作禮樂以節之，修道以教之，因其動作，以禮義為威儀，威儀所以定命，定，如《詩》『天保定爾，亦孔之固』之定。能者勤於禮樂威儀，以就彌性之福祿。不能者惰於禮樂威儀，以取棄命之禍亂。是以周以前聖經古訓，皆言勤威儀以保定性命。」（《揅經室集》一集卷十）

〔註2〕曹建墩《先秦時期的威儀與威儀觀》：「『威儀』作為周代典禮組成部分，體現出周人『出於萬世治安之大計』而形成的政治理性與文化自覺。首先，在周人的思想體系中，威儀被視做周『德』的外在體現。而『德』

的擁有與否，爲周王朝是否繼續受到天命眷顧的正當性、合理性核心的依據，由此，『威儀』成爲周人族群是否能夠延續統治的命脈所在。周革殷命之後，政權的更迭，以及立國之初的政局動盪，使周人萌生深深的憂患意識。『天威可畏』，由於『天命靡常』、『天命不易』，在思考如何保持天命，使政權永存之時，周人發現天命所繫，唯有德者受之，（參饒宗頤《天神觀與道德思想》）『皇天無親，惟德是輔』。殷鑒不遠，只有敬德、愼德，方能永保天命，使天命不墜。然『德』雖然存在於個人和族群中，但是德之顯現必須經過敬的禮儀踐履。……其次，秉持威儀，是承紹先祖之德的要求，乃使宗族延續的根本，是孝道的體現。……宗法社會下，使宗族發揚光大是每個宗族成員的責任和義務。欲使宗族祚運綿延，繼承並法先祖之德爲根本要務。宗廟彝銘，其實正承擔著灌輸宗族成員以敬德、秉威儀意識的功能。從這個意義上說，威儀是宗族的規範，大而言之，威儀則爲周人族群的社會規範。……再次，威儀是周代社會『尊卑有別，貴賤有等』社會秩序的外化象徵，又是維持族群親和力的黏合劑。從北宮文子的解釋來看，威儀是這樣的一對矛盾統一：威以別尊卑貴賤，體現周代貴族的威嚴；儀以親近附遠，成爲百姓所樂意親近效法的對象。前者是社會秩序的『厚別』，以體現出周人尊尊的價值觀，而後者是族群凝聚的『附遠』，以體現出周人親親的倫理。可見維持周人族群的團結，持有威儀具有重要意義。在周人對於周德的理解中，同一族群具有『同德』，『同者相親，異者相敬』（《禮記・樂記》），由此而論，威儀乃爲周人親親、尊尊基本原則的體現。」（《先秦禮制探賾》，天津人民出版社，2010 年，p231～p234）

小雅・彤弓

　　初封時自然是以「封土授民」為主。隨著政權的鞏固和宗法制的漸趨成熟，賞賜之物品變得豐富複雜起來，不乏戎器、車旗、衣服（命服）等，弓為其中之一。〔註1〕《十五年趞曹鼎》（共王）「隹十又五年，五月既生霸壬午，龏（恭）王在周新宮，王射於射盧（廬），史趞曹錫弓矢、虎盧、九（厹）、胄、丗（干）、殳，趞曹敢對，曹拜頗首，敢對揚天子休，用乍（作）寶鼎，用鄉（饗）倗者（友）」，〔註2〕《宜侯矢簋》（成王）、《小盂鼎》（康王）、《伯晨鼎》（懿王或孝王）、《應侯見工鍾》（夷王）、《晉侯蘇鍾》（厲王或宣王？）等也均見周王賞賜弓矢之紀。（陳夢家《西周金文中的賞賜》有列弓者十二器，矢者十六器）

　　《禮記・王制》：「諸侯賜弓矢，然後征。賜鈇鉞（fūyuè），然後殺……」得賜弓矢而擁有受命自主征伐之權。但「專征」之諸侯後來已不受朝廷掌控。夷王之後，如《彤弓》者諸侯如此自得之背後，天子已是另一種心情。《資治通鑒・周威烈王二十三年》：「幽厲失德，周道日衰，綱紀散壞，下陵上替，諸侯專征，大夫擅政，禮之大體什喪七八矣。」〔註3〕

彤弓弨兮，受言藏之。

　　彤：紅色。弨（chāo）：《毛傳》：「馳貌。」指弓之靜態。言：連詞。又《毛傳》：「言，我也。」《鄭箋》：「言者，謂王策命也。王賜朱弓，必策其功以命之。」

我有嘉賓，中心貺之。

貺：《毛傳》：「賜也。」《鄭箋》：「貺者，欲加恩惠也。王意殷勤於賓，故歌序之。」參見《常棣》三章「每有良朋，況也永歎」注。序，敘。又于省吾《新證》：「（貺）本字應作皇。……《執競》稱：『不顯成康，上帝是皇。』毛傳訓皇為美，《爾雅·釋詁》謂『皇皇，美也』。此詩的『中心貺之』，即『中心皇之』，這是說『中心讚美之』，與二章的『中心喜之』，三章的『中心好之』，義均相仿。」（p79）

鍾鼓既設，一朝饗之。

一朝：《鄭箋》：「猶早朝。」饗：《鄭箋》：「大飲賓曰饗。」又朱熹《集傳》：「此天子燕有功諸侯而賜以弓矢之樂歌也。」〔註4〕東萊呂氏曰：『受言藏之，言其重也。弓人所獻，藏之王府以待有功，不敢輕與人也。中心貺之，言其誠也。中心實欲貺之，非由外也。一朝饗之，言其速也。以王府寶藏之弓，一朝舉以畀人，未嘗有遲留顧惜之意也。後世視府藏為己私分，至有以武庫兵賜弄臣者，則與受言藏之者異矣。賞賜非出於利誘，則迫於事勢，至有朝賜鐵券而暮屠戮者，則與中心貺之者矣矣。屯膏吝賞，功臣解體。至有印刓而不忍予者，則與一朝饗之者異矣。』」畀（bì），給，與。鐵券，天子賜給功臣、重臣享有特權的憑信之物，可世傳。其詞鐫刻於鐵，漢始時丹書，後有銀、金填字者。印刓（wán），印，印信。刓，磨損。《淮陰侯列傳》：「至使人有功當封爵者，印刓敝，忍不能予。」

彤弓弨兮，受言載之。我有嘉賓，中心喜之。鍾鼓既設，一朝右之。

右：《毛傳》：「勸也。」右通「侑」。參見《南有嘉魚》四章「君子有酒，嘉賓式燕又思」注。

彤弓弨兮，受言櫜之。

櫜（gāo）：弓囊，此處用為動詞。

我有嘉賓，中心好之。鍾鼓既設，一朝醻之。

醻：《毛傳》：「報也。」《鄭箋》：「飲酒之禮，主人獻賓，賓酢主人，主

人又飲而酢賓，謂之醻。醻猶厚也，勸也。」參見《儀禮・鄉飲酒禮》、《燕禮》，《禮記・鄉飲酒義》、《燕義》。

〔註1〕《毛序》：「《彤弓》，天子錫有功諸侯也。」《孔疏》：「經三章，上二句言諸侯受王彤弓，是賜之事，下四句言王設樂饗醻，而行饗，亦是賜之事，故云『錫』以兼之。」見《禮記・王制》。《左傳》文公四年、襄公八年有賦詩《彤弓》相關情節，漢人作造。

〔註2〕《殷周金文集成》第二冊，p1451。

〔註3〕至東周，朝廷已是完全不得已而爲之。《周書・文侯之命》紀周平王賜晉文侯，《左傳・僖公二十八年》周襄王策命晉侯爲侯伯，「賜之大輅（lù）之服，戎輅之服，彤弓一，彤矢百，玈（黑色）弓矢千，秬鬯一卣，虎賁（bēn）三百人⋯⋯」東挪西湊行賞賜，還得表現出恭謙和高興的樣子來。

〔註4〕相關金文表明冊命賞賜多在「旦」、「昧爽」時，但沒有關於奏樂儀式之紀。《儀禮・覲禮》「天子賜侯氏以車服。迎於外門外」一段，也沒有奏樂的內容。朱熹此說並無據。參見陳夢家《西周銅器總論・賞賜篇》。（《西周銅器斷代》）

小雅・菁菁者莪

　　一句答謝與頌揚的話，〔註1〕便有「揚王休」、「對揚王休」、「揚天子休」、「敢對揚王休」、「對揚王休命」、「敢對揚天子休」、「對揚天子休命」、「對揚天子丕顯休」、「敢對揚天子丕顯休」、「對揚皇天子丕顯休」、「敢對揚天子丕顯魯休」、「對揚天子魯命」……背景不同，心緒各異，作器者的口氣也不一樣。

　　較之殷商，西周天子賞賜諸侯或有功之臣時，貝幣已不再是主要者。但《何尊》（成王）、《庚嬴鼎》（康王或穆王）、《史話簋》（西周早期或康王）、《史遽簋蓋》（昭王）、《士山盤》（共王）、《十月敔簋》（夷王或厲王）等可見天子所賜其中也有貝幣，有些還是冊命賞賜。〔註2〕

　　《菁菁者莪》「既見君子，錫我百朋」，不一定是某次受賜的真實記載，但「我」一定有過受賜的經驗與感受。較之於金文中的「對揚」，「菁菁者莪，在彼中阿（ē）」、「在彼中沚（zhǐ）」、「在彼中陵」、「汎汎（fàn）楊舟，載沉載浮」，則要歡欣和得意得多。「既見君子，我心則喜」，一種權力組合和利益格局構成後的彼此間的欣喜。

　　大約因為有「有女懷春，吉士誘之」（《召南・野有死麕（jūn）》）、「將仲子兮，無逾我里」（《鄭風・將仲子》）、「東門之楊，其葉牂牂（zāng）」（《陳風・東門之楊》）、「月出皎兮，佼人僚兮」（《月出》）、「死生契闊，與子成說……」（《邶風・擊鼓》）等，所謂「才子看見纏綿」，後世讀《詩》總有以為《菁菁者莪》也是一首愛情詩者。豈不知西周之「貴族」，其婚姻多是一種政治籌碼，發生愛情的機會不多，愛情的內涵也不一樣。〔註3〕

菁菁者莪，在彼中阿。
　　菁菁：《毛傳》：「盛貌。」莪：《陸疏》：「蒿也。一名蘿蒿也。生澤田漸

洳之處，葉似邪蒿而細，科生，三月中，莖可生食，又可蒸，香美，味頗似蔞蒿。」菁、莪音見《緒言》〔註 32〕。漸洳（rù），低濕。中阿：毛傳》：「阿中也。」〔註 4〕參見《天保》三章「如山如阜，如岡如陵」注。

既見君子，樂且有儀。

樂：和樂。儀：威儀。參見《湛露》四章「豈弟君子，莫不令儀」注。

《鄭箋》：「既見君子者，官爵之而得見也。見則心既喜樂，又以禮儀見接。」

菁菁者莪，在彼中沚。

沚：《爾雅・釋水》：「水中可居者曰洲，小洲曰渚，小渚曰沚。」

既見君子，我心則喜。

菁菁者莪，在彼中陵。

陵：山陵。中陵，即陵中。

既見君子，錫我百朋。

錫：賜。朋：《鄭箋》：「古者貨貝，五貝爲朋。賜我百朋，得祿多，言得意也。」又王國維《說珏朋》：「殷時玉與貝皆貨幣也，……其用爲貨幣及服御者，皆小玉小貝，而有物焉以繫之，所繫之貝玉，於玉則謂之珏，於貝則謂之朋，然二者於古實爲一字」；「古制貝玉皆五枚爲一系，合二系爲一珏，若一朋。」（《觀堂集林》卷三）周代貝幣和金屬幣兼用，「百朋」爲泛指，當以王說爲是。《宧（憲）鼎》（西周早期）：「唯九月既生霸辛酉，在匽（燕），侯賜憲（憲）貝、金，揚侯休，用乍（作）召伯父辛寶尊彝，憲萬年，子子孫孫寶……」《攸簋》（西周早期）：「侯賞攸貝三朋，攸用乍（作）父戊寶尊彝……」（《集成》第二冊，p1417，第三冊，p2105）

汎汎楊舟，載沉載浮。

汎汎：一作泛泛，漂浮貌。載：朱熹《集傳》：「則也。載沉載浮，猶言『載清載濁』『載馳載驅』之類，以比未見君子而心不定也。」（「載清載

濁」《四月》句，「載弛載驅」《鄘風・載馳》句）

既見君子，我心則休。

　　休：朱熹《集傳》：「休休然，言安定也。」

　　〔註1〕僞《商書・說命下》「敢對揚天子之休命」，僞孔傳：「對，答也。答受美命而稱揚之。」

　　〔註2〕參見陳夢家《西周銅器總論・賞賜篇》，陳先生之後又自當有新器發現。《西周金文中的賞賜》所列「貨幣」者貝、金、布、帛、絲等凡一百零八器，其中貝六十八器。「貝朋」數量少者「貝朋」、「貝二朋」，多者「貝五十朋」、「貝百朋」；以重量計者唯見「貝卅寽」。

　　〔註3〕以西周晚期「皇家」婚姻爲例，申國申伯之妹爲周厲王后，周宣王之母。申伯的孫女又爲周宣王之子周幽王后（兄妹的第三代爲婚），見廢。申伯之子申侯弘，聯合犬戎攻殺周幽王，立其子宜臼爲王。或也有「愛情」，但況味難言。而於眾多「氓」、「野人」而言，「家庭」離孟子設想「王道」下的「五畝之宅，樹之以桑」者尚遠——到春秋中期才是「不見復關，泣涕漣漣。既見復關，載笑載言」（《衛風・氓》），西周時的「既見君子，我心則喜」，就顯得有些過於「高雅」了。

　　〔註4〕《爾雅・釋地》：「大陵曰阿。」《周頌》和《尚書》皆未現山陵之「阿」。「雅」詩中，本詩「中阿」及《緜蠻》一章「緜蠻黃鳥，止于丘阿（《毛傳》：「丘阿，曲阿也」）」、《大雅・皇矣》六章「無矢我陵，我陵我阿」、《卷阿》一章「有卷者阿，飄風自南」；「風」詩中，《鄘風・載馳》四章「陟彼阿丘（《釋名・釋丘》：「偏高曰阿丘」），言采其蝱（méng）」、《衛風・考槃》二章「考槃（pán）在阿（《毛傳》：「曲陵曰阿」），碩人之薖（kē）」。

　　商周語言發展演變是複雜的。但「阿」的出現似乎應該在西周中後期。周人「革命」進程中相關山地之場景很多，與「大陵」相比，「阿」是之於「雅言」、「雅辭」的一個創造和使用，其表現更偏重於「風景」意——「革命」與風景相遇，總有人詩興大發，總有「詩」要產生。

　　到「楚辭」，唯《九歎・逢紛》「徐徘徊於山阿兮，飄風來之洶洶」、《九歌・山鬼》「若有人兮山之阿，被（pī）薜（bì）荔兮帶女蘿」者一、二，王逸注：「阿，曲隅也。」

小雅・六月

　　周宣王在周定公、召穆公的作用下恢復了「王政」，上臺的第一年（前 827年）做了兩件備戰備荒之大事：「復田賦」和「作戎車」──西戎、玁狁和荊蠻、淮夷呈西北與東南兩相夾擊之勢威脅著周王朝。三年時命大夫仲伐西戎，似乎只是一次宣示性的戰爭，《今本竹書紀年》、《史記》、前、後《漢書》等於其結果未見有紀。

　　《六月》所紀是周宣王五年的事。「西戎久叛，玁狁內侵」，又是玁狁更大規模的一次入侵，距西周王朝的首都不到一百里的地方了。《兮甲盤》「唯五年三月，既死霸庚寅，王初各（格）伐厰（玁）訊（狁）於﨟盧，兮甲從王，折首執訊，休亡敃（愍），王賜兮甲馬四匹、駒車……」〔註1〕月過下弦至「六月棲棲（xī）」，戰爭進行了三個月之久。

　　詩中沒有太多細節的披露。但「至于大原」表明，周師已深入玁狁數百里。麥熟時節這場宣王親征的戰爭最後以周人勝利而告終，這應該是《六月》詩在「經」之意義上的得最意之處。〔註2〕

六月棲棲，戎車既飭。

　　棲棲：朱熹《集傳》：「猶遑遑，不安之貌。」又《毛傳》：「棲棲，簡閱貌。」戎車：兵車。飭（chì）：《毛傳》：「正也。」意整治。

四牡騤騤，載是常服。

　　騤騤：馬強壯威武貌。參見《采薇》五章「駕彼四牡，四牡騤騤」注。

　　是：代詞。常：《毛傳》：「日月為常。」即上繪日、月的旗。參見《出車》

二章「設此旐矣，建彼旄矣」注。服：姚際恒《通論》：「服，屬也。言常之屬也。」

獫狁孔熾，我是用急。

熾：《毛傳》：「盛也。」是用：是以，因此。急：桓寬《鹽鐵論・繇役》引《詩》作「戒」。（繇，同「徭」）戴震《考證》：「戒，猶備也。治軍事為備禦曰戒。」一說急，危急，緊急。

王于出征，以匡王國。

于：《鄭箋》：「曰。」助詞，聿。一說曰，命令。匡：正。朱熹《集傳》：「《司馬法》『冬夏不興師』，今乃六月而出師者，以獫狁甚熾，其事危急，故不得已而王命於是出征，以正王國也。」（《司馬法・仁本》）又馬瑞辰《通釋》：「匡者，助也。『以匡王國』，猶云以祐天子也。匡又為救。」

比物四驪，閑之維則。

比：選。《孔疏》：「比物者，比同力之物。戎車齊力尚強，不取同色。而言四驪者，雖以齊力為主，亦不厭其同色也。」驪：純黑色的馬。《說文》：「驪，馬深黑色。」閑：嫻熟。維：有。王引之《釋詞》：「薛綜注《東京賦》曰：『惟，有也。』閑之維則，言閑之有則也。」一說維，唯。則：《毛傳》：「法也。」朱熹《集傳》：「閑習之而皆中法則。」

維此六月，既成我服。

維：助語氣。服：指駕轅的服馬。〔註3〕

我服既成，于三十里。

于：往，引為「行」。三十里：泛言遠。又朱熹《集傳》：「三十里，一舍也。古者吉行日五十里，師行日三十里。」《左傳》僖公二十五年、二十八年有「退一舍」「退三舍」者，杜預注：「一舍三十里。」按：吉行，為吉事而行。《漢書・王吉傳》：「臣聞古者師日行三十里，吉行五十里。」〔註4〕

王于出征，以佐天子。

朱熹《集傳》：「王命於此而出征，欲其有以敵王所愾而佐天子耳。」

四牡脩廣，其大有顒。

> 脩廣：指馬的體形高大。顒（yóng）：《毛傳》：「大貌。」指馬頭言。有
> 顒，即顒顒。

薄伐玁狁，以奏膚公。

> 薄：語助詞，含堅決意。參見《出車》六章「執訊獲醜，薄言還歸」
> 注。奏：《毛傳》：「為。」膚公：《毛傳》：「膚，大。公，功也。」膚
> 一作「敷」。

有嚴有翼，共武之服。

> 嚴：《毛傳》：「威嚴也。」翼：排列整齊貌。有嚴有翼即「嚴嚴翼翼」。
> 參見《采薇》五章「四牡翼翼，象弭魚服」注。共：朱熹《集傳》：「共，
> 與供同。……言將帥皆嚴敬以共武事也。」朱氏訓翼為「敬也」。又馬
> 瑞辰《通釋》：「共、恭古通用。……『共武之服』即言敬武之事。」
> 服：《鄭箋》：「事也。」

共武之服，以定王國。

玁狁匪茹，整居焦穫。

> 茹：馬瑞辰《通釋》：「《廣雅》：『茹，柔也。』『柔，弱也。』匪茹言
> 匪柔弱，即上章『玁狁孔熾』也。」整居：于省吾《新證》：「整、正
> 古通……正、征古通用。『征居焦穫』言往居焦穫也。下言『侵鎬及方，
> 至于涇陽』，皆言玁狁內侵之程次。始言征居，繼言侵，繼言至於，前
> 後語氣一貫。」（p21）焦穫：澤藪名。《毛傳》：「周地接於玁狁者。」

侵鎬及方，至于涇陽。

> 鎬：鎬京。方：俞樾《平議》：「猶竟也。」竟，境。一說方，豐京。
> 豐京、鎬京並稱「豐鎬」。前者宗廟園囿，後者勤政燕寢。涇陽：涇水
> 之北。山南水北謂之陽。

織文鳥章，白斾央央。

> 織：朱熹《集傳》：「織、幟字同。」即旗幟。文：紋。鳥章：指鳥隼圖
> 案。斾：《毛傳》：「繼旐者也。」即旌旗末端飾帶。《說文》：「斾，繼旐
> 之帛也。」旐：上繪龜蛇圖案的旗。央央：《毛傳》：「鮮明貌。」

元戎十乘，以先啟行。

元戎：大的戎車。行（háng）：道也。

戎車既安，如輊如軒。

安：順利。輊（zhì）：車下俯。軒：車上仰。句言戎車或低或昂之適調。

四牡既佶，既佶且閒。

佶（jí）：《鄭箋》：「壯健之貌。」閒：指四馬馳騁諧調一致。

薄伐玁狁，至于大原。

大原：今甘肅固原一帶。

文武吉甫，萬邦為憲。

文武：《毛傳》：「有文有武。」指有「文德」武功。朱熹《集傳》：「非
文無以附眾，非武無以威敵，能文能武，則萬邦以之為法也。」吉甫：
即伊吉甫，周宣王大臣。萬邦：指眾諸侯國。憲：《毛傳》：「法也。」
《孔疏》：「其才略可為萬邦之法。」

吉甫燕喜，既多受祉。

燕：通「宴」，宴飲。祉：《毛傳》：「福也。」《鄭箋》：「吉甫既伐玁狁而
歸，天子以燕禮樂之，則歡喜矣，又多受賞賜也。」

來歸自鎬，我行永久。

《鄭箋》：「王以吉甫遠從鎬地來，又日月長久，今飲之酒，使其諸友恩
舊者侍之。」

飲御諸友，炰鱉膾鯉。

御：《毛傳》：「進也。」朱熹《集傳》：「是以飲酒進饌於朋友。」炰（fǒu）：
烹煮。嚴粲《詩緝》：「今云炰鱉，謂火熟之也。」膾：細切肉。

侯誰在矣，張仲孝友。

侯：《毛傳》：「維也。」助詞，助語氣。張仲：吉甫之友。〔註5〕孝、友：
朱熹《集傳》：「善父母曰孝，善兄弟曰友。此言吉甫燕飲喜樂，多受福
祉。蓋以其歸自鎬而行永久也。是以飲酒進饌於朋友，而孝友之張仲在
焉。言其所與宴者之賢，所以賢吉甫而善是燕也。」燕，宴。

〔註 1〕《殷周金文集成》第七冊，p5483。

〔註 2〕然而這樣的情況幾乎沒有持續。翌年，「西戎殺秦仲」（《秦本紀》「周宣王即位，乃以秦仲爲大夫，誅西戎。西戎殺秦仲」。《十二諸侯年表》秦仲盡宣王六年）。《今本竹書紀年》所紀表明宣王從此進入了多事之秋。見《采薇》讀注。

幽王時，五年，「王世子宜臼出奔申」（《周本紀》「幽王得褒姒，愛之，欲廢申后，並去太子宜咎」），「皇父作都于向」（《十月之交》「皇父孔聖，作都于向」），六年，「王命伯士帥師伐六濟之戎，王師敗逋」（《西羌傳》「幽王命伯士伐六濟之戎，軍敗，伯士死焉」），「西戎滅蓋」（《西羌傳》「其年，戎圍犬丘，虜秦襄公之兄伯父」。王國維：「此云『滅蓋』，乃『犬丘』二字訛合爲『蓋』字耳」），八年「王立褒姒之子曰伯服，以爲太子」，九年「申侯聘西戎及鄫（zēng）」（《鄭語》「申、繒、西戎方強，王室方騷」），十一年「申人、鄫人及犬戎入宗周，弒王及鄭桓公」（《周本紀》「申侯怒，與繒、西夷犬戎攻幽王。幽王舉烽火徵兵，兵莫至。遂殺幽王驪山下」，《鄭世家》「犬戎殺幽王於驪山下，並殺桓公」），「犬戎殺王子伯服……」（《左傳‧昭公二十六年》孔穎達疏：「《汲冢書紀年》云：『平王奔西申，而立伯盤以爲大子，與幽王俱死於戲……』」）

〔註 3〕一說服，戎服。徐中舒《西周的社會性質》引《孟子‧盡心下》「有布縷之征，粟米之征，力役之征」，「這是封建制下對於農奴的剝削。（按：徐先生授課時在 1957 年）《小雅‧大東》之詩云：『小東大東，杼柚其空。』《六月》之詩云：『我服既成，于三十里。』如果西周沒有布縷之征，那麼小東大東這些地方的布匹（如何）都被搜羅一空呢？三十里內出征將士的衣服如何能製成呢？」（《徐中舒先秦史講義》，p114）杼柚音 zhùzhóu。

〔註 4〕徐中舒《西周的社會性質》：「三十里是一個單位。古代地廣人稀，一千家分佈於三十里之中，爲一舍之地。」（《徐中舒先秦史講義》，p105）

〔註 5〕《漢書‧古今人表》有「張中」，是否張仲待考。《毛傳》「張仲，賢臣也」，《鄭箋》「張仲，吉甫之友，其性孝友」，《孔疏》引《爾雅》李巡注「張姓，仲字，其人孝，故稱孝友」，凡此皆非確解。「仲」不排除如後世歌謠虛擬之「二郎」者。

小雅・采芑

　　《今本竹書紀年》周宣王五年（前823年），「秋八月，方叔帥師伐荊蠻」。六月反擊玁狁縱深數百里「至于大原」，八月南征荊楚大獲全勝，這一年當是厲王之後西周王朝最爲充滿信心的一年。在東夷西狄和南蠻北戎的巨大壓力之下，此次南伐荊蠻之勝利，對於已經歷過持續數十年重大政治危機的西周王朝來說，是一次歷史性的轉折。〔註1〕

　　較之《六月》，《采芑（qǐ）》能夠提供的戰爭信息似乎更少。但詩人非史官，他著眼於出師盛大場景之描繪而不是記錄整個戰爭之過程。在所有以「興」起頭的《雅》詩中，「薄言采芑，于彼新田，于此菑（zī）畝」、「薄言采芑，于彼新田，于此中鄉」是孤例。「于彼」、「于此」連續排比──詩人所以如此興奮，是一代王朝眼看式微卻又亮起了一抹「中興」的光亮。

　　然而小、大《雅》反映的幾次戰爭，《出車》命南仲，《六月》使吉甫，《采芑》命方叔，《江漢》命召公（召虎），《常武》宣王並親征，史遷在《周本紀》和相關《世家》中隻字未提──他始終有些不甚看好周宣王；而《詩》紀未有金文能與之吻合，流於「故事」之解也就在所難免。〔註2〕

薄言采芑，于彼新田，于此菑畝。

　　薄、言：皆助詞。參見《出車》六章「執訊獲醜，薄言還歸」注。芑：朱熹《集傳》：「苦荬也，青白色，摘其葉有白汁出，肥可生食，亦可蒸爲茹。……宜馬食，軍行採之，人馬皆可食也。」新田：《爾雅・釋地》「田一歲曰菑，二歲曰新田，三歲曰畬（yú）」，郭璞注：「初耕地反草爲菑。」邢昺疏引孫炎云：「菑，始災殺其草木也。新田，新成柔田也。畬，

和也，田舒緩也。」〔註3〕

方叔涖止，其車三千，師干之試。

《毛傳》：「方叔，卿士也，受命而爲將也。涖（lì），臨。師，眾。干，扞。試，用也。」臨，臨止。二、三章同。扞，捍。又馬瑞辰《通釋》：「干謂盾也。」又朱熹《集傳》：「試，肄習也。言眾且練也。」嚴粲《詩緝》：「今日講武，試其可用。」

方叔率止，乘其四騏，四騏翼翼。

止：之，指代詞，指「其車三千，師干之試」。下同。騏：有青黑色紋理的馬。翼翼：《鄭箋》：「壯健貌。」又朱熹《集傳》：「翼翼，順序貌。」

路車有奭，簟茀魚服，鉤膺鞗革。

路車：本爲諸侯所乘之車，此指方叔所乘的車。又朱熹《集傳》：「路車，戎車也。」奭：《毛傳》：「赤貌。」有奭，即奭奭。簟茀（diànfú）：簟，方紋竹席。茀，《鄭箋》：「茀之言蔽也，車之蔽飾。」簟茀，即竹席製的車簾。魚服：箭囊。參見《采薇》五章「四牡翼翼，象弭魚服」注。鉤膺（yīng）：《毛傳》：「樊纓也。」馬胸前的革帶，上有金飾。鞗革：《鄭箋》：「轡首垂也。」參見《蓼蕭》四章「既見君子，鞗革沖沖」注。

薄言采芑，于彼新田，于此中鄉。

鄉：《毛傳》：「所也。」陳奐《傳疏》：「中所者，謂此蓄畝之處也。」又馬瑞辰《通釋》：「古者公田爲居，廬舍在內，還（環）廬舍種桑麻雜菜，……中鄉當指『中田有廬』言之。」「中田有廬」爲《信南山》句。

方叔涖止，其車三千，旂旐央央。

旂、旐：上繪交龍和龜蛇圖案的旗。參見《出車》三章「出車彭彭。旂旐央央」注。

方叔率止，約軝錯衡，八鸞瑲瑲。

約：纏，束。軝（qí）：車轂兩端部分。《毛傳》：「軝，長轂之軝也，朱而約之。」《孔疏》：「《考工記》說兵車，『乘車，其轂長於田車』是爲長轂也。言朱而約之，謂以朱色纏束車轂以爲飾。」田車即打獵用車。錯衡：《毛傳》：「文衡也。」文即紋。衡即車轅前端橫木。鸞：車鈴。

瑲瑲（qiāng）：鈴聲。

服其命服，朱芾斯皇，有瑲蔥珩。

命服：《鄭箋》：「受王命之服。」按：周代官員品序有一至九命，命數不同，衣服各有定制。詳見《春官‧典命》、《司服》、《禮記‧王制》、《玉藻》等。芾：通「韍」，即漢代以後所謂「蔽膝」者。斯：助詞。皇：同「煌」，鮮亮貌。《毛傳》：「皇，猶惶惶也。」有瑲：即瑲瑲，象聲詞。蔥：蔥綠色。禮制蔥綠色表爵位高。《孔疏》：「《玉藻》云：『一命縕（wēn）韍黝珩（héng），再命赤韍黝珩，三命赤韍蔥珩』是居諸侯而言也。又彼文累一命至三命而止，而云『蔥珩』，則三命以上皆蔥珩也，故云「三命蔥珩」，明至九命皆蔥珩，非謂方叔唯三命也。」縕，赤黃色。珩：朱熹《集傳》：「佩首橫玉也。」

鴥彼飛隼，其飛戾天，亦集爰止。

鴥（yù）：鳥疾飛貌。隼、戾（lì）：朱熹《集傳》：「隼，鷂屬，急疾之鳥也。戾、至。爰，於也。……言隼飛戾天，而亦集於所止。以興師眾之盛，而進退有節。」止：息。

方叔涖止，其車三千，師干之試。方叔率止，鉦人伐鼓，陳師鞠旅。

鉦（zhēng）：一種形似鈴的軍中打擊樂器，又稱鐃（náo）或執鍾。伐：擊。《毛傳》：「鉦以靜之，鼓以動之。」《鄭箋》：「鉦也，鼓也，各有人焉。言鉦人伐鼓，互言耳。」師：《鄭箋》：「二千五百人為師，五百人為旅。」〔註4〕見《周禮‧夏官》序官、《地官‧小司徒》。以《小司徒》言之，「乃會萬民之卒伍而用之」，除「起軍旅」外，並「以作田役，以比追胥，以令貢賦」。胥，鄭玄注：「伺捕盜賊也。」鞠：通「鞫（jū）」，告，誡。《鄭箋》：「此言將戰之日，陳列其師旅誓告之也。」

顯允方叔，伐鼓淵淵，振旅闐闐。

顯：明。允：副詞，信。淵淵：《毛傳》：「鼓聲也。」朱熹《集傳》：「鼓聲平和不暴怒也，謂戰時進士眾也。」指鼓聲深遠，進攻氣勢磅礡有力。振旅闐闐（tián）：《毛傳》：「入曰振旅，復長幼也。」《鄭箋》：「至戰止將歸，又振旅伐鼓闐闐然。振，猶止也。旅，眾也。《春秋傳》曰：

『出曰治兵，入曰振旅。』其禮一也。」見《左傳·隱公五年》、《穀梁傳》、《公羊傳》莊公八年。《孔疏》引孫炎曰：「出則幼賤在前，貴勇力也；入則尊老在前，復常法也。」《爾雅·釋天》釋「振旅闐闐」：「出爲治兵，尙威武也。入爲振旅，反（返）尊卑也。」又《夏官·大司馬》「中春教振旅」，鄭玄注：「凡師出曰治兵，入曰振旅，皆習戰也。」闐闐：闐，本義充、滿。闐闐，形容車聲、鼓聲之盛和軍旅盛大壯闊的場景。「長幼」「尊卑」皆爲漢人加之，後儒襲。

蠢爾蠻荊，大邦爲讎。

蠢：《毛傳》：「動也。」蠻荊：即「荊蠻」，指楚國。《毛傳》：「蠻荊，荊州之蠻也。」大邦：朱熹《集傳》：「猶言中國也。」指周而言。讎：仇怨。

方叔元老，克壯其猶。

元老：《毛傳》：「元，大也，五官之長，出於諸侯，曰天子之老。」五官，當指司徒、司馬、司空、司士、司寇。參見《周禮》、《禮記》相關篇目。〔註5〕克：能。壯：《鄭箋》：「大也。」姚際恒《通論》：「言其尙謀不尙力，而勇愈壯。」猶：《鄭箋》：「謀也。謀，兵謀也。」

方叔率止，執訊獲醜。

《鄭箋》：「方叔率其士眾，執將可言問、所獲敵人之眾以還歸也。」參見《出車》六章「執訊獲醜，薄言還歸」注。

戎車嘽嘽，嘽嘽焞焞，如霆如雷。

《毛傳》：「嘽嘽，眾也，焞焞（tūn），盛也。」《鄭箋》：「言戎車既眾盛，其威又如雷霆。言雖久在外，無罷勞也。」罷，通「疲」。一說嘽嘽、焞焞皆車行聲。何楷《詩經世本古義》：「嘽嘽指輕車言，焞焞指重車言。聲之舒緩者曰嘽。」

顯允方叔，征伐玁狁，蠻荊來威。

《鄭箋》：「方叔先與吉甫征伐玁狁，今特往伐蠻荊，皆使來服於宣王之威，美其功之多也。」又馬瑞辰《通釋》：「來，猶是也。威，猶畏也。」是，代詞，如此。

〔註1〕溯《今本竹書紀年》所紀荊蠻：厲王十四年「召穆公帥師追荊蠻，至於洛」；夷王七年「楚子熊渠伐庸，至於鄂」（《楚世家》「當周夷王之時……熊渠甚得江、漢間民和，乃興兵伐庸、楊粵，至於鄂」）；穆王三十七年（伐楚）「荊人來貢」，三十五年「荊人入徐，毛伯遷帥師敗荊人於沛」；昭王十九年「祭公、辛伯從王伐楚」（《呂氏春秋·音初》「周昭王將親征荊……還反及漢，梁敗，王及祭公隕於漢中」），「天大曀（音 yì，陰而有風，天色陰暗），雉兔皆震，喪六師於漢」，十六年「伐楚，涉漢……」，

〔註2〕許倬雲《西周的衰亡與東遷·西周末葉的外族》：「配合三器（引者按：指兮甲盤、虢季子白盤、不嬰簋）銘文，及『小雅·采薇』、『出車』、『六月』、『采芑』四詩，玁狁與周人之間的戰事，大約有過兩次。第一役在宣王五年四、五月至冬季。參加者是吉甫、南仲、張仲、兮甲諸人。戰事在朔方、太原、焦獲、涇陽、鎬、嚳廬諸地。南仲戍方，以為偏師。吉甫兮甲一軍，敗玁狁於嚳廬，北追至於太原；南仲一軍，也北至朔方，二人分別築城防塞。第二次玁狁之役在宣王十一年，參加者有方叔、虢季子白、不嬰諸人。戰事在嚳、西俞、高陵、洛陽諸地，均在王畿西俞一隅。『采芑』詩中以荊蠻與玁狁連舉，大約二者之間，多少有些呼應，是以有『征伐玁狁，荊蠻來威』的詩句，而虢季子白盤全篇敘述玁狁戰事，末尾卻加上『用征蠻方』字眼。方叔是主將，兵力有三千乘，故『采芑』：『方叔蒞止，其車三千。』虢季子是方叔部將，殺敵五百人俘虜五十人。不嬰又是虢季子白的部下，是以十二年周王賞虢季子白，次年不嬰受賞於白氏，誌其轉戰西俞高陵的功績（白川靜，1970C：834 以下）。」（《西周史》，三聯書店，2012 年，p299、p300）

官說就比歷史學家們要輕鬆得多。明人季本《詩說解頤》（卷十八）：「竊意宣王之學，聖人之學也。其政，王者之政也。其所用以為將相者，南仲、吉甫、方叔、仲山甫、申伯、召虎諸賢，其所建立，皆以德行仁，略不雜於功利。觀於《出車》、《六月》、《采芑》、《車攻》、《雲漢》、《崧高》、《烝民》、《江漢》、《常武》諸詩，遺風所存，真皆文武之德……」官也就曾做到知府一級，就這口氣。

〔註3〕《地官·遂人》：「掌邦之野……辨其野之土：上地、中地、下地，以頒田里。上地，夫一廛，田百畝，萊（lái）五十畝，餘夫亦如之；中地，夫一廛，田百畝，萊百畝，餘夫亦如之；下地，夫一廛，田百畝，萊二百畝，餘夫亦如是。」鄭玄注：「萊，謂休不耕者。鄭司農云：『戶計一夫一婦而賦之田，其一戶有數口者，餘夫亦受此田也。廛，居也。楊子云有田一廛，謂百畝之居

也。』玄謂廛,城邑之居,《孟子》所云『五畝之宅,樹之以桑麻』者也。」

言上地夫賦百五十畝,年耕種百畝,休耕五十畝;中地夫賦二百畝,年耕種百畝,休耕百畝;下地夫賦三百畝,年耕種百畝,休耕二百畝。田之耕、休輪種即形成「新田」「菑畝」和「畬」,「于彼新田,于此菑畝」當之於此言之。徐中舒《西周的社會性質》言「這是西周農村公社的情況」。(《徐中舒先秦史講義》,p101)《試論周代田制及其社會性質》對周代生產力有詳論,原文發表於1955 年《四川大學學報》第 2 期,收入《中國的奴隸制與封建制分期問題論文選集》(三聯書店,1956 年)。

〔註 4〕楊寬認為其時軍旅由「六鄉」居民之正卒(戰時每戶出一人編成正式兵員)組成。(《西周史》,p395~p404)

〔註 5〕關於「五官」,典籍中《三禮》等之於概念言。但在《商君書・君臣》中出現了一段「話語英雄式」的惡論:「古者未有君臣、上下之時,民亂而不治。是以聖人列貴賤,制爵位,立名號,以別君臣上下之義。地廣,民眾,萬物多,故分五官而守之。民眾而姦邪生,故立法制、為度量以禁之。是故有君臣之義、五官之分、法制之禁,不可不慎也。」沒有任何邏輯推導和論證,直接用「暴力話語」的方式將「未有君臣上下之時民亂而不治」、「民眾而姦邪生」的前提強行推出,從而支持「聖人列貴賤制爵位立名號」──在主張帝王政治這一點上,「商鞅」們和儒家是一致的,「無教化,去仁愛,專任刑法而欲以致治」的法家,其君主獨裁思想更為極端。

小雅・車攻

　　儒家於西周政治文化興致勃勃的推崇和悉心維護，因周厲王時代的危機而一度心灰意冷，倍感失落。辛虧因了周、召二公的付出與努力，旋又迎來了所謂「中興」之局面，於是乎好不歡欣鼓舞！漢儒在先秦文獻的注釋中，到處尋找宣揚周宣王的機會——宣王本身無足輕重，重要的是於一代王朝和一種政治取向的眷戀。

　　《車攻》之文字宣威，「允矣君子，展也大成」，當然可以理解和解釋成爲「法文武成康遺風」。〔註1〕朱熹據《毛序》說曰：「周公相成王，營洛邑爲東都，以朝諸侯。周室既衰、久廢其禮。至於宣王，內修政事，外攘夷狄，覆文武之境土。修車馬，備器械，復會諸侯於東都，因田獵而選車徒焉，故詩人作此以美之。」（《詩集傳》）

　　至清人胡承珙《毛詩後箋》又援引文獻云：「成康之時，本有會諸侯於東都之事。《逸周書・王會解》首云成周之會。孔晁注云：『王城既成，大會諸侯及四夷也。』《竹書》：『成王二十五年，大會諸侯於東都，四夷來賓。』皆其明證。宣王中興，重舉是禮，故曰『復會』。」

　　所謂「中興」，是儒家史學觀下的刻意渲染和誇大。從《周語上》「虢文公諫宣王不籍千畝」、「仲山父諫宣王立戲」、「仲山父諫宣王料民」等，至少可以看到宣王在土地財用、廢立、賦稅等方面的不靠譜——他實際上給周幽王挖下了不小的坑，也給西周王朝的危機和最後滅亡打下了埋伏。這一點史遷在《周本紀》、《魯周公世家》中也曾給予委婉的批評。

我車既攻，我馬既同。

《毛傳》：「攻，堅也。同，齊也。宗廟齊毫，尚純也。戎事齊力，尚強也。田獵齊足，尚疾也。」見《爾雅・釋畜》。毫，指祭宗廟牲之毛。

《孔疏》引李巡曰：「祭於宗廟，當加謹敬，取其同色也。」

四牡龐龐，駕言徂東。

龐龐：強壯貌。言：連詞。徂（cú）：往。東：《毛傳》：「洛邑也。」意東都洛邑，即成周。〔註2〕

四車既好，四牡孔阜。

田：同「畋」，獵。阜：高大、盛壯。

東有甫草，駕言行狩。

甫：《毛傳》：「大也。」《孔疏》：「東部之界有廣大之草，可以就而田獵也。」言：連詞。狩：冬獵曰狩。

之子于苗，選徒囂囂。

之子：之，代詞，是。《毛傳》：「之子，有司也。夏獵曰苗。囂囂，聲也。維數車徒者，為有聲也。」周朝設官授職，各有專司，「有司」即指官吏，「有」為助詞。選（suàn）：通「算」，數也，計也。朱熹《集傳》：「數（shǔ）車徒者，其聲囂囂，則車徒之眾可知。且車徒不嘩，而惟數者有聲，又見其靜治也。」

建旐設旄，搏狩于敖。

搏：一作「薄」。從《詩經》的多數句式結構看，當為「薄」，助詞。

敖：《鄭箋》：「鄭地，今近滎陽。」鄭說待考。

駕彼四牡，四牡奕奕。

奕奕（yì）：高大威揚貌。

赤芾金舄，會同有繹。

芾：蔽膝。舄（xì）：一種厚底的鞋。朱熹《集傳》：「赤舄而加金飾，亦諸侯之服也。」《豳風・狼跋》一章有「公孫碩膚，赤舄几几」句。

《周禮・屨（jù）人》「掌王及后之服屨。為赤舄、黑舄、赤繶（yì）、

黃繶；青句（qú 絢）、素屨，葛屨」，鄭玄注：「王吉服有九，舄有三等。赤舄為上冕服之舄。《詩》云：『王錫韓侯，玄袞赤舄』，則諸侯與王同。」又（晉）崔豹《古今注》：「舄，以木置履下，乾臘不畏泥濕也。天子赤舄，凡舄色皆象於裳。」上者曰衣，下者曰裳。會同：本意為諸侯朝會天子，此指會集。繹：眾多不絕貌。有繹，即繹繹。

決拾既佽，弓矢既調。

決、拾：朱熹《集傳》：「決，以象骨為之，著於右手大指，所以鉤弦開體。拾，以皮為之，著於左臂以遂弦，故亦名遂。」遂，類護袖，拾其衣袖以利弦。佽：于省吾《新證》：「張衡《東京賦》引作『決拾既佽』。次、齊古通……『決拾既齊』，猶言決拾既具，決拾既備。」（p22）又《毛傳》：「佽，利也。」陳奐《傳疏》：「利，讀若利弓矢之利，利猶調也。」佽音見《杕杜》〔註2〕。調：《鄭箋》：「謂弓強弱與矢輕重相得。」

射夫既同，助我舉柴。

同：會聚。柴（zì）：胡承珙《後箋》：「蓋助我舉柴者，猶言助我田獵耳。柴本當作胔（cī），《西京賦》『收禽舉胔（zì）』，胔與胔同。《毛詩》作柴者，借字。」胔即指堆積的被射殺的禽獸。

四黃既駕，兩驂不猗。

黃：毛色黃中帶赤的馬。驂：一車四馬中兩側的驂馬。中間兩匹服馬駕轅。或曰諸侯四馬，天子駕六。猗：當作倚。不倚，即不偏倚。

不失其馳，舍矢如破。

馳：指驅馳之節奏。《穀梁傳・昭公八年》「御者不失其馳，然後射者能中」，范甯注：「不失馳騁之節。」舍：發。如：而。王引之《釋詞》引「家大人」（指其父王念孫）云：「舍矢而破，與『舍拔則獲』同義，皆言其中之速也。」「舍拔則獲」為《秦風・駟驖》句。拔，《毛傳》：「矢末也。」

蕭蕭馬鳴，悠悠旆旌。

旆旌：飾有旆帶的旗。參見《六月》四章「織文鳥章，白旆中央」注。

徒御不驚，大庖不盈。

朱熹《集傳》：「徒，步卒也。御，車御也。驚，如《漢書》『夜軍中軍』之驚。不驚，言比卒事，不喧嘩也。大庖，君庖也。不盈，言取之有度，不極欲也。蓋古者田獵獲禽，面傷不獻，踐毛不獻，不成禽不獻。擇取三等……每禽取三十焉，每等得十，其餘以與士大夫習射於澤宮，中者取之，是以獲雖多而君庖不盈也。」所說田獵之禮本《毛傳》。周禮，獵獲禽獸根據射殺部位的不同，上等「奉宗廟」，次之「以爲賓客」，再次之「以充君庖」。見桓公四年《公羊傳》、《穀梁傳》。

之子于征，有聞無聲。

朱熹《集傳》：「聞師之行而不聞其聲，言至肅也。」

允矣君子，展也大成。

陳奐《傳疏》：「《爾雅》：『允、展，信也。』又『展、允，誠也。』允謂之信，展亦謂之信。展謂之誠，允亦謂之誠，允展同義也。析言之，則展訓誠，允訓信。允矣君子，展也大成，言信也君子，誠能成其大功也。」

〔註 1〕《車攻》和《詩》中眾多相關元素，也爲戰國、兩漢儒生爲作「中春教振旅」（鄭玄注：「凡師出曰治兵，入曰振旅，皆習戰也。四時各教民以其一焉」）、「中夏教茇（bá）舍」（注：「茇舍，草止之也。」指野營時茇除莽草）、「中秋教治兵」、「中冬教大閱」（注：「至冬大閱，簡軍實」）（《夏官‧大司馬》）之類，提供了設計依據和擴寫的藍本。

〔註 2〕《毛傳》此說待考。《今本竹書紀年》周宣王九年有「王會諸侯於東都，遂狩於甫」之筆。那麼，此時的宣王是居住在「東都」？若居豐鎬，往數百公里之遙洛邑去「行狩」，則顯然有悖常理。陳夢家《西周金文中的都邑》：「就已有的金文資料而說：『豐』多見成王器；西周初至穆王居鎬京的記錄較多；『宗周』、『成周』之名，西周初期常見，以後也常見；『新邑』、『王』，惟見於成王器；武王時的『周』（宗周）不見於成王器，成王以後『周』與『成周』並見而『周』多共王以後器。由此似說明武王至穆王較多的居於西土的都邑、冊

命臣工，而穆王以後較多的在東國的洛邑。……西周時代既有東西土的周之都邑，而同在西土、東土又有三城、二城，時王居住亦常有變更。」（《西周銅器斷代》，p373）

何秋濤《王會篇箋釋》：「此篇（按：指《逸周書》者）所言成周之會，則在西京盛時，甫營洛邑之後，故孔氏（按：孔晁云「王城既成，大會諸侯及四夷也」）以為王城，潘儀以為成周者，洛邑之總名，說本不誤，但未及春秋時王城、成周之別。」

臧振《西周豐鎬成周說》（周原博物館《周原》第一輯，三秦出版社，2013年）、彭裕商《新邑考》（《歷史研究》，2000年第5期）對相關問題有考論。

小雅・吉日

　　《論語・季氏》中孔子設想「天下有道，則禮樂征伐自天子出」，所以《禮記・中庸》中就又有「子曰」：「非天子不議禮，不制度，不考文。今天下車同軌，書同文，行同倫。雖有其位，苟無其德，不敢作禮樂焉。雖有其德，苟無其位，亦不敢作禮樂焉。」孔子春秋末人，其時已是「禮壞樂崩」的局面，哪裏來的「車同軌，書同文」？漢儒將秦始皇的政治手段移接於孔子，時間穿越二百五十年以上。

　　其實周天子是並不親自「議禮」、「制度」、「考文」的，他也做不來，儒家撰造文章也是「周公制禮作樂」而非哪一任天子爲之。天子更多的是接受朝覲、舉行燕禮、射禮、祭祀、巡守以及戰時必要的親征。「槍桿子裏面出政權」，武裝力量始終是第一位的，也是最有效和最可靠的政治工具。

　　以《天官・大宰》、《地官・大司徒》、《小司徒》、《鄉師》、《州長》、《黨正》、《族師》、《鼓人》、《牛人》、《縣師》、《遂人》、《遂師》、《縣正》、《稍人》、《山虞》、《澤虞》、《春官・大宗伯》、《夏官・大司馬》、《小司馬》、《秋官・銜枚氏》等所紀，所謂「田役」在西周是存在的。《大宗伯》言大規模田獵的目的是爲了檢閱眾民（「大田之禮，簡眾也」），這個說法基本符合實際──自外而內的危機始終迫壓著西周王室，高調的軍事演習，習武、揚威兩相得。〔註1〕

　　《地官・大司徒》有一個細節：「大軍旅，大田役，以旗致萬民，而治其徒庶之政令。」鄭玄注：「旗，畫熊虎者也。徵眾，刻日（限定日期）樹旗，期於其下。」賈公彥疏：「凡征伐、田獵所用民徒，先起六鄉之眾，〔註2〕故云『大軍旅、大田役以旗致萬民』。」「云『徵眾，刻日樹旗，期於其下』者，

凡起徒役，不令而誅謂之虐，故徵眾庶預刻集日，至日樹旗，期民於其下。眾皆至，弊旗，誅後至者也。」（弊通「㢱」，僕，指將旗向前按倒）

　　孔子曾希望擁「天下」者秉「仁」。《子路》「善人教民七年，亦可以即戎矣」，「以不教民戰，是謂棄之」──「民」不屬於民自己而爲「善人」所有，所以孔子此話也並不能讀出「仁」來；「棄之」並非之於「民」而言，而指的是戰事之破敗。「善人」們在意的是政權而非生命。〔註3〕

吉日維戊，既伯既禱。

　　戊：以天干（甲、乙、丙、丁、戊、己、庚、辛、壬、癸）、地支（子、丑、寅、卯、辰、己、午、未、申、酉、戌、亥）記日，戊當爲「戊辰」日。《鄭箋》：「戊，剛日也。」〔註4〕既伯既禱：《毛傳》：「伯，馬祖也。重物愼微，將用馬力，必先爲之禱其祖。禱，禱獲也。」《爾雅・釋天》「既伯既禱，馬祭也」，郭璞注：「伯，祭馬祖也。將用馬力，必先祭其先。」參見《禮記・王制》「天子將出征，類乎上帝，宜乎社，造乎禰，禡（mà）於所征之地……」

田車既好，四牡孔阜。

　　田：同「畋」，獵。阜：高大，盛壯。

升彼大阜，從其群醜。

　　阜：土山。從：追逐。醜：《鄭箋》：「眾也。田而升大阜，從禽獸之群眾也。」參見《采芑》四章「方叔率止，執訊獲醜」注。

吉日庚午，既差我馬。

　　差：擇。

獸之所同，麀鹿麌麌。

　　同：聚集。麀（yōu）：《毛傳》：「鹿牝曰麀。」麌麌（yǔ）：《毛傳》：「眾多也。」

漆沮之從，天子之所。

　　漆沮：水名。《毛傳》：「漆沮之水，麀鹿所生也。」〔註5〕朱熹《集傳》：「視獸之所聚，麀鹿最多之處而從之。於漆水之旁爲盛，宜爲天子田獵之所也。」馬瑞辰《通釋》：「漆水有二。一在涇西，漢時屬右扶風。……

一名漆沮水，在涇東渭北，漢時屬左馮翊，又名洛水，《說文》『漆水』注『一曰，入洛』……《禹貢》漆沮為雍州川，此詩漆沮為宣王獵於東都，皆當指入洛者為是也。此涇東之漆沮水也。」馮翊（píngyì），郡名，治所在臨晉（今陝西大荔一帶），轄今陝西中東部涇河以東、黃龍縣以南、渭河以北的大部分地區，為東漢最大郡。

瞻彼中原，其祁孔有。

中原：即原野的中心地帶。祁：《毛傳》：「大也。」指獸禽而言。有：多。楊樹達《述林》卷六：「其祁孔有，謂其祁甚多也。故下文云『或群或友』，正以其多故也。」參見《魚麗》三章「君子有酒，旨且有」注。

儦儦俟俟，或群或友。

儦儦（biāo）：奔跑貌。俟俟（sì）：行走貌。《毛傳》：「趨則儦儦，行則俟俟。」群、友：《毛傳》：「獸三曰群，二曰友。」

悉率左右，以燕天子。

率：《鄭箋》：「循也。悉驅禽順其左右之宜，以安待王之射也。」燕：朱熹《集傳》：「樂也。」

既張我弓，既挾我矢。

挾：嚴粲《詩緝》：「《儀禮》注：『方持弦矢曰挾。』」見《鄉射禮》。

發彼小豝，殪此大兕。

發：發矢。小豝（bā）：小的公獸。《鄭箋》：「豕牡曰豝。」殪（yì）：《毛傳》：「壹發而死。」兕（sì）：野牛。

以御賓客，且以酌醴。

御：進獻。醴：釀成而未濾的帶甜味的酒。王先謙《集疏》：「《韓》說曰：醴，甜而不泲也。」泲，過濾。《禮記・雜記》：「醴者，稻醴也。」《說文》：「醴，酒一宿熟也。」並見《天官・酒正》鄭玄注。

〔註 1〕《左傳・隱公五年》「春蒐、夏苗、秋獮（xiǎn）、冬狩，皆於農隙以講事也。三年而治兵（杜預注：「雖四時講武，猶復三年而大蒐」），入而振旅，歸而飲至，以數軍實（注：「飲於廟，以數車徒、器械及所獲也」）。昭文章（注：「車服旌旗」），明貴賤，辨等列（注：「等列，行伍」），順少長（注：「出則少者在前，還則在後」），習威儀也……」臧僖伯言其「古之制也」，顯然春秋時期有實力的諸侯已在仿天子之舉。

而桓公四年《公羊傳》言「春曰苗，秋曰蒐，冬曰狩」，《穀梁傳》言「四時之田，皆爲宗廟之事也。春曰田，夏曰苗，秋曰蒐，冬曰狩」。有趣的是，前者以爲田狩爲「常事」，「常事不書，此何以書？譏。何譏爾？遠也（何休注：「以其地遠。禮，諸侯田狩不過郊」）。諸侯曷爲必田狩？一曰乾豆，二曰賓客，三曰充君之庖。」將獵物製成乾肉盛於豆中以備祭祀，以及用來宴賓客和供日常食用——比起動不動就殺人的嚴酷而緊張的軍旅田役，所言卻是輕鬆了許多。漢儒制文章，《禮記・王制》據《周禮》於此有說。

〔註 2〕六鄉，即《大司徒》之「比」、「閭」、「族」、「黨」、「州」、「鄉」。六鄉之民當一萬二千五百家之眾。關於周代人口統計管理，參見潘光旦《〈周官〉中的人口查計制度》。（《潘光旦文集》第十冊，北京大學出版社，2000 年）

〔註 3〕將民眾非人化、工具化以體現國家意志和達到政權之目的，在戰國時秦國的商鞅那裡被發揮到了極致（《商君書》令人窒息和不寒而慄）。商鞅之後再沒有了「商鞅」，商鞅的思想卻讓無數統治者從此茅塞頓開——從此意義上講，西周以「詩」爲載體的「怨」、「刺」，倒成了中國政治史上一種別樣的溫和記憶。

〔註 4〕《禮記・曲禮上》「外事以剛日，內事以柔日」，孔穎達疏：「外事，郊外之事也。剛，奇日也，十日有五奇五偶。甲、丙、戊、庚、壬五奇爲剛也。外事剛義故用剛日也。」

〔註 5〕此「漆沮」與《大雅・緜》「自土沮漆」及《周本紀》中的「沮漆」有別。《禹貢》「雍州」：「漆沮既從，灃水攸同。」僞孔傳：「漆沮之水，已從入渭。灃水所同，同於渭也。」「導渭」：「東會於灃，又東會於涇；又東過漆沮，入於河。」傳：「漆、沮，一水名，亦名洛水，出馮翊北。」孔穎達疏：「《地理志》云，漆水出扶風漆縣。依《十三州記》，漆水在岐山東入渭，則與漆沮不同矣。此云『會於涇』，又『東過漆沮』，是漆沮在涇水之東，故孔以爲洛水一名漆沮。……《志》云，出馮翊懷德縣，東南入渭。以水土驗之，與《毛詩》古公『自土沮漆』者別也。」

小雅・鴻雁

　　漢王朝下，儒家之觀念集合是空前的，主力之一便是一群「經學家」。之於先秦文獻，鄭玄以「古文」爲宗，兼採「今文」而「治」，以無所不能的「因聲求義」和「隨文而釋」，繞來繞去，「曲爲比附，以達己意」，終要落到維護「封建」政治和推崇君權思想上來。〔註1〕所注諸「經」，《詩經》首當其衝。中國早期文學不幸於春秋末遭遇「刪詩」，兩漢再次爲政治意識形態所大面積侵凌──從西漢初到東漢末，歷四百年。

　　但毛以爲「侯伯卿士」應該是對的。「劬（qú）勞於野」者是他，「哀此鰥（guān）寡」者也是他；「維此哲人，謂我劬勞。維彼愚人，謂我宣驕」，又頗類《魏風・園有桃》「心之憂矣，我歌且謠。不知我者，謂我士也驕」的凄苦與無奈──春秋時期的「士」，遠比不得西周的「之子」。

　　詩中人，爵命不低，食祿自然也不薄。卻又如此悲鴻心緒，在僚列間複製並彌漫擴散著──作爲文學的「詩歌」，其效應是致命的。鴻雁本無意，秋來向南飛。但周室之樑柱中堅們聽得蒼穹中的嗷嗷哀鳴⋯⋯

鴻雁于飛，肅肅其羽。

　　《毛傳》：「大曰鴻，小曰雁。肅肅，羽聲也。鴻雁知辟陰陽寒暑。」
　　于：助詞。下同。《周南・葛覃》一章「黃鳥于飛，集于灌木」，王引之《釋詞》：「聿、于一聲之轉。『黃鳥于飛』，黃鳥聿飛也。」

之子于征，劬勞于野。

　　《毛傳》：「之子，侯伯卿士也。劬勞，病苦也。」《鄭箋》：「侯伯卿士，

－204－

謂諸侯之伯與天子卿士也。是時民既離散，邦國有壞滅者，侯伯久不述職，王使廢於存省，諸侯於是始復之，故美焉。」存省，慰問，問候；省察。于：往。下同。征：行。

爰及矜人，哀此鰥寡。

《毛傳》：「矜，憐也。老無妻曰鰥，偏喪曰寡。」《鄭箋》：「爰，曰也。王之意，不徒使此為諸侯之事，與安集萬民而已。王曰：當及此可憐之人，謂貧窮者，欲令周餼（xì）之，鰥寡則哀之，其孤獨者收斂之，使有所依附。」爰：助詞。餼，給予食物。王先謙《集疏》：「《魯》說曰：矜，苦也。矜人，即《呂覽・貴因篇》所云苦民，總謂鰥寡孤獨之人。」按：《貴因》原文：「湯武遭亂世，臨苦民，揚其義，成其功，因也。」因，順應。

鴻雁于飛，集于中澤。

中澤：澤中。《鄭箋》：「鴻雁之性，安居澤中，今又飛集於澤中，猶民去其居而離散，今見還定安集。」

之子于垣，百堵皆作。

垣：牆，此處用作動詞。堵：《毛傳》：「一丈為版，五版為堵。」又《鄭箋》：「侯伯卿士，又於壞滅之國，徵民起屋舍，築牆壁，百堵同時而起。言趨事也。《春秋傳》曰：『五版為堵，五堵為雉。』雉長三丈，則版六尺。」雉（zhì），長三丈高一丈為一雉。見《公羊傳・定公十二年》。「百堵」為泛指，言其多。

雖則劬勞，其究安宅。

《毛傳》「究，窮也。」《鄭箋》：「此勸萬民之辭。女今雖病勞，終有安居。」

鴻雁于飛，哀鳴嗷嗷。

嗷嗷：鴻雁哀鳴聲。《毛傳》：「未得所安集則嗷嗷。」《鄭箋》：「此之子所未至者。」

維此哲人，謂我劬勞。

維：助語氣，突出所言對象。《鄭箋》：「此哲人謂知王之意及之子之事

　　　者。我，之子自我也。」

維彼愚人，謂我宣驕。

　　　《毛傳》:「宣，示也。」《鄭箋》:「謂我役作，眾民為驕奢。」又朱熹
　　　《集傳》:「哲，知……知者聞我歌，知其出於劬勞，不知者謂我閑暇
　　　而宣驕也。」

　　　〔註1〕《毛序》:「《鴻雁》，美宣王也。萬民離散，不安其居，而能勞來還
定安集之，至於矜寡，無不得其所焉。」《鄭箋》:「宣王承屬王衰亂之敝，而起
興復先王之道，以安集眾民為始也。《書》曰天將有立父母，民之有政有居。宣
王之為是務。」（見偽《周書・泰誓》等）《孔疏》:「由屬王衰亂，萬民分離逃
散，皆不安止其居處。今宣王始立，能遣侯伯卿士之使，皆就而勞來（按：慰
勞，或曰慰勞使來歸順），今還歸本宅安止，安慰而集聚之，使復其居業，為築
宮室。又至於矜寡孤獨皆蒙周贍，無不得其所者，由是故美之也。」

　　　極具諷刺意味的是，漢王朝很快就在獻帝手上結束了。鄭玄死後二十年的建
安二十五年，公元220年，曹丕稱帝，三國立。

小雅・庭燎

　　《周書・康誥》「惟三月哉生魄（僞孔傳：「周公攝政七年三月。始生魄，月十六日，明消而魄生。」魄，月魄，月黑無光的部分），周公初基作新大邑於東國洛，四方民大和會。侯、甸、男邦、采、衛，百工播民和，見士於周」，〔註1〕傳：「初造基，建作王城大都邑於東國洛汭（ruì），居天下上中，四方之民大和悅而集會。此五服諸侯，服五百里。侯服去王城千里，甸服千五百里，男服去王城二千里，采服二千五百里，衛服三千里，與《禹貢》異制。五服之百官，播率其民和悅，並見即事於周。」

　　《顧命》「惟四月哉生魄，王不懌。甲子，王乃洮頮（音 táohuì，盥手洗面）水。相被冕服，憑玉几。乃同，召太保奭、芮伯、彤伯、畢公、衛侯、毛公……」，說的是成王病重，諸侯朝見；《康王之誥》（伏生本合於《顧命》）「王出，在應門之內，太保率西方諸侯入應門左，畢公率東方諸侯入應門右，皆布乘黃朱……王若曰：『庶邦侯、甸、男、衛，惟予一人釗報誥……』」，說的是康王即位，諸侯朝拜受訓；又《逸周書・王會解》所紀，等等。

　　總以爲定期來朝覲納貢，就表明諸侯忠孝朝廷。《春官・大宗伯》小心翼翼地措辭爲「以賓禮親邦國」，立名「春見曰朝，夏見曰宗，秋見曰覲，冬見曰遇，時見曰會，殷見曰同，時聘曰問，殷覜（tiào）曰視」，《秋官・大行人》「春朝諸侯而圖天下之事，秋覲以比邦國之功，夏宗以陳天下之謨，冬遇以協諸侯之慮，時會以發四方之禁，殷同以施天下之政，時聘以結諸侯之好，殷覜以除邦國之慝（音 tè。鄭玄注：「慝，猶惡也」）……」

　　關於諸侯朝覲、朝貢，天子巡守，雖《大行人》、《小行人》、《逸周書・大匡解》、《儀禮・覲禮》、《鄭志》、《禮記・曲禮》、《王制》、《周語上》「祭公

諫征犬戎」等反覆立說，儒家仍然覺得言猶未盡。不斷言說天子諸侯之道，是因爲不但感覺到了其中存在的問題，更預料到了（不願設想之）後果。

「周之事蹟，斷可見矣：列侯驕盈，黷貨（按：貪納財貨）事戎（兵戎），大凡亂國多，理國寡，侯伯不得變其政，天子不得變其君，私土子人者（珍惜並治理封地、護愛民人之國君），百不有一。失在於制，不在於政，周事然也。」柳宗元《封建論》這段話觸到了西周王朝的痛處──包括土地、民人在內的一切爲封侯所有，封國高度自治近乎獨立。《穀梁傳‧襄公二十九年》「古者天子封諸侯，其地足以容其民，其民足以滿城以自守也……」既能「自守」，也就可以坐大、擴張，甚至反叛。

如此作「詩」誇讚「威儀」不凡之「君子」，有些多餘。他能來行朝覲之禮是因爲王室之強大而非「備文德而明禮義」（《白虎通義‧朝聘》），更非幾句恭維的話，或一場天子諸侯之宴飲所能湊效。

拂曉和黎明時分的朝禮時間喻意深長。〔註 2〕然而到《沔水》，情勢就變得複雜和完全不容樂觀了。

夜如何其？夜未央，庭燎之光。

　　央：《毛傳》：「旦也。」王引之《述聞》：「夜未央者，夜未已也。《楚辭‧離騷》『時亦猶其未央』王注云：『央，盡也。』《九歌》『爛昭昭兮未央』，注云：『央，已也。』……夜盡則旦。」庭燎：朱熹《集傳》：「大燭也。諸侯將朝，則司烜以物百枚，並而束之，設於門內也。」司烜（huǐ），《秋官‧司烜氏》：「掌以夫遂（燧）取明火於日，……凡邦之大事，共（供）墳燭庭燎。」墳，大。

君子至止，鸞聲將將。

　　君子：《毛傳》：「謂諸侯也。」止：臨止。下同。將將：陳啓源《稽古編》：「將將、鏘鏘、瑲瑲、鎗鎗（qiāng）、鶬鶬（qiāng）皆見《詩》，字異而義同，雜指佩玉、八鸞、鼓鍾、磬管之聲也。」

夜如何其？夜未艾，庭燎晣晣。

　　艾：《毛傳》：「久也。」又朱熹《集傳》：「艾，盡也。」晣晣（zhé）：朱熹《集傳》：「小明也。」

君子至止，鸞聲噦噦。

　　噦噦（huì）：朱熹《集傳》：「近而聞其徐行聲有節也。」

夜如何其？夜鄉晨，庭燎有煇。

　　鄉：向。晨：《鄭箋》：「明也。」朱熹《集傳》：「鄉晨，近曉也。」煇
　　（huī）：《毛傳》：「光也。」又朱熹《集傳》：「煇，火氣也。天欲明，
　　而見其煙光相雜也。」

君子至止，言觀其旂。

　　言：助詞，助語氣。觀：《鄭箋》：「今夜鄉明，我見其旂，是朝之時也。」
　　朱熹《集傳》：「既至而觀其旂，則辨色也。上二章言鸞聲「將將」、「噦
　　噦」，此章則言「其旂」之盛多。觀，多。《采綠》四章「維魴及鱮，
　　薄言觀者」，《鄭箋》：「觀，多也。」《采菽》二章並有「君子來朝，言
　　觀其旂」句。旂，上繪交龍圖形的旗。或泛指旌旗。

　　〔註1〕陳夢家《西周金文中的都邑》認為「此周可能是『周王國』之周，
也可能是岐周」。「周王國」即指東部的「周」（王周）。（《西周銅器斷代》，p366）
　　〔註2〕《大宗伯》鄭玄注「朝猶朝也，欲其來之早」；《朝聘》「朝者，見
也……因用朝時見，故謂之朝」。此朝廷「作息時間」延續到了東周，《周語上》
紀周襄王使太宰文公和內史興向晉文公頒賜任命，「上卿逆於境，晉侯郊勞，館
諸宗廟，饋九牢（按：牛、羊、豕各九），設庭燎……」

小雅・沔水

《左傳・僖公二十五年》晉文公朝見天子，恃有勤王之功而請求死後能以天子之禮葬（其實也就借著酒興隨便說說），天子不可，但賜其陽樊、溫、原、欑（cuān）茅之田。其中陽樊人不服，晉軍圍之。蒼葛大呼曰：「陽樊的人誰不是天子的親戚，卻要把他們抓起來！」（襲《周語中》）

「晉陽人不服晉侯」事發生在晉文公元年、周襄王十七年（前 635 年），距周成王封其弟叔虞於唐（叔虞子後改晉）已逾四百年，平王東遷已一百三十多年，周王室與其「親戚」的關係已很遠了——西周已是「嗟我兄弟，邦人諸友……」況乎春秋，況乎「五霸」時！

《太史公自序》「《詩》紀山川溪谷禽獸草木牝牡雌雄……以達意」，鄭樵《通志・昆蟲草木略序》「詩之本在聲而聲之本在興，鳥獸草木乃發聲之本……」總是有無數的鳥在《雅》《頌》中飛來飛去。〔註 1〕但關於「鳥獸草木」之解，鄭玄多是經學意義上的牽強附會。他的論說上升不到文化的意義上去，那不是他解經的目的，也達不到那個高度。

一切皆因無法再真切地回到《詩經》時代的語境中。既然不知道那時天空的顏色，大地的氣味，河流的模樣，鳥獸的習態，不知道那時天地間的人們的語言習慣和表達差異，也就不能真實體味和理解不同物象之於情景中詩人的心理誘發，到底在何種程度上。

湯湯之流水朝宗於海，自然是想說諸侯應該無條件歸順和服從於天子。但情況是「民之訛言，寧莫之懲」和「讒言其興」——那「鴥彼飛隼」載上載下，又將達意於詩中人怎樣的「心之憂矣」？

沔彼流水，朝宗于海。

　　沔（miǎn）：《毛傳》：「水流滿也。水猶有所朝宗。」《鄭箋》：「水流而入海，小就大也。喻諸侯朝天子亦猶是也。諸侯春見天子曰朝，夏見曰宗。」見《春官・大宗伯》。

鴥彼飛隼，載飛載止。

　　鴥：鳥疾飛貌。載：則，乃。止：息。

嗟我兄弟，邦人諸友。莫肯念亂，誰無父母？

　　兄弟：指宗族兄弟。參見《常棣》一章「凡今之人，莫如兄弟」注。諸：眾。友：對族中有封爵者之稱。〔註2〕參見《常棣》三章「每有良朋，況也詠歎」、五章「雖有兄弟，不如友生」注。《毛傳》：「邦人諸友，謂諸侯也。兄弟，同姓臣也。京師者，諸侯之父母也。」《鄭箋》：「我同姓異姓之諸侯，女自恣不朝，無肯念此於禮法爲亂者，女誰無父母乎？言皆生於父母也。臣之道，資於事父以事君。」又朱熹《集傳》：「言流水猶朝宗于海，飛隼猶或有所止，而我之兄弟諸友乃無肯念亂者，誰獨無父母乎？亂則憂或及之，是豈可以不念哉？」

沔彼流水，其流湯湯。

　　《毛傳》：「言放縱無所入也。」《鄭箋》：「湯湯（shāng），波流盛貌。喻諸侯奢僭，既不朝天子，復不事侯伯。」奢僭：奢侈逾禮。

鴥彼飛隼，載飛載揚。

　　《毛傳》：「言無所定止也。」

念彼不蹟，載起載行。

　　蹟（jì）：一作「跡」。不蹟：《毛傳》：「不循道也。」《鄭箋》：「彼，彼諸侯也。諸侯不循法度，妄興師出兵。」朱熹《集傳》：「言憂念之深，不遑寧處也。」

心之憂矣，不可弭忘。

　　弭：《毛傳》：「止也。」朱熹《集傳》：「水盛隼揚，以興憂亂之不能忘也。」陳奐《傳疏》：「弭與怋（mǐ）通。《周語》『至於今未弭』，賈逵注云：『弭，忘也。』是忘亦弭也。」見《周語下》「太子晉諫靈王壅（yōng）穀水」。

鴥彼飛隼，率彼中陵。

> 率：《鄭箋》：「循也。隼之性，待鳥雀而食。飛循陵阜者，是其常也。喻諸侯之守職，順法度者，亦是其常也。」

民之訛言，寧莫之懲。

> 訛：《鄭箋》：「偽也。」懲：《毛傳》：「止也。」朱熹《集傳》：「隼之高飛，猶循彼中陵。而民之訛言乃無懲止之者。」

我友敬矣，讒言其興。

> 《毛傳》：「疾王不能察讒也。」《鄭箋》：「友，謂諸侯也。言諸侯有敬其職、順法度者，讒人猶興其言以毀惡之。王與侯伯不當察之。」又朱熹《集傳》：「然我之友誠能敬以自持矣，則讒言何自而興乎？始憂於人，而卒反（返）諸己也。」敬：馬瑞辰《通釋》：「敬者，戒也。」

〔註1〕《小雅·常棣》「脊令（鶺鴒）在原，兄弟急難」，《伐木》「伐木丁丁，鳥鳴嚶嚶」，《采芑》「鴥彼飛隼，其飛戾天」，《鴻雁》「鴻雁于飛，肅肅其羽」，《沔水》「鴥彼飛隼，載飛載揚」，《鶴鳴》「鶴鳴于九皋，聲聞于野」，《黃鳥》「黃鳥黃鳥，無集于穀」，《小宛》「宛彼鳴鳩，翰飛戾天」、「題彼脊令，載飛載鳴」、「交交桑扈，率場啄粟」，《小弁》「弁彼鸒（yù）斯，歸飛提提」，《四月》「匪鶉匪鳶，翰飛戾天」，《桑扈》「交交桑扈，有鶯其羽」，《鴛鴦》、《白華》「鴛鴦在梁，戢（jí）其左翼」，《菀柳》「有鳥高飛，亦傅于天」，《緜蠻》「緜蠻黃鳥，止于丘阿」，《大雅·旱麓》「鳶飛戾天」，《鳧鷖》「鳧鷖在涇」，《周頌·振鷺》「振鷺于飛，于彼西雝」，《魯頌·有駜》「振振鷺，鷺于飛」，《泮水》「翩彼飛鴞，集于泮林……」

《國風》者，從「關關雎鳩」（《周南·關雎》）、「燕燕于飛」（《邶風·燕燕》）、「睍睆（xiànhuǎn）黃鳥」（《凱風》）、「有鷕（yǎo）雉鳴」、「雝雝（yōng）鳴雁」（《匏有苦葉》）、「於嗟鳩兮」（《衛風·氓》）、「肅肅鴇羽」（《唐風·鴇羽》），到「鴥彼晨風」（《晨風》）、「維鵜（tí）在梁」（《曹風·候人》）、「鳲（shī）鳩在桑」（《鳲鳩》）、「七月鳴鵙（jú）」（《豳風·七月》）、「倉庚于飛」（《東山》）、「鴻飛遵渚」、「鴻飛遵陸」（《九罭（yù）》），等等。這些移動的「自由的元素」詮釋著天空的高遠，川谷的深幽和原隰的廣大與空曠——無論西周還是春秋，在開天闢地和新舊制度交替變革的「新時代」，激情與失落，苦難與歡欣，「感時」的

周人被一次次地「鳥驚心」，萬千心事！

〔註 2〕童書業《釋「國人」》認爲「邦人」即「國人」，「『諸友』指族人等，則『邦人』似皆與國君『大宗』有親姻關係。」（《春秋左傳研究》，p131）

小雅・鶴鳴

　　周人克商奪取「天下」，武王初封，成、康時大封（後期周宣王時又有改封調整）──以為分封是鞏固政權的最好辦法，《左傳・昭公九年》所謂「建母弟以蕃屏周」。

　　《漢興以來諸侯王年表序》：「周封五等：公，侯，伯，子，男。然封伯禽、康叔於魯、衛，地各四百里，親親之義，褒有德也；太公於齊，兼五侯地，尊勤勞也。武王、成、康所封數百，而同姓五十五，〔註1〕地上不過百里，下三十里，以輔衛王室。管、蔡、康叔、曹、鄭，或過或損。厲、幽之後，王室缺，侯伯強國興焉，天子微，弗能正。非德不純，形勢弱也。」周人之「德」的核心是於政治秩序之「禮」的踐履，伯禽、康叔受封當無涉於「德」。倒是「天子微」於「侯伯」失「德」相關──「德」沒有能夠約束他們。

　　《僖公二十四年》「文之昭」、「武之穆」、「周公之胤」，都是周室之血脈親近和最為被重用之嫡系，《鶴鳴》應該無關他們。而「九皋」、「魚潛在淵」、「或在于渚」也表明，詩關於南方，廣義的南方──那裡實際上從來沒有「親被文王之化已成德」（朱熹《詩經傳序》），自始至終於朝廷就沒有真正臣服過，直至成後來楚莊王「問鼎中原」者之勢……〔註2〕

　　「它山之石，可以為錯」、「它山之石，可以攻玉」是朝廷的視角；「玉」、「石」之稱令人玩味。而九皋之上，那一片聞於遠野天際的鶴鳴之聲──東夷南蠻的不平程度並不低於西戎北狄！（漢人之「賢」，周人不知，他們更沒有在乎）

鶴鳴于九皋，聲聞于野。

鶴：朱熹《集傳》：「鳥名。長頸，竦身，高腳，頂赤，身白，頸尾黑，其鳴高亮，聞八九里。」皋（gāo）：《毛傳》：「澤也。」《鄭箋》：「澤中水溢出所爲坎，自外數至九，喻深遠也。鶴在中鳴焉，而野聞其鳴聲。興者，喻賢者雖隱居，人咸知之。」

魚潛在淵，或在于渚。

渚（zhǔ）：指水邊，水涯，淺水處。《九歌‧湘君》「朝騁騖兮江皋，夕弭節兮北渚」、《湘夫人》「帝子降兮北渚，目眇眇兮愁予」，王逸注：「渚，水涯也。」《毛傳》：「良魚在淵，小魚在渚。」《鄭箋》：「此言魚之性寒則逃於淵，溫則見於渚，喻賢者世亂則隱，治平則出，在時君也。」

樂彼之園，爰有樹檀，其下維蘀。

爰：「於是」，在那裡。維：助語氣。一說維，有。蘀（tuò）：通常釋爲「落葉」，《毛傳》：「蘀，落也。尚有樹檀而下其蘀。」又王夫之《稗疏》考「蘀」爲草名：「《毛傳》曰『蘀，槁也。』按《豳風》『十月隕蘀』亦曰『蘀，落也』。夫蘀，落也，隕亦落也，言隕而復言蘀，不亦贅乎？又《鶴鳴》之詩曰：『其下維蘀』。又云『其下維穀』。穀，庳（按：音 bì，矮）木，生於樹下。蘀與穀類，豈槁落之謂乎？按《山海經》曰：『甘棗之山，共水出焉，而西流注於河。其下有草，葵本而杏葉，黃華而莢實，其名曰蘀，可以已瞢（音 méng，目不明。已，防，止）。』共水在鄭、衛之間，其地爲蘀草所產，故詩人因見以起興，古今名異，今未確知爲何草。唯薺苨（音 qínǐ，桔梗科多年生草本植物）根似葵，葉似杏，能解中毒者昏瞀（音 mào，目眩），則疑蘀即薺苨。雖未能遽信爲然，要之非落葉之謂。」

它山之石，可以爲錯。

《毛傳》：「錯，石也，可以琢玉。舉賢用滯，則可以治國。」《鄭箋》：「它山，喻異國。」錯即礪石。《說文》：「錯，厲石也。」段玉裁注：「錯古作厝。厝石，謂石之可以攻玉者。」《孔疏》：「王得賢，則爲人樂觀其朝。如此，何以不求之？非但在朝爲人所觀，又它山遠國之石，取而得之，可以爲錯物之用。興異國沉滯之賢，任而官之，可以爲理國之政。國家得賢匡輔以成治，猶寶玉得石錯琢以成器，故須求之也。

　　王者雖以天下爲家，畿外亦得爲異國也。」沉滯，仕宦久不遷升。

鶴鳴于九皋，聲聞于天。魚在于渚，或潛在淵。樂彼之園，
爰有樹檀，其下維穀。

　　穀（gǔ）：即楮（chǔ）樹，一種落葉喬木。《毛傳》：「穀，惡木也。」
它山之石，可以攻玉。

　　攻：《毛傳》：「錯也。」又朱熹《集傳》：「程子曰：『玉之溫潤，天下之
　　至美也。石之粗厲，天下之至惡也。然兩玉相磨，不可以成器，以石磨
　　之，然後玉之爲器得以成焉⋯⋯』」已是「理學」之腔調。

　　〔註1〕《荀子‧儒效》云周初「立七十一國，姬姓獨居五十三人」；又《左
　　傳‧昭二十八年》「昔武王克商，光有天下，其兄弟之國者十有五人，姬姓之國者
　　四十人」。
　　〔註2〕見《史記‧楚世家》、《左傳‧宣公三年》。

小雅・祈父

西周是以血緣關係爲紐帶的宗族社會，「天下」爲天子之天下，「國」、「家」也爲諸侯、大夫私有，衆民是無緣於「天下」之相關權利的。〔註1〕《左傳・桓公二年》「天子建國，諸侯立家，卿置側室，大夫有貳宗，士有隸子弟，庶人、工、商，各有分親，皆有等衰。是以民服事其上，而下無覬覦」；《昭公七年》「天有十日（杜預注：「甲至癸。」即用十個天干紀日期順序），人有十等，下所以事上，上所以共神也。故王臣公，公臣大夫，大夫臣士，士臣皁，皁臣輿，輿臣隸，隸臣僚，僚臣僕，僕臣臺……」〔註2〕

所謂「等級」，實際上是擁占集團於「天下」在權益分配層面上的反映。雖則擁有相關身份與地位，但於奔波不完的「王事」同樣也有了想法。《小雅・四牡》、《皇皇者華》、《采薇》、《出車》、《杕杜》、《祈父》、《鴻雁》、《北山》、《小明》、《緜蠻》、《漸漸之石》、《何草不黃》、《周南・卷耳》、《召南・小星》、《邶風・擊鼓》、《北門》、《王風・君子于役》、《魏風・陟岵（hù）》、《唐風・鴇羽》、《秦風・小戎》、《豳風・東山》、《破斧》……

之於「王政」，卻是一條條心之路曲曲彎彎地遺落在早期中國詩歌的原野裏，這是後世所不能企及的。儒家爲顧及西周政治的體面，〔註3〕也爲當朝意識所需，解釋這些「性情之詩」顯得更費周折。繼西漢毛亨、毛萇後，東漢的鄭玄應該是出力最大的一個，次之則是宋人「理學家」者朱熹了。

祈父，予王之爪牙。

祈父：即圻（qí，方千里之地爲圻）父。圻父即掌疆界軍務之官。《毛傳》：「祈父，司馬也，職掌封圻之兵甲。」《鄭箋》：「此司馬也，時人

以其職號之，故曰祈父。《書》曰：『若疇圻父。』謂司馬。司馬掌祿士，故司士屬焉。又有司右，主勇力之士。」《孔疏》：「古者圻、祈、畿同，字得通用，故此作祈，《尚書》作圻。」按：《周書·酒誥》「矧惟若疇圻父」，傳：「圻父，司馬。」孔穎達疏：「司馬主圻封，故云圻父，父者，尊之辭。」參見《夏官·司士》、《司右》。爪牙：呂祖謙《讀詩記》：「司馬之屬有司右、虎賁、旅賁，皆奉事王之左右者也。……此所謂爪牙者也。」見《周禮·夏官》序官。《越語上》「句踐滅吳」有「夫雖無四方之憂，然謀臣與爪牙之士，不可不養而擇也」句。

胡轉予于恤，靡所止居？

轉：《鄭箋》：「移也。此勇力之士責司馬之辭也。我乃王之爪牙，爪牙之士當為王閑守之衛，女何移我於憂，使我無所止居乎？」恤：《毛傳》：「憂也。」止：息。二章同。朱熹《集傳》：「予，六軍之士也。或曰司右虎賁之屬也。……軍士怨於久役，故呼祈父而告之曰：予乃王之爪牙，汝何轉我於優恤之地，使我無所止居乎？」

祈父，予王之爪士。

爪士：朱熹《集傳》：「爪牙之士也。」又馬瑞辰《通釋》：「爪士，猶言虎士。《周官》虎賁氏屬有虎士八百人，即此。……虎賁為宿衛之臣，故以投於戰爭為怨耳。」

胡轉予于恤，靡所厎止？

厎（zhǐ）：《毛傳》：「厎，至也。」朱熹本「厎」作「底」。《釋詁》：「厎，止也。」

祈父，亶不聰。

亶：誠然。副詞，表程度。《毛傳》：「亶，誠也。」參見《常棣》八章「是究是圖，亶其然乎」注。不聰：不聞，指不聞情勢。

胡轉予于恤，有母之尸饔？

《毛傳》：「尸，陳也。熟食曰饔。」于省吾《新證》：「有又、母毋古通。……言胡移我於優恤，又無以陳饔以供養也。『有母之尸饔』，讀為又毋以尸饔。」（p22、p23）舊說：《鄭箋》：「己從軍，而母為父陳

饌飲食之具，自傷不得供養也。」朱熹《集傳》：「東萊呂氏曰：『越句踐伐吳，有父母耆老而無昆弟者，皆遣歸；魏公子無忌救趙，亦令獨子無兄弟者歸養。則古者有親老而無兄弟，其當免征役，必有成法。故責司馬之不聰，其意謂此法人皆聞之。汝獨不聞乎？乃驅吾從戎，使吾親不免薪水之勞也。責司馬者，不敢斥王也。』」

〔註 1〕這迥異於同時期另一地域上的政治文明——希臘城邦的居民被稱為「公民」，公民在法制之下享有平等參與政治的民主權利。而西周之「民人」僅與土地並提，但並不是以「奴隸」的名義——西周不具備產生「奴隸」的社會條件和生產關係。

「民人」之性質使其角色的轉變更為漫長。在「資本、土地、勞動力」生產要素的意義上，較之於「奴隸」，「民人」可以賞賜，但不具有交換性。《周書》中的「保民」，實即保的是政權利益而非「民人」之本身。後世帝制政權有衍變為「為民」之名義者，「民人」的權益被徹底剝奪，也使「民人」永無改變自己的理由和希望。

〔註 2〕魯迅《燈下漫筆》談貴賤、大小、上下之「差等的遺風」，「『臺』沒有臣，不是太苦了麼？無須擔心的，有比他更卑的妻，更弱的子在。而且其子也很有希望，他日長大，升而為『臺』，便又有更卑更弱的妻子，供他驅使了。如此連環，各得其所，有敢非議者，其罪名曰不安分！」

〔註 3〕宗法制度在延續中瓦解，政治格局在維持中分裂，「禮樂征伐自天子出」和「非天子不議禮，不制度，不考文」變得「禮樂征伐自諸侯出⋯⋯」對於動盪變革的春秋戰國來說，西周成了一種記憶，一種懷念，一個儒家心目中空前絕後的「理想國」。

小雅・白駒

　　鬱鬱不得志而又多愁善感的曹植，將《白駒》讀成是一首友別詩。〔註1〕他於「朋友」的感覺是對的，然此「朋友」非彼「朋友」。《周書・康誥》「元惡大憝（duì，憎惡），矧惟不孝不友？」「兄亦不念鞠子（稚子）哀，大不友于弟」，《春官・大司樂》鄭玄注：「善父母曰孝，善兄弟曰友。」（又見《爾雅・釋訓》、《晉語四》韋昭注等）「朋友」即「兄弟」之指稱，除胞兄弟外，更多的應該是指遠近不等的族兄弟。換句話說，西周的「朋友」、「友」，其實就是指親族成員而言，〔註2〕從西周初年到春秋晚期的相關青銅器銘文和《詩經》有關篇什證明了這一點。

　　歷史表明，除了戎狄和蠻夷之因素，西周政權之危機正是源於宗法血親系統內部錯綜複雜的政治鬥爭——成也「封建」，敗也「親親」，克商後的周人政治之智愚相抵。《巧言》三章「君子屢盟，亂是用長」。於詩中之「我」來說，似乎出現了不明原因的孤立，「皎皎白駒，在彼空谷」也成了主人公心目中一個淒美而傷感的政治意象，皎美之白駒倏忽而逝，宛如一聲歎息。

皎皎白駒，食我場苗。

　　皎皎：潔白。《毛傳》：「馬五尺以上曰駒。」

縶之維之，以永今朝。

　　《毛傳》：「宣王之末，不能用賢，賢者有乘白駒而去者。縶（zhí）、絆。維，繫也。」《鄭箋》：「永，久也。原（願）此去者，乘其白駒而來，使食我場中之苗。我則絆之繫之，以永今朝。愛之，欲留之。」

所謂伊人，于焉逍遙？

> 焉：疑問代詞，哪裏。《鄭箋》：「伊當作『繄』，繄猶是也。所謂是乘白駒而去之賢人，今於何遊息乎？思之甚也。」

皎皎白駒，食我場藿。

> 藿（huò）：豆葉。《廣雅・釋草》：「豆角謂之莢，其葉謂之藿。」

縶之維之，以永今夕。所謂伊人，于焉嘉客？

> 嘉：樂，怡樂。朱熹《集傳》：「嘉客，猶逍遙也。」客，做客。

皎皎白駒，賁然來思。

> 《毛傳》：「賁（bì），飾也。」《鄭箋》：「願其來而得見之。《易》卦曰：『山下有火，賁。』賁，黃白色也。」又朱熹《集傳》：「賁然，光采之貌也。或以爲來之疾也。」疾行之意讀 bēn。思：或曰語助詞。

爾公爾侯，逸豫無期。

> 《毛傳》：「爾公爾侯邪，何爲逸樂無期以反（返）也？」〔註3〕逸豫，安享逸樂。邪同「耶」，疑問詞。

慎爾優游，勉爾遁思。

> 《毛傳》：「慎，誠也。」《鄭箋》：「誠女優游，使待時也。勉女遁思，度已終不得見。自訣之辭。」《孔疏》：「言有賢人乘皎皎然白駒而去者，其服賁然而有盛飾。已原（願）其來，思而得見之也。既願而來，即責之：公侯之尊，可得逸豫。若非公侯，無逸豫之理。爾豈是公也？爾豈是侯也？何爲亦逸豫無期以反（返）乎？思而不來，設言與之訣。汝誠在外優游之，事勉力行，汝遁思之志，勿使不終也。極而與之自訣之辭也。」又朱熹《集傳》：「慎，勿過也。勉，毋決也。遁思，猶言去意也。言此乘白駒者，若其肯來，則以爾爲公，以爾爲侯，而逸樂無期矣。猶言橫來大者王、小者侯也，豈可以過於優游，決於遁思，而終不我顧哉？蓋愛之切而不知好爵之不足縻，留之苦而不恤其志之不得遂也。」

皎皎白駒，在彼空谷。

> 《毛傳》：「空，大也。」

生芻一束，其人如玉。

> 《鄭箋》：「此戒之也。女行所舍，主人之餼雖薄，要就賢人，其德如玉然。」餼，贈送的食物。要，邀。生芻：指鮮美的青草。

毋金玉爾音，而有遐心。

> 《鄭箋》：「毋愛女聲音，而有遠我之心。以恩責之也。」《孔疏》：「言有乘皎皎然白駒而去之賢人，今在彼大谷之中矣。思而不見，設言形之。汝於彼所至，主人禮餼待汝雖薄，止有其生芻一束耳，當得其人如玉者而就之，不可以貪餼而棄賢也。又言我思汝甚矣，汝雖不來，當傳書信，毋得金玉汝之音聲於我。謂自愛音聲，貴如金玉，不以遺開我，而有疏遠我之心。已與之有恩，恐遂疏己，故以恩責之，冀音信不絕。」朱熹《集傳》：「毋貴重爾之音聲，而有遠我之心。」又馬瑞辰《通釋》：「『生芻一束』，言我雖設生芻以待之，方欲秣其馬，而其人高隱，比德如玉，不可得見也。」或言如玉珍而藏之，不得見也。

〔註 1〕《釋思賦》：「彼朋友之離別，猶求思乎白駒。況同生之義絕，重背親而為疏。樂鴛鴦之同池，羨比翼之共林。亮根異其何戚，痛別幹之傷心。」

曹植「骨氣奇高，詞采華茂，情兼雅怨，體被文質，粲溢今古，卓爾不群」（鍾嶸《詩品》），一如西漢賈誼之《弔屈原賦》、《鵬鳥賦》、東漢趙壹之《窮鳥賦》、《刺世疾邪賦》、樂府民歌《十五從軍征》、《婦病行》、《平陵東》、《東門行》、《飲馬長城窟行》以及《古詩十九首》等之於時勢一樣，曹植的作品乃至整個「建安文學」，其實就是儒家政治發展至東漢末年之社會反映——漢將亡，雖鄭玄等人還在醉心於注「經」。但「國家不幸詩家幸」，文學表現出了非凡的生命力。

〔註 2〕參見朱鳳瀚《西周貴族家族的規模與組織結構》（《商周家族形態研究》，p292～p301）、錢杭《「朋友」考》（《中華文史論叢》第八輯，上海古籍出版社，1978 年，p272）。也有認為「朋友」為「異姓僚屬」者。（李志剛《周代宴饗禮的功能》，《古代文明》，2012 年第 4 期）

〔註 3〕所謂「公」、「侯」及相關者，《孟子・萬章下》北宮錡問「周室班爵祿」，孟子答：「其詳不可得聞也，諸侯惡其害己也，而皆去其籍。然而軻也嘗聞其略也。天子一位，公一位，侯一位，伯一位，子、男同一位，凡五等也。君一位，卿一位，大夫一位，上士一位，中士一位，下士一位，凡六等。天子之制，地方千里，公、侯皆方百里，伯七十里，子、男五十里，凡四等。不能五十里，不達於天子，附於諸侯，曰附庸。」

《禮記・王制》：「王者之制祿爵：公、侯、伯、子、男，凡五等。諸侯之上大夫卿、下大夫、上士、中士、下士，凡五等。天子之田方千里，公、侯田方百里，伯七十里，子、男五十里。不能五十里者，不合於天子，附於諸侯曰附庸。天子之三公之田視公侯，天子之卿視伯，天子之大夫視子男，天子之元士視附庸。」鄭玄注：「不合，謂不朝會也。小城曰附庸。附庸者，以國事附於大國，未能以其名通也。」孔穎達疏：「云『小城曰附庸』者，庸，城也，謂小國之城，不能自通，以其國事附於大國，故曰附庸。」

又《通典・職官》「封爵」：「唐虞夏，建國凡五等，曰公、侯、伯、子、男。殷，公、侯、伯三等。公百里，侯七十里，伯五十里。周，公、侯、伯、子、男五等。公、侯百里，伯七十里，子、男五十里。周公居攝改制，大其封。公五百里，侯四百里，伯三百里，子二百里，男百里。」所言「周公居攝改制」之封地裏數自《地官・大司徒》，其制與《孟子》、《王制》說不同，與《左傳・襄公二十五年》「天子之地一圻，列國一同」（地方百里為同）、《昭公二十三年》「土不過同」、《楚語上》「四封不備一同」之說也不相符，當大於周初實際。參見金景芳等《經書淺談》。（中華書局，1984 年，p45）

王國維《古諸侯稱王說》「古諸侯於境內稱『王』與稱『君』、稱『公』無異」。（《觀堂別集》卷一）傅斯年（《論所謂五等爵》）、郭沫若（《周代彝銘中無五服五等之制》、《金文所無考・五等爵祿》）等則對其五等爵說持否定意見；顧頡剛（《史林雜識初編》）據令方彝以為所謂「公、侯、伯、子、男」，實際上只「侯」、「男」是爵名，「公」為通稱，「伯」為大宗，「子」為君之子。參見其《戰國秦漢間人的造偽與辨偽・孟子的託古》。（《古史辨自序》，p113～p117）

李峰《西周考古的新發現和新啓示——跋許倬雲教授〈西周史〉》：「關於在周代，特別是西周是否真正存在過所謂的『公、侯、伯、子、男』的五等爵祿制度，過去古史辨派學者是一致否定的。到了 80 年代甚至 90 年代初，幾篇文章則又認為應該是存在過的，（王世民《西周春秋金文中的諸侯爵稱》，《歷史研

究》1983 年第 3 期。陳恩林《先秦兩漢文獻中所見周代諸侯五等爵》,《歷史研究》1994 年第 6 期。竹內康浩《春秋から見た五等爵制——周初に於ける封建の問題》,《史學雜誌》第 100 卷第 2 號,1991 年）於是『五等爵』問題成爲困惑西周史研究的一個難題。現在我們看來,這五個稱謂在西周金文中都出現過,但問題是它們並不能構成一個系列,即一種制度,而是各有其意義。『侯』和『男』是地方封國諸侯的自稱,反映的是西周國家的政治秩序;『伯』是宗族之長,反應的是一種宗族倫理秩序;『子』,如『楚子』、『南國艮子』,是外邦首領之稱,反映的是西周國家與異邦鄰國之間的外交秩序。至於『公』,它是少數幾位佔有極其重要地位的王朝重臣的稱呼,反映的是一種官僚級別。當然地方諸侯如有機會服務於中央王室並據此等要位,也是可以稱『公』的,但這畢竟是極少數。只是到了東周初年,由於陝西王畿的貴族宗族紛紛東遷及東部地區的民族融和,原處於外圍的異族小國紛紛涉入中原地區的政治,這幾種秩序才在地理上變得混雜起來。於是,由於『霸』的體制的興起,這五種稱謂被重新編排成一個系列,並與對霸主國的貢賦制度結合了起來,這才形成了整齊的『五等爵』制度。」(《許倬雲《西周史》,p387、p388）「南國艮子」見《宗周鍾》,《禮記·曲禮下》「其在東夷、北狄、西戎、南蠻,雖大曰子」。《公羊傳·隱公五年》「自陝而東者,周公主之;自陝而西者,召公主之」。參見童書業《春秋左傳研究》「爵位」。(p148～p153)

小雅・黃鳥

先秦和兩漢文獻中不乏關於「盟誓」之紀。金文見於《克罍（léi）》、《克盉》、《邢侯簋》、《師望鼎》、《㦤匜（yìngyí）》、〔註1〕《散氏盤》、《鬲攸比鼎》等；《尚書》者《商書・湯誓》、《周書・泰誓》（僞）、《牧誓》、《呂刑》等；《史記》者《楚世家》、《齊太公世家》、《太史公自序》等；《逸周書》者《嘗麥解》等；《國語》者《魯語上》「臧文仲如齊告糴（dí）」、《魯語下》「子服惠伯從季平子如晉」、《晉語四》「鄭文公不禮重耳」、《晉語八》「范宣子與和大夫爭田」、「叔向論忠信而本固」、「叔向論務德無爭先」、「趙文子請免叔孫穆子」、「秦后子謂趙孟將死」等；《左傳》隱公二年、三年、八年、十一年、桓公三年、僖公四年、五年、二十六年、成公元年、襄公十一年、三十年、昭公十三年、十六年、定公四年、六年……

「盟誓」（詛誓）是商周政治文明產物之一，《淮南子・氾論訓》「殷人誓，周人盟」；《禮記・檀弓下》「殷人作誓而民始畔（叛），周人作會而民始疑」，鄭玄注：「會謂盟也。盟、誓所以結眾以信。」《春秋》三傳中，「盟」「誓」二字出現近一千次——邦國間動輒盟誓是春秋時期最大政治特徵之一；《穀梁傳・隱公八年》范甯注：「世道交喪，盟詛滋彰，非可以經世軌訓，故存日以紀惡，蓋《春秋》之始也。」或可一時調整「天下」縱橫各方關係，但盟誓之下，仍是波詭雲譎，人各異心。《說難》中那個令人無語的故事，韓非子寫來想必也不是空穴來風。〔註2〕

作爲周代王室與諸侯、諸侯之間以及邦族之間重要的誓約方式，一種社會管理和司法仲裁手段，〔註3〕盟、誓、詛涉天子分封諸侯（《周禮・春官》孫詒讓正義：「凡冊命有誥戒之辭亦得謂之誓」）、天子巡守和諸侯朝覲、諸侯間各種事由、諸侯與其「宗氏」、「分族」（《定公四年》「使帥其宗氏，輯

－225－

其分族，將其類醜」，楊伯峻注：「宗氏，其大宗，即嫡長房之族。分族，其餘小宗之族」）及附庸關係、與異姓貴族之「宗盟」、訟事，等等。〔註4〕

「此邦之人，不我肯穀」，「不可與明（盟）」，「不可與處」，顯然不是受封或接受巡守、朝覲之諸侯對天子說的話，也不是敗訴之辭。而「言旋言歸」的指向不一且泛言「復我邦族」、「諸兄」、「諸父」，表明這其實是一首流行的「歌謠」──周代「歌謠」幾乎全部相關政治，輿情實堪憂。〔註5〕

黃鳥黃鳥，無集于穀，無啄我粟。

　　黃鳥：《毛傳》：「宜集木啄粟者。」穀：朱熹《集傳》：「木也。」參見《鶴鳴》二章「爰有樹檀，其下維穀」注。

此邦之人，不我肯穀。

　　邦：邦國。穀：《毛傳》：「善也。」

言旋言歸，復我邦族。

　　言：助詞。旋：還。復：《鄭箋》：「反也。」反即「返」。《孔疏》：「復反我邦國宗族矣。」

黃鳥黃鳥，無集于桑，無啄我梁。此邦之人，不可與明。

　　明（méng）：《鄭箋》：「當爲『盟』。盟，信也。」《穀梁傳·隱公八年》范甯注：「世道交喪，盟詛滋彰。」言詛盟盛行，蓋因「世道交喪」之故。

言旋言歸，復我諸兄。

　　諸兄：指眾宗族之兄。參見《常棣》一章「凡今之人，莫如兄弟」注。一說指宗國，即同姓諸侯國。參見《沔水》一章「嗟我兄弟，邦人諸友」注。

黃鳥黃鳥，無集于栩，無啄我黍。

　　栩（xǔ）：柞樹。

此邦之人，不可與處。言旋言歸，復我諸父。

　　諸父：指眾宗族之父輩。參見《伐木》二章「既有肥羜，以速諸父」注。一說指同姓諸侯國。

〔註1〕銘文紀一個叫牧牛的人告其有司傚，審判者認爲牧牛膽敢冒犯，是誣告，判決他送5個奴隸給傚，打1000鞭子並在臉上刺字。牧牛行賄3000鍰（音huán。《周書・呂刑》僞孔傳「六兩曰鍰。鍰，黃鐵也」），改判只打500鞭，不刺字，但要牧牛立誓，以後不上訴。如果傚反訴牧牛，那就只能恢復最初的懲罰。《傚匜》也證明了《周書・呂刑》「五過之疵」之「惟官，惟反，惟內，惟貨，惟來」的提出是有現實依據的。而所紀貪贓枉法和判決之隨意又與後世專制政治下的司法何其驚人地相似！「惟官」，中國最早的「權大於法」，「權力干擾司法」。

〔註2〕「昔者鄭武公欲伐胡，故先以其女妻胡君以娛其意。因問於群臣：『吾欲用兵，誰可伐者？』大夫關其思對曰：『胡可伐。』武公怒而戮之，曰：『胡，兄弟之國也，子言伐之，何也？』胡君聞之，以鄭爲親己，遂不備鄭。鄭人襲胡，取之。」

〔註3〕《尚書》和《三禮》於此有說。《周書・呂刑》「罔中於信，以覆詛盟」，孔穎達疏：「亂世之民，多相盟詛，既無信義，必皆違之，以此無中於信，反背詛盟之約也。」

《春官・詛祝》「掌盟、詛、類、造、攻、說、檜、禜（yíng）之祝號。作盟詛之載辭，以敘國之信用，以質邦國之劑信」，鄭玄注：「八者之辭，皆所以告神明也。盟詛主於要誓，大事曰盟，小事曰詛。」賈公彥疏：「盟者，盟將來。《春秋》諸侯會，有盟無詛。詛者，詛往過，不因會而爲之。」劑信，盟約之信用。

《秋官・司盟》「掌盟載之法。凡邦國有疑會同，則掌其盟約之載及其禮儀，北面詔明神。既盟，則貳之。盟萬民之犯命者，詛其不信者亦如之。凡民之有約劑者，其貳在司盟。有獄訟者，則使之盟詛。凡盟詛，各以其地域之眾庶共其牲而致焉。既盟，則爲司盟共祈酒脯」，鄭玄注：「載，盟辭也。盟者書其辭於策，殺牲取血，坎其牲，加書於上而埋之，謂之載書。有疑，不協也。明神，神之明察者，謂日月山川也。貳之者，寫副當以授六官。……使其邑閭出牲而來盟，已又使出酒脯，司盟爲之祈明神，使不信者必凶。」賈公彥疏：「云『貳之者，寫副當授六官』者，《大司寇職》『凡邦之大盟約，涖其盟書而登之於天府，大史、內史、司會及六官皆受其貳而藏之』者是也。」「六官」即天、地、春、夏、秋、冬六官之正，即「六卿」。涖，臨。

《禮記・曲禮下》「約信曰誓，涖牲曰盟」，孔穎達疏：「『約信曰誓』者，亦

諸侯事也。約信，以其不能自和好，故用言辭共相約束以為信也。若用言相約束以相見，則用誓禮，故曰誓也。鄭注《司寇》云『約，言語之約束也。』『蒞牲曰盟』者，亦諸侯事也。蒞，臨也。臨牲者，盟所用也。盟者，殺牲歃血，誓於神也。若約束而臨牲，則用盟禮，故云『蒞牲曰盟』也。然天下太平之時，則諸侯不得擅相與盟。唯天子巡守至方岳之下，會畢，然後乃與諸侯相盟，同好惡，獎王室，以昭事神，訓民事君。凡國有疑，則盟詛其不信者。」獎王室，即同心戮力輔助王室。

「盟誓」借助於神威之力，與契約、條法迥然不同，具有鮮明的要挾性和雙方或多方主體的非對等性特徵。「盟誓」各方不是平等的關係，權利義務不相對稱，所以由「盟誓」而衍生的儒家所謂「禮義、忠信、誠愨」，其實也是另一種強制和暴力。後世中國社會中的「義氣」、「仗義」等，則又是無規則社會延續的產物，其背後是他人權益的被無端損害和踐踏。

〔註 4〕參見陳夢家《東周盟誓與出土載書》（《考古》1966 年第 5 期），葛志毅《周代分封制度研究》（黑龍江人民出版社，1992 年），巴新生《西周「宗盟」初探》，雒有倉、梁彥民《論商周時代盟誓習俗的發展與演變》（《陝西師範大學學報》哲社版，2007 年第 4 期），雒有倉《論西周的盟誓制度》（《考古與文物》，2007 年第 2 期），于薇《西周宗盟考論》（《史學集刊》，2008 年第 2 期），盧中陽《西周時期盟誓的制度化》（《暨南史學》第六輯，2009 年）。

〔註 5〕《毛序》「《黃鳥》，刺宣王也」，本有所指，但鄭玄感覺話頭似乎不對，便避重就輕及時將其引到了「昏（婚）姻」的議題上：「刺其以陰禮教親而不至，聯兄弟之不固。」

其說採其《地官·大司徒》施十有二教「三曰以陰禮教親，則民不怨」、「以本俗（固有舊俗）六安萬民」之「三曰聯兄弟」之注：「陰禮謂男女之禮。昏姻以時，則男不曠女不怨。」「兄弟，昏姻嫁娶也。」

至宋，朱熹又以為：「民適異國，不得其所，故作此詩。託為呼其黃鳥而告之曰：爾無集于穀，而啄我之粟。苟此邦之人，不以善道相與，則我亦不久於此而將歸矣……東萊呂氏曰：『宣王之末，民有失所者，意他國之可居也，及其至彼，則又不若故鄉焉，故思而欲歸。使民如此，亦異於還定安集之時矣。』今按詩文，未見其為宣王之世。」（《詩集傳》）

婚姻關乎人口，人口關乎政權，也是周王朝內政之大事（故大司徒之下又有「媒氏」之職官「掌萬民之判」，鄭玄注：「判，半也。得耦為合，主合其半，

成夫婦也」）。但《黃鳥》與之實無涉；至於「流民思歸」，現有的歷史資料也不足以支持其說。《春秋》「爲尊者諱，爲親者諱，爲賢者諱」（《公羊傳・閔公元年》），經學家在解經時也爲儒家思想主張諱，爲西周政治諱。《黃鳥》者反映了什麼，鄭玄、朱熹們心下其實是明白的。

　　而在「歌謠」的意義上，春秋兩漢的政治「童謠」和讖語之製造，在很大程度上則是受到了《詩經》的啓發。

小雅・我行其野

　　周室的甘大夫襄跟晉國的閻嘉爭奪閻地的土地，晉國梁丙、張趯（yuè）率陰戎攻打周室的潁地，周天子使詹桓伯到晉國發話：「我自夏以后稷，魏、駘（tái）、芮、岐、畢，吾西土也。及武王克商，蒲姑、商奄，吾東土也。巴、濮、楚、鄧，吾南土也。肅慎、燕、亳，吾北土也。吾何邇封之有？文、武、成、康之建母弟，以蕃屏周……」（《左傳・昭公九年》）「吾何邇封之有」（孔穎達疏：「言我之封疆，何近之有？」）說來是一句多麼暢快淋漓的話——不過這已是東周景王時期的事，距西周滅亡已二百三十八年了。

　　以黃河中下游中原地區爲中心之「中國」而言，姬姓之周曾經本是西部之小邦，姬、姜二族世通婚媾而成「聯邦」，其前世今生有周人自己創作的《生民》、《公劉》、《緜》、《皇矣》、《大明》等所謂「史詩」，也有其後儒家所附會者，如「昔少典娶於有蟜（jiǎo）氏，生黃帝、炎帝。黃帝以姬水成，炎帝以姜水成。成而異德，故黃帝爲姬，炎帝爲姜」（《晉語四》），以及《周本紀》所紀等。

　　周人克商得「天下」，由邊鄙小邦一躍成爲「天下」共主，封子弟，封功臣，封形形色色的「先聖」之後。同姓諸侯者以「伯父」、「叔父」稱之，那麼對異姓（諸侯）勢力該怎麼辦呢？周人仍然通過婚媾等建立「甥舅」異姓之「宗盟」關係，即「伯舅」、「叔舅」者諸侯——其位置自然不會與同姓者相同，《左傳・隱公十一年》「周之宗盟，異姓爲後」。

　　既然「異姓爲後」，心裏自然不平。而既封之爲諸侯，以宗法之禮，除嫡長子繼位外，眾子也是大夫；大夫之嫡長子繼位，其眾子也是士。士以大夫爲大宗，大夫以諸侯爲大宗——異姓諸侯同樣自擁一方天地，力量同樣不可

小覷。而較之於同姓諸侯，異姓者的感受和想法之多是必然的。

《我行其野》以「婚姻」於字句的訓詁是對的，但詩中所言始亂終棄或自我游離者，絕不是指男女婚姻事。仲春二月樗木吐綠，行走在陌野之上的詩中人就要去「復我邦家」了——「言采其蓫（zhú）」、「言采其葍（fú）」之生動細節，透露出他異常複雜的矛盾和苦澀心理。

我行其野，蔽芾其樗。

蔽芾（fèi）：樹木枝葉繁密貌。樗（chū）：《毛傳》：「惡木也。」即臭椿。《鄭箋》：「樗之蔽芾始生，謂仲春之時。」

昏姻之故，言就爾居。爾不我畜，復我邦家。

言：助詞。畜：《毛傳》：「養也。」復：返。

我行其野，言采其蓫。

蓫：與下章「蓄」，《毛傳》均訓「惡菜也」。一種草木植物，後俗稱「羊蹄菜」，根可入藥。

昏姻之故，言就爾宿。

此處「昏姻」或泛指姻親關係。參見《伐木》三章「籩豆有踐，兄弟無遠」注。

爾不我畜，言歸斯復。

斯：助詞。參見《出車》六章「執訊獲醜，薄言還歸」注。

我行其野，言采其葍。

葍：一種多年生蔓草，地下莖可食。《爾雅・釋草》郭璞注：「大葉，白華，根如指，正白，可啖。」

不思舊姻，求爾新特。

新特：《毛傳》：「外昏也。」特，匹。

成不以富，亦祇以異。

成：「誠」之借字。《論語・顏淵》引《詩》作「誠」。祇：只，僅。《毛傳》：「祇，適也。」《鄭箋》：「女不以禮爲室家，成事不足以得富也。

女亦適以此自異於人道，言可惡也。祇音支。」朱熹《集傳》：「言爾之不思舊姻而求新匹也，雖實不以彼之富，而厭我之貧，亦只以其新而異於故耳。」又陳奐《傳疏》：「富，猶賄也。即《氓》詩之『以我賄遷』也。異猶貳也，即《氓》詩之『士貳其行』也。言誠不以外昏之有財賄，亦主以舊姻之有貳行，爲可惡也。」賄，財物。又于省吾《新證》：「富、服古通。……蓋『不思舊姻，求爾新特』，誠不以服從爲務，亦祇見異而思遷也。」（p23）

小雅・斯干

　　《毛序》：「《斯干》，宣王考室也。」《鄭箋》：「考，成也……歌《斯干》之詩以落之。」朱熹言「此築室既成，而燕飲以落之，因歌其事」（《詩集傳》）。「宣王」者無稽之說，但公族考室無疑。以「築室百堵，西南其戶」看，這次房子應該蓋得不少。以《考工記》和存世的青銅器之精美絕倫推斷，西周之土木建築也絕不會含糊遜色（特別是中後期）。一片生機盎然且頗具規模的建築落成了，應該是發自內心的興奮，是基於所謂「天下之本在國，國之本在家」（《孟子・離婁上》）之意義上的興奮。

　　然而卻又有了「乃生男子……載弄之璋」與「乃生女子……載弄之瓦」的巨大落差。父系氏族社會取代母系氏族社會後一路走來──至西周，宗法制和宗族社會形態使得「重男輕女」成為必然。自「家國」之「家」至家庭之「家」，世祿與財富的繼承者皆限於男性子嗣，雖然在理論上解決了想像中的大秩序問題，但利益承續方的固化，也在中國世俗的觀念文化中創造了一個極為惡略的開端。〔註1〕

秩秩斯干，幽幽南山。

　　《毛傳》：「秩秩，流行也。干，澗也。幽幽，深遠也。」朱熹《集傳》：「秩秩，有序也。」馬瑞辰《通釋》：「《釋訓》：『秩秩，清也。』蓋以釋此詩，狀澗水之清也。」《衛風・考槃》「考槃在澗」，《韓詩》澗作「干」。又朱熹《集傳》：「干，水涯也。」南山：朱熹《集傳》：「終南之山也。」朱鳳瀚《西周貴族家族的規模與組織結構》：「所頌之貴族

家族正是居於豐鎬王畿地。《小雅》之詩多屬西周晚期，此詩所表現的
應是世代居於王畿之地的周人貴族世家發展到西周晚期時的狀態。」
（《商周家族形態研究》，p304）

如竹苞矣，如松茂矣。

苞（bāo）：朱熹《集傳》：「叢生而固也。」

兄及弟矣，式相好矣，無相猶矣。

兄弟：指宗族兄弟。參見《常棣》一章「凡今之人，莫如兄弟」注。
式：助詞。猶：朱熹《集傳》：「謀也。此築室既成，而燕飲以落之，
因歌其事言，此室臨水而面山。其下之固，如竹之苞，其上之密，如
松之茂。又言居是室者，兄弟相好，而無相謀。」

似續妣祖，築室百堵，西南其戶。

似：《毛傳》：「嗣也。」妣：已死母親之稱，也泛指女性祖先。《鄭箋》：
「妣，先妣姜嫄也。」祖：先祖。朱鳳瀚《西周貴族家族的規模與組
織結構》：「此處之『妣祖』連用，妣之用法同於殷墟卜辭，是指上二
代以上之女性先人，則祖亦不僅限於親祖父。這句是講要繼承先祖先
妣所創之家業。細析詩意，此一貴族家族內之兄弟，決不只是同胞兄
弟，因為詩中講要『似續妣祖』，表明住在這裡的家族成員有共同的祖
妣，即以『祖妣』為上二代之祖父母，這裡的兄弟亦是從父兄弟，即
同祖父者。如果所言祖妣像上述是泛指上二代以上先人，則所謂兄弟
甚至可能包括從祖兄弟等。」「詩既言築了多座居室，說明諸兄弟各有
室家，各室家自為一同居單位。所以這一貴族家族的居住形式，應該
是家族長所在之大宗本家與若干分支家族（即諸兄弟室家）的聚居。
詩首句以松柏形容此家族人口之殷眾，正與此幾代聚居的貴族家族規
模相應。」（《商周家族形態研究》，p303）百堵：《鄭箋》：「百堵一時
起也。」「百堵」當為泛指，言築室之多。參見《鴻雁》二章「之子于
垣，百堵皆作」注。西南：《毛傳》：「西鄉戶，南鄉戶也。」鄉，向。
《鄭箋》：「此築室者，謂築燕寢也。……天子之寢有左右房，西其戶
者，異於一房之室戶也。又雲南其戶者，宗廟及路寢，制如明堂，
每室四戶，是室一南戶爾。」路寢，《魯頌‧閟宮》「路寢孔碩」，《毛

傳》：「路寢，正寢也。」明堂，天子布政、行大典之地。《孟子・梁惠王下》：「夫明堂者，王者之堂也。」參見《禮記・明堂位》、王國維《明堂廟寢通考》（《觀堂集林》卷三）。〔註2〕

爰居爰處，爰笑爰語。

爰：《鄭箋》：「於也。於是居，於是處，於是笑，於是語。言諸寢之中，皆可安樂。」是，代詞。

約之閣閣，椓之橐橐。

《毛傳》：「約，束也。閣閣，猶歷歷也。橐橐（tuó），用力也。」《孔疏》：「作群寢之時，以繩約縮之，繩在板上歷歷然均。謂繩均板直，則牆端正也。既投土於板，以杵（chǔ）椓（zhuó）築之，皆橐橐然用力。勤力而築，則牆牢固也。」嚴粲《詩緝》：「築牆之時，以繩約束其板，閣閣然上下相乘，即所謂『縮板以載』也。」引句自《大雅・綿》。杵，一頭粗一頭細的圓木棒。椓，築打。

風雨攸除，鳥鼠攸去，君子攸芋。

攸：主語和動詞間連詞。乃，於是。君子：此處為希冀之詞，當意指天子之下的諸侯或諸侯之下的卿大夫。芋：《毛傳》：「大也。」《孔疏》：「君子於是居中，所以自光大也。」「孫毓云：『宮室既成，君子處之，所以為自光大。』」又《鄭箋》：「芋當作『幠』。幠，覆也。寢廟既成，其牆屋弘殺，則風雨之所除也。其堅致，則鳥鼠之所去也。其堂堂相稱，則君子之所覆蓋。」弘同「宏」；殺，副詞，表程度。一說芋通「宇」，居住。嚴粲《詩緝》：「群寢既成，上下四方牢密，則風雨不能凌暴，鳥鼠不能穿穴，皆除去，君子於是居焉。」

如跂斯翼，如矢斯棘；

跂（qǐ）：通「企」，踮起腳跟。嚴粲《詩緝》：「人舉踵則竦臂，翼然如鳥舒翼也。……此章言其堂也，其上下嚴正，如人跂走直立，則竦臂翼如也。」斯：結構助詞。棘：朱熹《集傳》：「急也。矢行緩則枉，急則直也。」意所建堂室端直整齊。

如鳥斯革，如翬斯飛。

革：《毛傳》：「翼也。」翬（huī）：馬瑞辰《通釋》：「《說文》：『翬，大飛也。』此詩應取翬為大飛之意，蓋以狀簷阿之勢，猶今雲飛簷也。」朱熹《集傳》：「其棟宇峻起，如鳥之警而革也。其簷阿華采而軒翔，如翬之飛而矯其翼也。蓋其堂之美如此，而君子之所升以聽事也。」

君子攸躋。

躋：升，登上。

殖殖其庭，有覺其楹。

殖殖：《毛傳》：「言平正也。」有覺：《毛傳》：「言高大也。」有覺，即覺覺。又《鄭箋》：「覺，直也。」楹：廳堂前部的柱子。

噲噲其正，噦噦其冥。

噲噲（kuài）：馬瑞辰《通釋》：「狀其室之明。」含寬敞意。正：寬廣。噦噦：嚴粲《詩緝》：「蘇氏曰：『噦噦，深廣之貌。』……其室之冥奧，噦噦深廣也。」冥奧，深遠。

君子攸寧。

寧：嚴粲《詩緝》：「君子居之而安寧，謂燕息優游也。言其室，故曰寧。」

下莞上簟，乃安斯寢。

莞（guān）：草編的席。簟：竹編的席。《鄭箋》：「竹葦曰簟。寢既成，乃鋪席與群臣安燕為歡以落之。」斯：連詞。

乃寢乃興，乃占我夢。

興：起。占夢：《鄭箋》：「有善夢則占之。」

吉夢維何？

維：助語氣。

維熊維羆，維虺維蛇。

《鄭箋》：「熊羆之獸，虺蛇之蟲，此四者，夢之吉祥也。」虺：朱熹《集傳》：「蛇屬。細頸大頭，色如文綬，大者長七八尺。」維：助判斷。

大人占之：維熊維羆，男子之祥；維虺維蛇，女子之祥。

　　大人：指占卜官。四句占解之言皆指生育男女而言。

乃生男子，載寢之床。

　　載：則。

載衣之裳，載弄之璋。

　　衣：用爲動詞。璋：《毛傳》：「半圭曰璋。」圭爲一種長形上圓下方的貴重玉器，周時天子、諸侯在舉行朝聘、祭祀等重要儀式時所用，大小和形制因爵位、用途而異。《禮記・禮器》「圭璋特」，孔穎達疏：「圭璋，玉中之貴也。特，謂不用他物媲之也。」《周禮》所謂「六器」中的另四器爲璧、琮、琥、璜。「圭璋」爲成語，屢見於《詩》。《白虎通・文質》稱圭、璧、琮、璜、璋爲「五瑞」。參見《春官・大宗伯》。

其泣喤喤，朱芾斯皇，室家君王。

　　喤喤（huáng）：聲詞，指新生兒啼哭聲音洪亮有力。朱芾：紅色蔽膝。《鄭箋》：「天子純朱，諸侯黃朱。」皇，通「煌」，鮮亮。《鄭箋》：「……將生之子，或且爲諸侯，或且爲天子，皆將佩朱芾煌煌然。」

乃生女子，載寢之地。載衣之裼，載弄之瓦。

　　裼：褓褓。瓦：《毛傳》：訓爲「紡塼」（塼音 zhuān，古同「磚」），後多從之。王夫之於《稗疏》中提出了不同的見解：「弄璋取義於君王，弄瓦當取義於酒食。所祝者乃天子之女，其嫁必爲公侯之配，雖親蠶而無紡績之勞，未有故以賤役辱之者，唯賓祭之尊、俎、籩、豆不容議耳。且紡塼粗笨，非小兒所可弄。然則瓦者，蓋《燕禮》之所謂『瓦大』，《禮器》之所謂『瓦甒』，有虞氏之尊，以供君之膳酒食者也。『弄之』也議酒食之意。要此所云弄者，或三月，或周晬，聊一弄之，若《顏氏家訓》所云『試兒』，今俗晬（zuì）盤、抓周之類，非與之尋常玩弄者。」今俗晬，抓周之類，非與之尋常玩弄者。」參見《儀禮・燕禮》、《禮記・禮器》。晬，嬰兒滿百天或周歲之稱。又于省吾《新證》以爲詩中之「瓦」係指陶製的紡輪言之。（p79、p80）

無非無儀，唯酒食是議，無父母詒罹。

無非：馬瑞辰《通釋》：「……《廣雅·釋言》亦曰：『非，違也。』無非即無違。此《士昏禮記》所云『父送女，命之曰『夙夜無違命』，母曰『夙夜無違宮事』也。」儀：度，謀劃。詩中「無儀」即言「唯酒食是儀」之順利，含有祝福和惜愛之意。馬瑞辰《通釋》：「《說文》：『儀，度也。』儀通作義。襄三十年《左傳》：『君子謂宋共姬女而不婦，女待人，婦義事也。』王尚書曰：『義讀爲儀。儀，度也。言婦當度事而行，不必待人也。』儀又通作議。昭六年《左傳》：『昔先王議事以制。』王尚書曰：『議讀爲儀。儀，度也。制，斷也。謂度事之輕重以爲斷制也。』〔註3〕今按：婦人，從人者也，不自度事以自專制，故曰『無儀』。……《左傳》言『婦義事』者，處變之權；《詩》言『無儀』者，處常之道。」唯酒食是議：謀論酒食。〔註4〕是，指代詞，復指前置賓語。句意用心於酒食祭祀之事，含祝願意。詒：通「貽」。陸德明《釋文》：「該本又作貽，遺也。」罹：《毛傳》：「憂也。」《鄭箋》：「無遺父母之憂。」含希冀與欣喜意。

〔註1〕《韓非子·六反》：「父母之於子也，產男則相賀，產女則殺之。此俱出父母之懷袵，然子受賀，女子殺之者，慮其後便，計之長利也。」說的是戰國時情形。直至於後世令人髮指的人性之摧殘——有誰能夠將《孫子吳起列傳》中吳起殺妻爲將和《三國演義》第十九回中劉安殺妻招待劉備的事情與《詩經》「乃生女子，載寢之地」聯繫起來呢？

（史遷爲「刻暴少恩」的吳起立傳，無非言其忠國忠君之人才〔實則貪慕虛榮之徒一個，他事奉魯君，又投奔魏、楚，職業政客〕；而那「飽食了一頓」的「漢室宗親」劉備，也一直是以一個「仁政」的形象出現在中國歷史視野裏）

西周宗法制＋春秋孔子「君君，臣臣，父父，子子」、「唯女子與小人難養也」＋西漢董仲舒「君爲臣綱，父爲子綱，夫爲妻綱」、「陽尊陰卑」＋戰國至兩漢儒生《三禮》中於「女子」之角色定位設置，「東方文明古國」的女性遂爲政治所「卑」。

「男權社會」通過固化利益承續方以穩定社會結構（單一社會結構使契約社會無從產生），從而達到穩定政權以固化權力。中國「國粹」之一的女子纏足，並

非簡單的男性審美變態，而是整個社會向權力獻媚的反生命、反人類惡行。

〔註2〕「十三經」等「典籍」中關於「天子之寢」，又見《天官・宮人》、《內宰》、《禮記・曲禮下》及其注、疏等。「六寢」之事，乃是秦漢帝制中央集權後，儒家於皇權（王權）的渲染與哄抬之筆，《詩經》時代的「築室百堵，西南其戶」者遠非其說。權力佔有使得儒家甚至認爲「尊者」須得「體盤」（《曲禮下》鄭玄注），那麼更能象徵天子（皇帝）權威的「宮室」，就必然要有足夠的敘寫。《詩經》可供其發揮的字句畢竟有限，其濃墨重彩者，是經漢人改易增附《逸周書》之《作洛解》、《明堂解》及以清儒爲主的諸家注說。

〔註3〕「王尙書」即王引之，清嘉慶四年一甲進士，授翰林院編修。曾任戶部尙書（代）、工部尙書、吏部尙書（代）、禮部尙書。見《經義述聞・春秋左傳》中「婦義事也」、下「議事以制」。後者江蘇古籍出版社 2000 年影印道光七年本原文爲：「……謂度事之輕重以斷其罪。」

〔註4〕《曲禮下》「納女，於天子曰『備百姓』，於國君曰『備酒漿』，於大夫曰『備埽灑』」，鄭玄箋：「酒漿、埽灑，婦人之職。」孔穎達疏：「納猶致也。致者，婿不親迎，則女之家三月廟見，使人致之而爲此辭。姓，生也。言致此女備王之后妃以下百二十人，以生廣子孫，故云姓也。『於國君曰備酒漿』者，致女於諸侯也。酒漿是婦人之職也。故送女而持此爲辭。轉卑，不敢言『百姓』也。《詩》云『無非無儀，唯酒食是議』是也。」

小雅・無羊

　　本山畈野牧之平常，居書齋者或不曾見，看到《無羊》便驚異其文字裏的好景象。於是各顯其能，作了無數次的「欣賞」。「《斯干》考室，《無羊》考牧，〔註1〕何等正大事，而忽然各幻出占夢，本支百世，人物富庶，俱於夢中得之，恍恍惚惚，怪怪奇奇，作詩要得此段虛景」，這是乾隆年間沈德潛在其《說詩晬語》中的話。至晚清方玉潤，「夫牧養雖非大政，而犧牲於是乎出，賓客於是乎享，君庖於是乎充，亦爲國者之先務……總以牧人經緯其間，以見人物並處，兩相習自不覺其兩相忘耳。其體物入微處，有畫手所不能到，晉、唐田家諸詩，何能夢見此境？末章忽出奇幻，尤爲匪夷所思。不知是眞是夢，眞化工之筆也……」（《詩經原始》）文人情懷濫漫至極。

　　詩中的牧羊人定不是後世之羊倌。〔註2〕以《周禮》言，《地官》序官「牧人」配設「下士」六人，「府」一人，「史」二人，「徒」六十人，與「山虞」、「林衡」、「川衡」、「澤虞」、「囿人」、「場人」等同爲司徒之屬官，屬王官之列。而讀《春官・占夢》，〔註3〕便恍然大悟！清儒津津樂道之《無羊》，原來是一年之終「因獻群臣之吉夢於王」者。「誰謂爾無羊？三百維群。誰謂爾無牛，九十其犉（chún）……」歌謠式的辭語極有可能是集體的長期創作，並成爲相關時節和儀式上的保留節目。

　　《春官・司常》「掌九旗之物名，各有屬，以待國事。日月爲常，交龍爲旂，通帛爲旜，雜帛爲物，熊虎爲旗，鳥隼爲旟，龜蛇爲旐，全羽爲旞，析羽爲旌……」若此，「旐維旟矣，室家溱溱（zhēn）」，創作者們該是選取了怎樣一個了得的意象。何彼隆兮！何彼盛兮！

　　此類「獻歌」當之於政權早期。夷王以降，情況就不同了。

誰謂爾無羊？三百維群。

> 三百：泛指多。下「九十」同。維：助語氣。

誰謂爾無牛？九十其犉。

> 犉（chún）：俞樾《平議》：「《爾雅》曰『牛七尺爲犉』，郭璞注引詩『九十其犉』，似得詩意。蓋七尺之牛，牛之大者，舉大足以見小，故曰『九十其犉』。言牛之七尺者已有九十，則小者可知也。《良耜》篇『殺時犉牡』亦當從此訓。」

爾羊來思，其角濈濈。

> 思：語助詞。濈濈（jí）：《毛傳》：「聚其角而息，濈濈然。」

爾牛來思，其耳濕濕。

> 濕濕：《毛傳》：「呞而動，其耳濕濕然。」呞（shī），指牛羊反芻。

或降于阿，或飲于池，或寢或訛。

> 阿：大的丘陵土山。訛：通「吪（é）」。《毛傳》：「訛，動也。」《鄭箋》：「言此者，美其無所驚畏也。」

爾牧來思，何蓑何笠，或負其餱。

> 何：《毛傳》「揭也。」餱：乾食。《周禮・地官》序官「牧人」鄭玄注：「牧人，養牲於野田者。《詩》云：『爾牧來思，何蓑何笠，或負其餱，三十維物，爾牲則具。』牧，牧養之牧。」賈公彥疏：「牧人來之時，荷揭蓑之與笠，蓑所以禦雨，笠所以禦暑。或負其餱糧也。」斯維至《兩周金文所見職官考》：「《同簋》云『司場林吳牧』，按：場人，林，林衡，吳，山虞，牧，牧人也；於《周禮》皆屬司徒。」（《斯維至史學文集》，p9）

三十維物，爾牲則具。

> 三十：泛指多。《毛傳》：「異毛色者三十也。」物：指牛羊之毛色。具：同俱。

爾牧來思，以薪以蒸，以雌以雄。

> 薪、蒸：《鄭箋》：「粗曰薪，細曰蒸。」指柴草言。言牛羊之薪草茂盛。
> 雌、雄：此處有強調牛羊公母自由交配之意。又《鄭箋》：「此言牧人

有餘力，則取薪蒸、搏禽獸以來歸也。」

爾羊來思，矜矜兢兢，不騫不崩。

《毛傳》：「矜矜兢兢，以言堅強也。騫，虧也。崩，群疾也。」按：「以言堅強也」，意指羊只因草地肥美而精神健壯，羊群規模浩大。矜矜，指羊吃飽後懵懵然站立的樣子。兢兢：通「競競」，指個別羊只因風吹草動或昆蟲小獸出現，警覺而動，其他群羊競相突奔、移動之情景。王士禛《漁洋詩話》：「字字寫生，恐史道碩、戴嵩畫手擅場，未能如此盡妍極態。」史道碩、戴嵩分別為晉、唐畫家，以寫田家、川原和牛、馬、鵝等著稱。于省吾《新證》：「兢兢本應作「競競。……《桑柔》『職競用力』，鄭箋謂『競逐也』；《莊子・齊物論》『有競有爭』，郭注謂『並逐曰競』，《說文》謂『競，一曰逐也。』這就證明了競競本為競相奔逐之義。」（p81）「《天保》稱『如南山之壽，不騫不崩』，本章稱『不騫不崩』，毛傳並訓騫為虧。《閟宮》作『不虧不崩』，可互證。《論語・陽貨》『樂必崩』，皇疏謂『崩是墜失之稱也』；又《季氏》『邦分崩離析』孔注謂『欲去曰崩』。……騫訓為虧歉，崩訓為失去。……爾羊之來，為數繁多，爭先恐後，既不虧歉，也無逃失。詩人描寫當時山野放牧的真實情景，宛然如繪。」（p81、p82）

麾之以肱，畢來既升。

《毛傳》：「肱，臂也。升，升入牢也。」《鄭箋》：「此言擾馴從人意也。」擾馴，馴服。牢，即牲畜圈。陳奐《傳疏》：「以手曰招，用臂曰麾。」

牧人乃夢，眾維魚矣，旐維旟矣。

《鄭箋》：「牧人乃夢見人眾相與捕魚，又夢見旐與旟。」王引之《釋詞》：「是下『維』字訓為『與』，與上『維』字異義也。」或曰維，助語氣。旐，繪有龜蛇的旗。旟：繪有鳥隼的旗。參見《出車》二章「設此旐旟，建彼旄矣」注。又于省吾《新證》：「『旐維旟矣』的旐字應讀作兆。……『眾維魚矣』之眾，與『旐維旟矣』之兆互文同義，古籍謂十億或萬億曰兆，引申之則為眾多之泛稱。……眾、兆之讔語，分用之則為『眾維魚矣，兆維旟矣』，眾與兆均為量詞，維為句中助詞。此詩人本謂牧人所夢的是魚之眾與旟之多，眾魚為豐年之徵，兆旟為

室家繁盛之驗。」（p83、p84）于此說本書不取。〔註4〕

大人占之：眾維魚矣，實維豐年；

實：通「寔（shí）」，是，指代詞。後一「維」助語氣。《毛傳》：「陰陽和則魚眾多矣。」《鄭箋》：「魚者，庶人之所以養也。今人眾相與捕魚，則是歲熟相供養之祥也。」

旐維旟矣，室家溱溱。

溱溱：通「蓁蓁（zhēn）」，茂盛貌。《毛傳》：「溱溱，眾也。旐旟所以聚眾也。」《鄭箋》：「溱溱，子孫眾多也。」

〔註1〕《毛序》：「《無羊》，宣王考牧也。」考，成。謂牧事有成。《鄭箋》：「厲王之時，牧人之職廢。宣王始興而復之，至此而成，謂復先王牛羊之數。」

〔註2〕高亨《詩經今注》：「這首詩是敘寫奴隸主畜牧牛羊的情況，反映出他們佔有大量的牲畜，並有奴隸替他們放牧。」（《高亨著作集林》第三卷，p316）《詩經選注》：「此篇當是領主的臣僕所作，作者是參加勞動或者接近勞動，但卻是站在領主立場，擁護領主。」（p190）

〔註3〕「掌其歲時，觀天地之會，辨陰陽之氣，以日、月、星辰占六夢之吉凶。一曰正夢（鄭玄注：「無所感動，平安自夢」），二曰噩夢，三曰思夢（注：「覺時所思念之而夢」），四曰寤夢（注：「覺時所道之而夢」），五曰喜夢，六曰懼夢。季冬，聘王夢，獻吉夢於王，王拜而受之（注：「聘，問也。夢者，事之祥。吉凶之占，在日月星辰。季冬，日窮於次，月窮於紀，星回於天，數將幾終，於是發幣而問焉，若休慶之云爾。因獻群臣之吉夢於王，歸美焉。《詩》云『牧人乃夢，眾維魚矣，旐維旟矣』，此所獻吉夢」）；乃舍萌於四方（注：「舍讀為釋，舍萌猶釋采也。古書釋菜、釋奠多作舍字。萌，菜始生也。」釋菜、釋奠、釋幣皆周禮祀典名目），以贈惡夢，遂令始難歐疫（注：「令，令方相氏也。難，謂執兵以有難卻也。方相氏蒙熊皮，黃金四目，玄衣朱裳，執戈揚盾，帥百隸為之歐疫厲鬼也。故書『難』或為『儺』。」「方相氏」為《周禮・夏官》司馬屬官，掌驅疫、驅鬼魅。贈，驅除）。」

〔註4〕「因聲求義」之訓詁始於東漢鄭玄（他應該是從西漢揚雄《輶軒使者絕代語釋別國方言》之「轉語」那裡學來的），盛於清代，《詩經》者以馬瑞辰《毛詩傳箋通釋》運用最多。「語聲轉」是清儒釋義「經典」牽強附會的新工具。